国家社会科学基金一般项目：中国企业境外直接投资合规风险及应对研究（项目批准号：19BGJ019）最终研究成果

中国企业境外直接投资合规风险及应对研究

马文秀 马一宁 孟 彤 等著

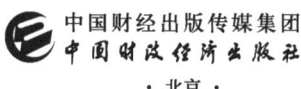

·北京·

图书在版编目（CIP）数据

中国企业境外直接投资合规风险及应对研究 / 马文秀等著. -- 北京：中国财政经济出版社, 2025. 8.
ISBN 978-7-5223-4116-3

I. D922.295.4

中国国家版本馆CIP数据核字第2025BQ2797号

责任编辑：苏小珺　　　　　　责任校对：胡永立
封面设计：兰卡绘世　　　　　责任印制：党　辉

中国企业境外直接投资合规风险及应对研究
ZHONGGUO QIYE JINGWAI ZHIJIE TOUZI HEGUI FENGXIAN
JI YINGDUI YANJIU

中国财政经济出版社 出版

URL：http://www.cfeph.cn
E-mail：cfeph@cfeph.cn

（版权所有　翻印必究）

社址：北京市海淀区阜成路甲28号　邮政编码：100142
营销中心电话：010-88191522
天猫网店：中国财政经济出版社旗舰店
网址：https://zgczjjcbs.tmall.com
涿州汇美亿浓印刷有限公司印刷　各地新华书店经销
成品尺寸：170mm×240mm　16开　21.75印张　306 000字
2025年8月第1版　2025年8月河北第1次印刷
定价：98.00元
ISBN 978-7-5223-4116-3
（图书出现印装问题，本社负责调换，电话：010-88190548）
本社质量投诉电话：010-88190744
打击盗版举报热线：010-88191661　QQ：2242791300

前　言

习近平总书记在党的二十大报告中强调指出，"依托我国超大规模市场优势，以国内大循环吸引全球资源要素，增强国内国际两个市场两种资源联动效应，提升贸易投资合作质量和水平""深度参与全球产业分工和合作，维护多元稳定的国际经济格局和经贸关系"。中国企业对外直接投资是推进高水平对外开放，推进共建"一带一路"高质量发展，维护多元稳定的国际经济格局和经贸关系的重要途径，对我国推进高水平对外开放实现经济高质量发展的总目标至关重要。当前，百年未有之大变局加速演进，世界政治经济进入新的动荡变革期。大国关系深刻调整、贸易摩擦频发、逆全球化思潮抬头、地缘冲突加剧等多重冲击叠加。与此同时，国际经贸规则加速重构，国际投资环境发生重大变化，中国企业对外直接投资（OFDI）面临着更加复杂的合规风险和挑战。近年来，不少中国对外直接投资企业因合规风险预判和经验不足而受到经济制裁、监管调查与不合理诉讼，被列入世界银行制裁名单的中国企业显著增加，境外投资1亿美元以上的大型投资失败案例频现，不仅给企业自身造成了巨大损失，还给国家形象带来了负面影响。合规风险已经成为悬在中国企业境外直接投资发展进程中的"达摩克利斯之剑"。

在此背景下，本书以《中国企业境外直接投资合规风险及应对研究》为题，在系统梳理述评国内外文献的基础上，首先对研究的几个核心概念及相关理论依据进行了阐释；其次分析了中国企业OFDI特征与事实以及中国企业 OFDI 境外合规风险的特征与成因；接着对中国企业 OFDI 境外合规风险源进行了识别与评估；进而从理论与实证两个方面论证分析了境外合规风险对中国企业 OFDI 的影响效应；最后提出了一套中国企业境外直接投资合规风险应对策略体系。这对研究中国企业境外直接投资合规风险及应对策略具有重要的理论和实践意义。

本书共 8 章，分为五大部分。第 1 章为导论；第 2 章为第一部分，概念界定和理论基础分析；第 3 章和第 4 章为第二部分，分析中国企业境外直接投资与境外合规风险的特征与事实；第 5 章和第 6 章为第三部分，对中国企业 OFDI 境外合规风险源进行识别与评估；第 7 章为第四部分，研究境外合规风险对中国企业 OFDI 的影响效应；第 8 章为第五部分，提出中国企业 OFDI 境外合规风险应对策略。各章的主要内容和结论如下：

第 1 章导论。此章较详细地阐述了本书的研究背景，论述了研究意义，系统梳理了国内外相关研究成果，并对研究的主要内容和研究方法进行了归纳总结。

第 2 章概念界定与理论基础。此章对境外直接投资、境外直接投资企业、境外合规风险、境外合规风险源等概念进行了界定，分析了境外合规风险的特质；基于国际生产折衷理论、产品生命周期理论和内部化理论阐释了中国企业对外直接投资的理论依据，从风险识别、风险评估和风险控制三个层面阐述了企业风险管理的理论依据，以此为本书的研究提供理论基础。本书将境外合规风险也称之为东道国合规风险，将其定义为：中国企业在对东道国投资过程中，因东道国的政治、经济或社会形势变化、法律因素、风俗传统以及东道国与母国之间的制度与文化诸多方面距离等因素导致中国企业及其员工违反东道国法律法规出现不合规行为，从而引发法律责任问题、受到相关惩罚、造成经济或声誉损失以及其他影响的风险，不包括违反中国国内法律法规及企业内部规章制度的合规风险。将境外合规风险源定义为来自东道国的引发中国对外直接投资企业合规风险的源泉；将境外合规风险分为政治、社会与法律、经济、金融、对华关系及环境资源6个维度。

第3章中国企业OFDI时空演变分析。此章从投资规模、投资行业、投资主体、投资区位等方面分析了中国企业境外直接投资的时空演变特征，并对中国企业境外投资大型投资项目（1亿美元以上）的投资规模、投资主体、投资区位、投资进入方式等特征进行了分析。中国企业境外直接投资的特征主要表现为：投资存量规模不断扩大，投资行业多元但仍相对比较集中，投资区位分布广泛但主要流向亚洲地区，投资主体更加多元且非公有经济控股与公有经济控股并驾齐驱。中国企业境外大型投资项目的特征主要表现为：2005—2017年，项目数量和投资金额快速增长，此后出现了一定程度的下滑；投资国家分布广泛，美国、澳大利亚和英国位居前三；投资行业多元，能源和运输两个行业占比最高，合计占比接近50%；投资方式以跨国并购为主。

第4章中国企业OFDI境外合规风险的现实考察。此章首先利用美国传统基金会的中国全球投资追踪（CGIT）数据库，分析了对中国企业境外大型投资失败项目的基本特征，从东道国的政治风险、社会与环境合规风险以及东道国以竞争中立为由进行阻拦等几方面解析了中国企业境外大型投资项目失败的主要境外风险因素。其次利用世界银行公布的合规制裁名单，分析了中国企业被世界银行合规制裁案的特征及世行制裁的理由。结果表明，在世界各国被世行制裁案例中，中国企业和个人位列榜首，且受交叉制裁和关联主体制裁的占比接近80%，负面溢出效应影响范围巨大，中国企业和个人面临着巨大的世行反腐败合规风险。最后探讨了目前中国企业OFDI境外投资合规风险的几种主要表现形式，主要对外国投资安全审查、反商业贿赂、ESG规制、知识产权、竞争规则和数据安全等几方面的境外合规风险表现进行了分析。

第5章中国企业OFDI境外合规风险源识别与评估指标体系构建。此章综合运用案例编码分析、文献分析和结构式访谈三种方法，全面识别了中国企业 OFDI 境外合规风险源，构建了包括政治、社会与法律、经济、金融、对华关系与环境资源 6 个维度的中国企业 OFDI 境外合规风险源分析框架，并结合目前国际上主流风险评估机构对风险因素的筛选，筛选出 6 个维度合规风险评估的 56 个主要指标，构建了中国企业 OFDI 境外合规风险评估指标体系。该评估指标体系覆盖了主要境外合规风险因素，评估指标的选择科学、易于理解且可操作性强，为中国企业对外投资提供了一个综合评估境外合规风险的工具和实用投资决策参考信息。

第 6 章中国企业 OFDI 境外合规风险评估。此章利用第 5 章建立的 6 个维度中国企业 OFDI 境外合规风险评估体系，分别采用熵值法、熵值—TOPSIS 法、熵值—模糊综合评价法和主成分分析法 4 种方法建立了 4 种中国企业 OFDI 境外合规风险评估模型，通过取 4 种评估结果划分风险等级的均值，得出最终的境外合规风险值和 6 个维度境外合规风险值。合规风险评估数值越大代表中国企业投资东道国的合规风险水平越低。在数据可得范围内尽可能选取了更多的中国企业 OFDI 的东道国家（126 个国家）和年份（2006—2022 年）对各东道国、各区域的合规风险和 6 个维度合规风险进行了分析评估，以保证构建的指标体系能够真实反映合规风险及其变动情况，为中国企业 OFDI 区位选择提供有价值的决策参考。

第 7 章境外合规风险对中国企业 OFDI 的影响效应。此章首先以国际生产折衷理论、对外直接投资动机理论、交易成本理论、风险规避理论、资源依赖理论和资源基础理论为理论框架，阐释了境外合规风险对企业对外直接投资决策和投资规模的作用机制，并提出了两个研究假说，假说 1——随着东道国合规风险的增加，中国企业在该国进行海外直接投资（OFDI）的决策概率将显著降低；假说 2——东道国合规风险的增加将导致中国企业在该国的投资规模显著缩小。其次从投资决策和投资规模两个层面构建了境外合规风险影响中国企业 OFDI 的计量模型，实证检验了

2006—2021年境外合规风险及其各维度合规风险对中国企业境外投资决策和投资规模的影响,并进行了一系列的稳健性检验和异质性分析。其中,境外合规风险影响中国OFDI决策的基准回归采用了Logit和Probit两种常用的非线性概率模型,并在更换估计方法的稳健性检验中进一步采用了最小二乘法(OLS)进行重新估计。基准回归中的被解释变量是以中国A股市场中存在OFDI事件的上市企业为主体,通过匹配BvD Zephyr、FDI Market、CSMAR数据库三套数据,得到的2006—2021年中国992家上市公司在110个国家的直接投资数据;核心解释变量为测算所得的东道国合规风险,其数值越大代表了中国企业的投资东道国的合规风险水平越低。基准回归结果验证了研究假说1和假说2,结果显示境外合规风险是影响中国企业境外投资决策和投资规模的重要因素,境外合规风险越高,企业选择进行境外投资决策的概率越低;境外合规风险越高,企业境外投资规模越小。为保证基准回归结果的稳健性,通过替换核心解释变量、更换估计方法以及剔除金融危机和新冠疫情发生年份样本的方法进行了稳健性检验,稳健性检验结果支持基准回归结论。此外,境外合规风险对中国企业境外投资决策和投资规模的影响存在明显的异质性。本书从不同OFDI进入方式(跨国并购与绿地投资)、不同维度合规风险(政治、社会与法律、经济、金融、对华关系、环境资源6个维度)、不同类型的国家(发达国家和发展中国家、不同收入水平国家)、不同类型的企业(国有企业与非国有企业、高技术企业与非高技术企业、污染型企业与非污染型企业)几个角度进行了深入的异质性验证分析,这些分析有助于揭示不同维度下境外合规风险对中国企业OFDI的差异化影响。

第8章中国企业OFDI境外合规风险应对策略。此章首先以西门子股份公司、英国石油公司(BP)、大众汽车公司、葛兰素史克(中国)投资有限公司(GSKCI)、高通公司、中兴通讯股份有限公司6家具有代表性的跨国公司的典型事件为案例,深度解析其在合规建设方面的经验与教训,得出了对中国的启示；在此基础上，从2018年商务部、国资委、外交部等相关部门联合发布的《企业境外经营合规管理指引》入手，结合ISO37301国际标准和德勤合规管理模型，提出了中国企业合规管理体系的建设思路。其次从建立健全企业OFDI合规管理框架、做好境外合规风险预警措施、积极应对东道国的国家安全审查、注意合规管理与投资发展的平衡几方面构建了中国企业OFDI境外合规风险监控体系。接着针对各维度境外合规风险，分别从政府和企业两个层面提出了具体应对举措。最后从优化OFDI区位布局、优化OFDI行业结构和创新OFDI进入模式三个层面，提出了通过优化中国企业OFDI布局来提升境外合规风险应对能力的具体对策。

作者
2025年6月

目　录

第1章　导论 ……………………………………………………（ 1 ）
　1.1　研究背景 …………………………………………………（ 1 ）
　1.2　研究意义 …………………………………………………（ 15 ）
　1.3　文献综述 …………………………………………………（ 17 ）
　1.4　研究内容与研究方法 ……………………………………（ 30 ）

第2章　概念界定与理论基础 …………………………………（ 34 ）
　2.1　相关概念界定 ……………………………………………（ 34 ）
　2.2　企业OFDI理论 ……………………………………………（ 39 ）
　2.3　企业风险管理理论 ………………………………………（ 42 ）

第3章　中国企业OFDI时空演变分析 ………………………（ 46 ）
　3.1　中国企业OFDI规模情况 …………………………………（ 46 ）
　3.2　中国企业OFDI国别与区域分布 …………………………（ 48 ）
　3.3　中国企业OFDI行业分布 …………………………………（ 52 ）
　3.4　中国企业OFDI所有制性质 ………………………………（ 54 ）
　3.5　中国企业境外大型投资的项目与类型 …………………（ 56 ）

第4章　中国企业OFDI境外合规风险的现实考察 …………（ 63 ）
　4.1　从境外大型投资失败项目看中国企业OFDI境外合规风险 …（ 63 ）
　4.2　从世界银行黑名单看中国企业面临的合规风险 ………（ 70 ）

4.3 中国企业 OFDI 境外合规风险的主要表现形式……………（ 79 ）

第 5 章　中国企业 OFDI 境外合规风险源识别与评估指标体系构建…（ 93 ）
5.1 中国企业 OFDI 境外合规风险源识别的思路……………（ 93 ）
5.2 中国企业 OFDI 境外合规风险源识别…………………（ 96 ）
5.3 中国企业 OFDI 境外合规风险评估指标体系构建………（116）

第 6 章　中国企业 OFDI 境外合规风险评估………………（140）
6.1 境外合规风险评估过程……………………………（140）
6.2 境外合规风险总体结果评估………………………（145）
6.3 境外合规风险评估结果及分析……………………（152）
6.4 境外合规风险各维度评估结果与分析………………（165）

第 7 章　境外合规风险对中国企业 OFDI 的影响效应………（220）
7.1 境外合规风险影响企业 OFDI 决策和规模的机制………（220）
7.2 实证研究设计………………………………………（229）
7.3 境外合规风险影响中国企业 OFDI 决策的回归结果………（234）
7.4 境外合规风险影响中国企业 OFDI 规模的回归结果………（253）

第 8 章　中国企业 OFDI 境外合规风险应对策略……………（266）
8.1 构建中国企业 OFDI 合规管理体系…………………（266）
8.2 构建中国企业 OFDI 境外合规风险监控机制…………（276）
8.3 中国企业 OFDI 境外合规风险应对举措………………（280）
8.4 优化中国企业 OFDI 布局，提升境外合规风险应对能力…（288）

参考文献………………………………………………（292）
附　　录………………………………………………（313）
后　　记………………………………………………（335）

第1章 导论

1.1 研究背景

1.1.1 中国对外投资企业面临严峻的境外合规新挑战

1.1.1.1 世界政治经济环境不确定性增加

当前,百年未有之大变局加速演进,世界政治经济进入新的动荡变革期。大国关系深刻调整、贸易摩擦频发、逆全球化思潮抬头、地缘冲突加剧等多重冲击叠加,使全球经济增长陷入低迷期。时下,国际政策协调难度增加,地缘政治风险急剧攀升,世界政治经济环境充满风险和不确定性。面对复杂多变的世界经济政治格局,跨国公司更是无法及时预测政策调整走向,导致其在境外经营过程中面临合规风险增加。此外,地缘政治风险加剧和各国经济政策不确定性增加迫使跨国公司改变风险预期,进而调整对外投资布局,随之引发新的合规风险。

1.1.1.2 国际投资规则加速重构

2008年金融危机以来,国际投资规则加速重构、投资保护主义回归。与传统双边投资协定文本相比,当下变革中的新国际投资规则发生了明显的变化,主要呈现出以下五个方面特征:

(1)投资准入:"准入前国民待遇+负面清单"模式迅速普及。目前国际上已有70多个国家的投资准入采用"准入前国民待遇+负面清单"模式,如《全面与进步跨太平洋伙伴关系协定》(CPTPP)、《中欧全面投资协定》(CAI) 等国际协议均采用了这一模式。该模式将国民待遇和最惠国待遇的适用范围延伸到"投资的设立、兼并和扩张"阶段,进一步提升了投资准入阶段的自由化水平。相应地,引入负面清单管理的国家通过国内外资法也会对若干行业的外资进入实施新的限制,加大企业对外直接投资准入阶段的合规风险。

(2) 规则内容:注重公平和透明的"边境后"措施。传统国际投资规则强调市场准入的开放、优化和便利以及对外国投资的保护。新国际投资规则注重投资进入一国管辖范围之后的"边境后"措施,如规则一致、劳动标准、竞争中立、知识产权保护、参与东道国技术标准制定权等与营商环境密切相关的规则[1][2]。这些"边境后"措施涉及一国监管主权和经济安全,给包括中国在内的多数发展中国家企业境外投资合规带来新挑战。

(3) 投资相关利益保护:注重多元主体利益平衡。新国际投资规则对国家、私人投资者及利益相关方均提出了更高的要求,注重多元主体利益的平衡。新投资规则中增加了促进东道国可持续发展监管权方面的规则,东道国政府要求在本国的外国企业在社会责任、环境保护、劳工保护和反腐败等方面承担更多的责任。

(4) 各国政策协调:要求各国政府规制一体化。新国际投资规则强调各国国内的贸易投资相互协调,各国通过引入共同的政策,向共同的监管机构让渡部分国家独立的权力,以实现各国政府规制的一体化,进一步提升外资企业在全球进行生产经营的效率。

(5) 新兴投资条款不断涌现,"投资+"趋势在扩张。国际投资规则制定上的"投资+"趋势不断扩张,新兴投资条款不断出现。不同国家根据自己的利益诉求和价值观尝试制定新的投资条款,目前"投资+"尚未指向某种特定的理念或共识,如欧盟倡议建立国际投资法庭以进一步推进

---

[1] 刘志中,王曼莹. 国际经贸规则演变的新趋向、影响及中国的对策 [J]. 经济纵横, 2016 (06): 106 – 110.

[2] 曾凡. 重大国际贸易投资规则变化与上海自贸试验区建设联动机制研究 [J]. 科学发展, 2015 (03): 76 – 84.

投资自由化，而《美国—墨西哥—加拿大协定》中推出更具民族主义色彩的非市场经济条款。

1.1.1.3 全球对外直接投资限制措施呈上升趋势

在经济发展放缓和地缘政治冲突加剧的背景下，对外直接投资限制措施呈上升趋势。《2024年世界投资报告》显示，2011—2022年，发展中国家和发达国家出台的投资政策措施中，对投资者更有利的政策措施占比分别下降到51%和46%，不利于投资者的措施占比分别上升到49%和54%。2023年，有73个国家共出台了137项影响外国直接投资的政策措施。其中，发展中国家出台的投资政策措施中，对投资者更有利的政策措施占比为86%；相比之下，发达国家出台的投资政策措施中，不利于投资者的占比高达57%。近十年在不利于投资者的政策措施中，有近一半涉及以国家安全为由进行的外国直接投资审查。2023年这一趋势依然存在，在所有不利于投资者的措施中，投资审查占45%[①]。

1.1.1.4 外国投资安全审查机制呈泛化态势

（1）外国投资审查集中用于解决国家安全问题。2018年美国挑起中美贸易争端以来，美国不断加大投资审查力度和范围，造成我国企业赴境外投资并购一再受阻，进一步加剧了我国企业境外直接投资的合规风险。例如，2018年美国出台的《外国投资风险评估现代化法案》显著增加了美国外国投资委员会（CFIUS）的审查权限和自由裁量权，进一步加大了对外国投资者在美国投资的安全审查力度，抬高了外国投资者在涉及美国关键技术、关键基础设施和敏感个人数据领域的投资壁垒。2022年，拜登签署行政令颁布《外国投资委员会执法和处罚指南》，进一步扩大了CFIUS的审查范围。澳大利亚、英国、法国、加拿大、日本、意大利、波兰、德国等众多经济体纷纷效仿美国，出台或修订了本国的外资审查法律，从降低外资审查的触发门槛、强化事前行政审批流程、扩大审查产业范围等方面

---

① 资料来源：UNCTAD, Investment Policy Monitor database, accessed 31 March 2024. https://investmentpolicy.unctad.org/publications/series/1/latest-investment-policy-trends.

加强外资审查,更加严格的外资审查新举措不断涌现(见表1-1)。

表1-1　　　　　　近几年部分发达经济体外国投资安全审查概况

经济体	审查内容
美国	2018年出台《外国投资风险评估现代化法案》(FIRMMA),并于2020年发布全面细化的配套新规,在原有的《外国投资与国家安全法》(FINSA)基础上,扩大了对外商投资活动审查管辖的范围并加大管控力度
欧盟	2020年出台《关于欧盟建立外国直接投资审查机制的条例》,为欧盟成员设立了外资审查正当性、规范性和协调性框架,促使欧盟成员国建立更加严格的国家安全审查制度,扩大了维护"欧盟利益"的项目和计划清单,包括与太空计划、数字欧洲计划、欧洲国防基金以及健康欧盟计划相关的投资等。2023年12月27日开始实施《欧洲议会和理事会关于保护欧盟及其成员国免受第三国经济胁迫的条例》(简称《欧盟反经济胁迫工具》)
德国	修改《对外贸易和支付条例》,引入并不断扩大外资审查机制所涵盖的敏感行业和技术清单,包括人工智能、自动驾驶汽车、专用机器人、半导体、增材制造和量子技术等,并根据行业调整了触发对不同类型收购进行投资审查的门槛
法国	自2019年以来,不断加大对外国投资审查的执法力度,并于2022年发布《2022年法国投资审查指南》,将外商投资敏感行业外资持股比例触发审查门槛由原先25%的投票权降至10%;外商投资敏感行业包括国防和安全、公共卫生、大型公用事业和关键基础设施(能源、电信、运输、供水)、关键技术的研发和与粮食安全有关的活动
英国	2022年《国家安全和投资法》及其实施条例生效,引入了独立的外资审查制度,尤其是具体化了需要强制申报的17个敏感行业,具体包括先进材料、高端机器人、能源、人工智能、通信、计算机硬件、民用核技术、密码认证、数据基础设施、国防、军用或军民两用技术、量子技术、卫星和空间技术、应急服务关键供应商、政府部门关键供应商、合成生物学及交通
意大利	2012年在部分地区引入外国投资审查制度。通过了新的永久性修正案,以代替临时修正案。新修正案于2023年1月1日生效。新的外资审查体系也被称作"黄金权利"制度。对于符合该制度适用范围的相关投资,无论交易各方的规模和价格如何,都必须提交备案。如果没有进行强制备案,则总理办公室可依职权审查交易。近年来意大利对5G、医疗保健、半导体和高科技等行业的投资实质性审查更加严格

续表

经济体	审查内容
日本	修改《外汇与外贸法》，将包括稀土在内的关键矿产以及某些港口设施的维护和改善相关的业务部门，列入外资审查行业清单中
澳大利亚	2020年澳大利亚出台《2020年外国投资（保护澳大利亚国家安全）改革法》，旨在防止新冠疫情背景下外商投资者在澳大利亚实施不符合澳大利亚利益的投资
加拿大	2024年3月27日，加拿大完成《加拿大投资法》修正案（又称《投资国家安全审查现代化法案》）立法程序。新法案修订的主要内容包括：一是在特定行业新增投资前备案要求；二是赋予加工业部长延长"国家安全"审查程序的权力；三是对违规行为施以更加严格的处罚；四是赋予加工业部长在"国家安全"审查时对涉案企业设置临时条件的权力；五是赋予加工业部长批准涉案企业作出减少"国家安全"风险保证的权力；六是加强与盟友的信息共享合作；七是新增审查期间保护信息的规定

资料来源：梁一新、关兵、韩力，等．国际经贸规则变局与重塑［M］．北京：电子工业出版社，2023：132－133；欧盟的官方网站，https：//eur－lex．europa．eu/legal－content/EN/TXT/? uri=OJ3AL_202302675．

（2）外国投资安全审查制度的国家不断扩围。具体来看，实施外国投资安全审查制度的国家从2006年的3个国家增加到2023年的41个国家①（见图1－1），占全球外商直接投资流量的50%以上，占外商直接投资存量的四分之三。② 同时，在疫情冲击下，"绿色"投资壁垒不断加大。2023年欧盟通过碳边境调节机制（CBAM），要求将进口商品的碳排放量同获得的碳排放配额进行比较，超过配额的部分需要通过购买CBAM证书予以抵扣，即征收"碳关税"。《欧盟电池和废电池法规》要求自2027年起，欧

---

① 41个国家为：澳大利亚、奥地利、加拿大、中国、捷克、丹麦、芬兰、法国、德国、匈牙利、冰岛、印度、以色列、意大利、日本、老挝、拉脱维亚、立陶宛、马耳他、墨西哥、荷兰、新西兰、挪威、菲律宾、波兰、葡萄牙、韩国、罗马尼亚、俄罗斯联邦、沙特阿拉伯、斯洛伐克、斯洛文尼亚、南非、西班牙、泰国、英国、美国、比利时、爱沙尼亚、卢森堡、瑞典。

② 资料来源：UNCTAD，Investment Policy Monitor database，accessed 31 March 2024. https://investmentpolicy.unctad.org/publications/series/1/latest-investment-policy-trends.

洲的动力电池必须持有"电池护照",这也对中国企业对外直接投资造成巨大挑战。

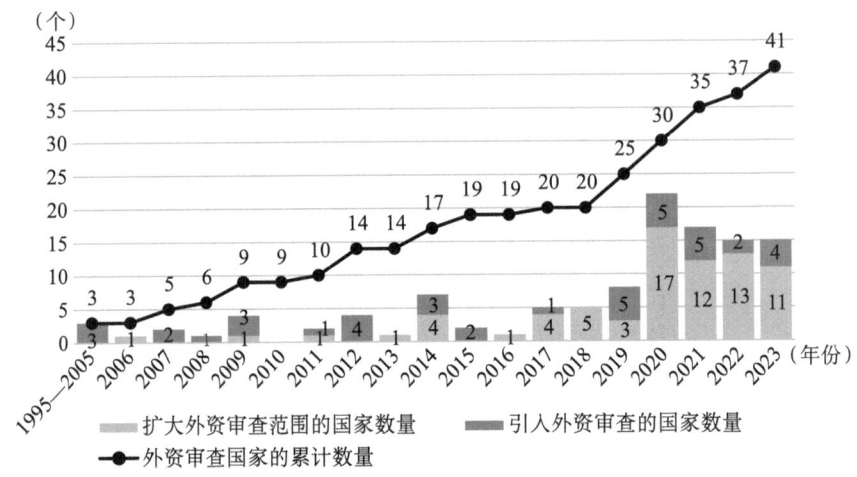

图 1-1　引入或扩大国家安全相关投资审查的国家数目

资料来源:UNCTAD, Investment Policy Monitor database, accessed 31 March 2024. https://investmentpolicy.unctad.org/publications/series/1/latest-investment-policy-trends.

欧美国家不断筑牢所谓"国家安全"的"防火墙",对外直接投资审查力度不断加强,审查范围不断扩大,导致中国企业赴境外投资并购屡次受阻,加大了中国企业境外直接投资合规风险。

1.1.1.5　全球 ESG 规制数量迅猛增长

时下,在全球气候变化风险、欧洲能源危机、地缘政治冲突、传染性疾病等诸多因素的影响下,对外直接投资风险显著提升,由环境保护(Environmental,E)、社会责任(Social,S)和公司治理(Governance,G)三大价值支柱构成的负责任投资理念——ESG 逐渐受到各国投资者与政府的广泛关注,无论是发达国家还是发展中国家,都积极参与全球气候变化治理,低碳合规受到各国关注。

随着 ESG 的快速发展,越来越多的利益相关方参与到世界可持续发展的建设中来,其中自然少不了政策制定者的努力。本书利用 Carrot & Stick

的 ESG 法律法规数据库，对数据库中全部 95 个国家①的 ESG 规制进行梳理，图 1-2 统计了 2006—2021 年全球责任投资法规新增量与累计量。虽然不同的机构对 ESG 政策的定义范围和收录完整度有所不同，但是仍然可以清晰地看到，2014 年以来，ESG 政策出台数量经历了两次较大的跃升。

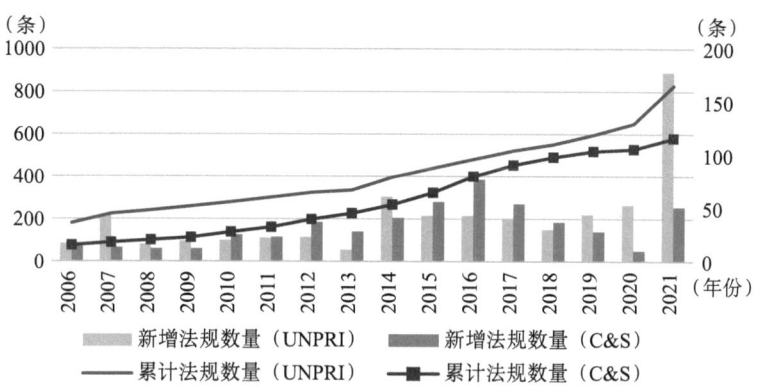

图 1-2 2006—2021 年全球 ESG 法规当年新增量（右轴）与历史累计量（左轴）

数据来源：根据 UNPRI（https：//www.unpri.org/policy/regulation-database）和 Carrot & Stick（https：//www.carrotsandsticks.net）整理。

第一次大跃升是在 2014—2017 年，在这一时间段内，西方发达国家掀起了一波 ESG 规制热潮。其中，2014 年 10 月，欧盟发布了《非财务报告指令》，并要求成员国以法律的形式对各自境内大型公共利益主体强制编报并披露非财务报告。这是欧盟首次尝试以法律手段规制企业 ESG 信息披露问题，为世界强制可持续信息披露事业作出巨大的贡献。随后，美国也开始加紧对 ESG 问题的政策干预，如 2015 年加利福尼亚州出台法规禁止加州公务人员及教师对煤炭行业的投资，同年 10 月美国劳工部公开支持在投资决策中加入 ESG 因素考虑。而在亚洲，日本和新加坡则走在前列。2015 年日本发布的《日本公司治理守则》规定，企业需要关注利益相关者和可持续发展问题；新加坡则更进一步于 2016 年颁布法令强制公司发布可

---

① Carrot & Stick 的 ESG 法规数据库中有 100 个国家/地区/国际组织，本部分在剔除地区性和国际组织的 ESG 规制后，还剩下 95 个国家。

持续发展报告。在全球范围内，2015年底的巴黎气候大会上达成的《巴黎协定》则正式开启了2020年后的全球气候治理格局。

第二次大跃升则是在新冠疫情暴发之后，在经历了2020年一整年严峻的全球大流行病之后，世界各国普遍意识到，当前经济基础的抗风险能力较弱，暴露了部分企业发展模式存在的隐患。于是，欧盟在2021年出台《可持续金融披露条例》（SFDR）和《欧盟分类气候授权法案》（EU TC-DA），并于2022年出台《企业可持续发展报告指令》（CSRD）以取代2014年的《非财务报告指令》（NFRD），这一系列ESG政策的密集出台表明欧盟正在引领全球ESG政策前沿。

日益收紧的ESG规制要求意味着跨国企业比国内企业有更为艰巨的社会责任挑战（Buckley等，2017）[1]。ESG政策的密集推出引发企业经营环境的变化，加剧了中国对外投资企业在东道国经营的合法性困境。实际上，近些年来中国企业在境外直接投资过程中遭遇的社会责任风险日益增多，事前的安全审查以及事中的环境保护与消费者权益保护等一系列隐性壁垒频繁出现[2]。这些壁垒给中国企业的境外投资带来了额外的非财务性挑战，给中国企业境外投资增添了更多消极影响，同时也增加了新的合规义务与压力。

1.1.1.6 数字经济和科技创新催生更多境外投资合规新课题

2021年由商务部、中央网信办、工业和信息化部联合印发的《数字经济对外投资合作工作指引》强调，要大力鼓励并推动数字经济的对外投资合作，并且重点突出了数据安全、数据出境管理以及反垄断等方面的内容。近年来，我国的数字经济增长态势极为显著。根据国家互联网信息办公室发布的《数字中国发展报告（2022年）》可知，2022年全球数据总量达到77ZB，其中，我国的数据产量高达8.1ZB，占全球数据总量

---

[1] Buckley P. J., Doh J. P. and Benischke M. H. Towards A Renaissance in International Business Research? Big Questions, Grand Challenges, and the Future of IB Scholarship [J]. Journal of International Business Studies, 2017, 48（9）：1045-1064.

[2] 谢红军，吕雪. 负责任的国际投资：ESG与中国OFDI [J]. 经济研究，2022，57（03）：83-99.

的 10.5%①。根据联合国贸易和发展会议（UNCTAD）统计，截至 2024 年 7 月，已有 115 个国家和地区颁布了与数字贸易相关的消费者保护法，137 个国家和地区颁布了与数据保护和隐私相关的立法，156 个国家和地区颁布了网络犯罪立法②。

由于各国对数字产业利益诉求和监管重心不同，世界各国催生出了差异化的国内监管模式。以美国为代表的数字产业强国主张数据跨境自由流动，允许跨境调取他国数据，但限制他国获取美国数据；欧盟等传统工业经济体采取防御性数据保护策略，侧重保护个人权利；东盟等主张在数据跨境自由流动条款中加设豁免性条款；俄罗斯要求数据普遍地本地化存储和处理；中国主张数据限制性流动③。我国《中华人民共和国网络安全法》《中华人民共和国数据安全法》规定重要数据应存储在境内，且数据跨境流动需经过安全评估。这与国际协定主张的数据跨境自由流动存在差异，目前处于与国际规则接轨的过渡阶段。

与此同时，与数据和数据流动相关的全球治理新议题应运而生。基于此，在多边层面，世界贸易组织建立了"WTO 电子商务工作计划"和"电子商务联合倡议"，就数字经济衍生出的新型数字贸易治理议题进行前瞻性讨论。在区域层面，《全面与进步跨太平洋伙伴关系协定》（CPTPP）、《美墨加三国协议》（USMCA）、《区域全面经济伙伴关系协定》（RCEP）等巨型区域贸易协定就与跨境数据流动相关的新型数字贸易治理问题进行了前瞻性谈判。在平台层面，亚太经合组织（APEC）、经济合作与发展组织（OECD）、G20 等非约束性平台和《数字经济伙伴关系协定》（DEPA）对广义的跨境数据流动议题进行各类探索。④ 除此以外，自 2023 年以来，

---

① 数据来源：人民政协网，https://www.rmzxb.com.cn/c/2023-10-16/3425781.shtml.
② 资料来源：United Nations Conference on Trade and Development (UNCTAD). https://unctad.org/topic/ecommerce-and-digital-economy/ecommerce-law-reform/summary-adoption-e-commerce-legislation-worldwide.
③ 陶然，马原野，杜万里. 全球数字贸易规则焦点、主要挑战和应对策略研究 [J]. 中国物价，2024（07）：35-40.
④ 高疆，盛斌. 跨境数据流动与数字贸易：国内监管与国际规则 [J]. 国际经贸探索，2024，40（06）：102-120.

美国持续推进"印太经济框架"（IPEF）数字贸易规则谈判，企图将美式跨境数据流动模式复制到亚太地区。欧盟则通过了《数字服务法案》《数字市场法案》等多项法规，着力抢占全球数字贸易规则话语权。

因此，在各国企业数字化转型加快，数字跨境转移合规风险变得格外突出的背景下，如何设计规则、运用规则来维护和促进跨境数字经济与科技创新的新成果，如何应对境外知识产权注册、跨境数据保护和数据安全挑战，适应不同东道国差异化的数据监管模式，成为中国对外投资企业面临的境外合规新课题。

1.1.2 中国企业 OFDI 合规风险频发

自中国实施"走出去"战略以来，越来越多的中国企业通过对外直接投资（OFDI）进行全球生产环节布局，参与全球分工。伴随着中国企业 OFDI 规模持续扩大，中国企业海外绿地投资、收购和兼并案例快速增长，企业国际化进程呈加速态势。据商务部等部门发布的《2022 年度中国对外直接投资统计公报》显示，2022 年我国 OFDI 存量达到 27548 亿美元，连续 6 年位列全球第三；OFDI 流量为 1631.2 亿美元，位列全球第二，在全球 OFDI 流量中的占比为 10.9%，这一比例已连续 11 年保持世界前三水平，连续 7 年在全球 OFDI 流量中的占比超过 10%。

虽然我国企业对外投资已取得举世瞩目的成就，但其发展前景仍面临诸多挑战。一方面，尽管众多中国企业的合规建设已达较高水平，然而由于中国对外投资企业分布于不同的国家和地区，各个投资地在法律法规、宗教信仰以及文化习俗方面存在差异，且涉及数据隐私、知识产权、环境保护等多种不同监管要求以及多个司法辖区，因此其会面临东道国诸如劳工标准和碳足迹深色化等方面的合法性调查，承担着巨大的经济负担。例如，2013 年中国石化因未能确保员工工作条件安全被加拿大当局处以上百万加元的罚款；2019 年克孜勒奥尔达州一家中资石油公司因违反环保法规被处以巨额罚款。另一方面，部分中国企业跨国经营经验匮乏，对国际上的通行规则与非通行规则缺乏了解，难以有效地识别、防范并应对合规风险挑战以及缓解严峻的合规管控压力，致使企业频繁遭到东道国处罚，引发大量经济损失与国际声誉损失。与此同时，随着世界经济环境和地缘政治的急剧变化，欧美保守主义抬头，世界各国加大对外商投资合规监管的力度，尤其美国西方发达国家对中国企业投资实行更严格的审查，除以国家安全为理由在国与国边界上以行政手段拒绝中国企业的投资项目之外，还有意无意地利用国与国之间在价值观和制度完善性方面存在的天然差异，于其国界内甚至跨国予以中国企业规制打击。例如，在2020年，美国总统特朗普以国家安全为由公布了一份针对中国的投资"黑名单"单位，名单上的单位在美国并购、投资等商业活动将无法通过美国政府的行政审批，因此不具合法性。

中国企业境外直接投资面临的合规风险巨大，由此导致的损失极其惨重，这从中国企业被世界银行制裁的案件数量、中国企业境外大型投资项目失败案件以及美国外国投资委员会（CFIUS）对我国赴美投资审查的交易数量中可窥见一斑。

近三年，被列入世界银行制裁名单的中国企业数量显著增加。截至北京时间2024年6月6日18时，有189家中国企业和个人（不包括中国香港、中国澳门和中国台湾的企业和个人）被世界银行列入"禁止合作企业和个人名单"（以下简称"世界银行黑名单"），占世界银行制裁实体和个人总数的16.84%[①]。根据美国传统基金会"中国全球投资追踪（CGIT）"数据库公布的数据，2005年至2023年，中国境外投资1亿美元以上的大型项目累计4667个，涉及金额共计25230亿美元，其中，失败项目（包括由于投资准入壁垒和企业自身问题等因素被迫取消的投资项目以及项目投资已经完成但因政治风险、市场风险等因素被迫中止的投资项目）共计370个，涉及金额高达4374.2亿美元，大型投资失败项目涉及金额占中国企业境外大型投资项目总金额的17.34%。表1-2为2005—2023年中国境

---

① 数据来源：世界银行，https://www.worldbank.org/en/projects-operations/procurement/debarred-firms.

外大型投资失败项目数量及涉及金额情况。

表1-2　2005—2023年中国境外大型投资失败项目数量及涉及金额情况

年份	项目数（个）	涉及金额（百万美元）	年份	项目数（个）	涉及金额（百万美元）
2005	1	18000	2015	25	32520
2006	9	34760	2016	32	38140
2007	13	19160	2017	31	23290
2008	13	29490	2018	26	27300
2009	17	34990	2019	21	13140
2010	21	21090	2020	24	14910
2011	25	37660	2021	18	11310
2012	24	21480	2022	24	13990
2013	16	14810	2023	5	5920
2014	25	25460			

资料来源：The Heritage Foundation。

此外，美国不断泛化"国家安全"概念，收紧对中国企业的审查。2018年美国出台的《外国投资风险评估现代化法案》（FIRRMA）直接将关键技术、关键基础设施和个人敏感数据纳入审查，审查范围从传统的国家安全领域向经济、信息等非传统领域扩展，同时，增加了对中国的歧视性条款。2021—2023年，美国外国投资委员会（CFIUS）对中国赴美投资审查的交易数量最多，共计115件，占投资审查交易总数的13.5%，远超排在第二位的新加坡（72件，占比8.4%）和第三位的加拿大（69件，占比8.1%），以及并列第四位的英国和日本（两国均为56件，占比6.5%）[①]。其中，2021年和2023年中国均为当年涉案交易数量最多的国家，2022年为当年涉案交易数量第二多的国家（见表1-3）。未来随着CFIUS对外国投资主体和投资资金来源进行穿透性审查，叠加中美经贸摩擦的不确定性，中国企业对美投资将更加困难。

---

① 数字来源：美国财政部，https://home.treasury.gov/policy-issues/international/the-committee-on-foreign-investment-in-the-united-states-cfius/cfius-reports-and-tables。

表1-3　2021—2023年美国CFLUS安全审查交易数量的国家和地区　　单位：件

国家/经济体	2021年	2022年	2023年	合计
中国	46	36	33	115
新加坡	13	40	19	72
加拿大	30	23	16	69
英国	14	23	19	56
日本	26	15	15	56
韩国	15	16	10	41
法国	15	14	9	38
德国	10	13	14	37
阿联酋	0	11	22	33
开曼群岛	16	10	7	33
以色列	12	10	8	30
瑞典	5	9	7	21
葡萄牙	7	4	6	17
卢森堡	5	5	6	16
爱尔兰	2	10	4	16
中国台湾	4	3	7	14
澳大利亚	4	6	4	14
意大利	4	5	4	13
根西岛	4	7	2	13
荷兰	5	1	6	12

资料来源：美国财政部，https：//home. treasury. gov/policy－issues/international/the－committee－on－foreign－investment－in－the－united－states－cfius/cfius－reports－and－tables.

总之，日益增加的合规风险已成为当今跨国公司面临的紧迫挑战（Manacorda，2022）[1]，合规风险已经成为悬在中国企业境外直接投资发展进程中的"达摩克利斯之剑"，时刻威胁着其进程。

---

[1] Manacorda, S. The "dilemma" of criminal compliance for multinational enterprises in a fragmented legal world, in S. Manacorda, F. Centonze（eds.）：Corporate Compliance on a Global Scale, Switzerland, 2022：67 - 89.

1.1.3 中国重视跨境经营合规风险管理

近年来，在国家高度重视经济社会高质量发展以及大力推进国家治理现代化的时代大背景下，伴随企业重大违规事件的接连爆发，一系列中国公司因海外经营不合理而引发的合规风险开始凸显，这使得规范企业经营行为、弥补企业治理中合规制度的短板变得愈发紧迫。例如，2017年3月，中兴通讯因违反了美国出口管制法案而向美国政府认罪并签署了和解协议，还缴纳了约8.9亿美元罚款。该事件引发了中国各界对于企业合规的高度关注。从企业界到政府层面，人们逐步认识到合规是中国企业"走出去"必须跨越的障碍，中国企业唯有大力强化合规管理才能适应全球竞争态势。

在中兴通讯首次被罚后，党中央和国务院领导便开始大力倡导并推动企业合规管理。2017年5月，习近平总书记主持召开中央全面深化改革领导小组第三十五次会议，明确要求企业加强合规管理、建立合规制度。2018年，加强合规管理成为中国企业发展的新方向。2018年8月，在推进"一带一路"建设工作5周年座谈会上，习近平总书记作出重要阐述："要规范企业投资经营行为，确保合法合规经营，重视环境保护，履行社会责任，成为共建'一带一路'的形象大使。"为有力推动企业合规管理，政府相关部门紧锣密鼓地推出了一系列更具针对性和可操作性的合规文件。2018年12月，国家发展改革委、商务部等共同制定并发布《企业境外经营合规管理指引》（发改外资〔2018〕1916号），此乃中国历史上首部涵盖全面的企业境外合规管理指引，为企业在跨国经营中推进合规管理体系建设、增强抵御涉外经营风险的能力给予了有力的制度支撑。2021年3月，企业合规被正式纳入国家"十四五"规划。"十四五"规划第十三章第二节、第十九章第五节明确提出，主管部门需"引导企业强化合规管理，防范、化解境外政治、经济、安全等各类风险""推动民营企业依法合规经营，鼓励民营企业积极履行社会责任"。本书对2013—2023年中国涉及境外合规的标准和指引进行了梳理，详情如表1-4所示。

表 1-4　　2013—2023 年中国涉及企业境外合规的标准和指引

时间	发文单位	文件名称
2013	商务部、外交部等 6 部门	《对外投资合作境外安全事件应急响应和处置规定》
2013	商务部、原环境保护部	《对外投资合作环境保护指南》
2013	商务部办公厅	《2013 年商务部规范企业境外经营行为，防治境外商业贿赂工作要点》
2017	国家发展改革委、商务部等 5 部门	《民营企业境外投资经营行为规范》
2017	国家标准化管理委员会	《合规管理体系指南》
2018	国务院国有资产监督管理委员会	《中央企业合规管理指引（试行）》
2018	国家发展改革委、外交部等	《企业境外经营合规管理指引》
2020	国家市场监督管理总局、国家标准化管理委员会	《信息安全技术个人信息安全规范》
2021	国家市场监督管理总局	《企业境外反垄断合规指引》
2022	国务院国有资产监督管理委员会	《中央企业合规管理办法》

资料来源：根据公开资料整理。

1.2　研究意义

1.2.1　学术价值

第一，丰富了企业境外直接投资合规风险的理论研究。本书从多角度构建了较为全面和科学的中国企业 OFDI 境外合规风险综合测度指标体系，并将体现东道国对华关系的合规风险因素纳入其中。为尽量保证风险量化的客观性，主要以熵值法的权重为基础对中国企业 OFDI 境外合规风险指标体系赋权。在境外合规风险评估中，分别采用熵值法、熵值—TOPSIS 法、熵值—模糊综合评价法和主成分分析法 4 种方法对 2006—2022 年中国企业在 126 个国家的 OFDI 境外合规风险进行了评估，并根据每种评估方法的结果划分了 5 个风险等级，然后测得风险等级的均值，最终得出 2006—2022 年 126 个国家的政治、社会与法律、经济、金融、对华关系、环境资源6个维度和综合合规风险值。4种方法的综合利用提高了评估结果的客观性和稳定性，更全面地评估东道国风险。本书丰富了东道国合规风险测度的指数研究，拓展了企业OFDI境外合规风险评估的理论和方法，也为中国企业开展高质量的对外直接投资提供了较长时间序列的国别合规风险数据支撑，补充和发展了中国特色的OFDI合规风险相关理论。

第二，丰富了企业OFDI影响因素的理论研究。本书分析了境外合规风险对企业OFDI投资决策和投资规模的作用机制，从理论上揭示了境外合规风险如何影响企业在不同市场的投资策略；从投资决策和投资规模两个层面构建了境外合规风险对中国企业OFDI决策和规模影响的计量模型，并以CSMAR数据库包含的中国A股市场中存在OFDI事件的企业为主体，通过匹配BvD Zephyr、FDI Market以及Carrot & Stick三套数据，最终得到2006—2021年中国992家上市公司在东道国合规风险评估126个样本国家中的110个国家的OFDI数据，对2016—2021年110个东道国合规风险对中国企业对外直接投资的影响展开实证研究。这进一步充实了中国企业对外直接投资影响因素的理论研究，也为中国对外投资企业更好应对东道国合规风险提供了理论支撑，对全面理解中国企业的对外投资行为也具有重要理论意义。

第三，丰富了企业境外投资合规风险防范的理论研究。本书在对中国企业OFDI境外合规风险进行评估以及从理论与实证两个方面分析境外合规风险对中国企业OFDI影响效应的基础上，结合中国企业境外合规风险的现实，借鉴国内外典型跨国公司合规建设经验，探究了中国企业合规管理体系的建设思路，构建了企业OFDI境外合规风险监控体系，从政府和企业两个层面提出了中国应对不同维度境外合规风险的举措以及优化境外投资布局的具体对策，为中国企业对外投资境外合规风险防范提供了理论支撑。

1.2.2　应用价值

第一，为中国对外投资企业防范境外合规风险提供了新思路。本书不仅对中国企业对外投资中的126个东道国的合规风险进行全面识别与测度，而且实证检验了东道国综合合规风险以及各维度合规风险对中国企业境外投资决策和投资规模的影响，还从东道国国家异质性、中国企业不同OFDI进入方式和中国不同类型企业等多个角度深入探讨了东道国合规风险影响中国企业OFDI的异质性，并在企业异质性的分析中，将中国企业分为国有企业与非国有企业、高技术企业与非高技术企业以及污染型企业与非污染型企业。从实践角度，这有助于中国不同类型的企业在进行对外投资时，时刻关注东道国的政治、社会与法律、经济、金融、对华关系和环境资源等不同维度的合规风险，针对不同合规风险带来的不利影响，进行有效识别。

第二，为中国企业境外投资决策提供依据，有助于企业对外投资项目高质量实施。本书通过对中国企业境外大型投资失败项目和中国企业被世界银行合规制裁案例的追踪以及对中国企业典型案例的合规风险源分析，探讨了目前中国企业境外投资面临的合规风险；通过科学构建东道国合规风险评估指标体系，建立东道国合规风险评估模型，全面评估了中国企业OFDI的东道国合规风险高低；构建了境外合规风险防范体系，提出了如何优化对外投资布局的具体对策，为政府和企业科学制定境外直接投资合规风险管控对策提供思路和建议，助力对外投资企业更好地应对境外合规风险，提高中国企业对外直接投资的质量。

第三，构建的相关研究数据库可为进一步深化研究提供条件。本书以大量的国内外相关数据为支撑。为提高研究过程中的数据利用效率及实时更新指标数据，本书构建了以中国企业境外投资合规风险问题为主题的国别数据库，可为后续的相关研究提供支持。

1.3 文献综述

本书重点研究中国企业境外直接投资合规风险及中国的应对，根据研究内容，本部分从企业OFDI影响因素、企业境外经营风险、中国企业OF-

DI 合规与合规风险、境外合规风险对中国企业 OFDI 影响四个方面对相关文献资料进行梳理。

1.3.1 关于企业 OFDI 影响因素的相关研究

企业对外直接投资（OFDI）作为推动全球经济发展的重要力量，近年来引起了学术界的广泛关注和研究。在理论界，研究对外直接投资的逻辑起点为对外直接投资的动因分析。传统的国际直接投资理论认为跨国公司进入海外市场的动机主要有四种：市场寻求型、效率寻求型、自然资源寻求型和战略资源寻求型（Dunning，1998）。不同的企业从不同的目的出发，依据其内外部优势，在选择对外直接投资东道国时，所考虑的因素也有所不同。在具体实践过程中，由于投资目的地的政治、经济、社会、文化等条件存在不同方面、不同程度的差异，中国企业 OFDI 影响因素成为学者们关注的焦点之一。总体来看，当前对企业 OFDI 影响因素的研究基本分为两个方面：一是企业 OFDI 的内部影响因素；二是企业 OFDI 的外部影响因素。

1.3.1.1 企业 OFDI 的内部影响因素

从企业内部影响因素来看，海默（Hymer，1960）认为，相比东道国本土企业，跨国公司掌握着足够大的垄断优势，这是其进行对外直接投资的关键优势，这种优势的存在足以弥补跨国公司跨国经营所需要的额外成本。这一垄断优势的思想为邓宁所吸收并发展为后来 OLI 范式中的所有权优势，如企业规模、资本密集度、企业所有制等均可以代表跨国公司的所有权优势。梅利茨（Melitz，2003）通过拓展克鲁格曼（Krugman，1980）的模型，在《贸易对产业内重新配置和产业总生产率的影响》一文中探讨了企业生产率对企业商业模式选择的影响，指出在本国国内同一行业的企业中，生产率最高的一批企业将会同时选择对内贸易、对外贸易以及对外投资的方式来增加市场份额和利润，生产率越低可选择的方式则越少。次年赫尔普曼等（Helpman 等，2004）在梅利茨的基础上建立了经典 HMY 框架，进一步探讨了企业国际化行为与其自身生产率之间的关系，并通过美国企业的现实情况验证了分析结果。国内方面，田巍和余淼杰（2012）以浙江省企业为研究对象，探讨梅利茨的理论在中国的有效性，研究表明，企业开展对外直接投资的概率与企业生产率水平呈现正相关关系，并且与对外直接投资的金额也同样呈现正相关关系，这直接验证了梅利茨论文的结论。严兵（2014）利用江苏省制造业企业样本数据考察了不同特征企业与对外直接投资决策之间的关系，结果表明，资本密集度和企业规模均显著影响企业对外直接投资决策。布莱克曼（Brakman，2019）对荷兰大型企业的研究也显示，企业规模、所有制等体现企业所有权优势的因素在企业对外直接投资过程中起到重要作用。张吉鹏等（2020）基于制度逻辑视角发现，中国国有企业并不热衷于对外投资，但可以通过国企改制的方式刺激国有企业推进国际化进程。高菠阳等（2019）则基于中国国情探讨企业所有制与对外直接投资的关系。他们发现，相比东部地区，中西部地区企业对外直接投资的区域性和所有制特点较为突出，其中国有企业更加倾向于进行对外直接投资。此外，部分学者从融资约束视角出发，研究影响对外直接投资的企业内部因素，代表性的研究成果包括：史蒂文·法扎里等（Fazzari 等，1988）基于信息不对称理论，提出投资现金流敏感性会随着公司融资约束程度的提高而增强的观点；饶华春（2009）指出，中国上市公司面临融资约束的情况是普遍现象，但所受融资约束程度与公司性质存在联系，如国有上市公司的融资约束程度高于民营上市公司；洪俊杰和张宸妍（2020）认为融资约束对中国企业对外直接投资具有显著影响，倾向于开展对外直接投资的企业往往融资能力较强。从管理体制角度，李众敏（2010）从与对外直接投资紧密相关的政策体制角度入手，阐述了企业对外直接投资管理的基本问题和中国对外投资面临的管理体制约束问题；张长征和徐艺（2019）针对性地提出企业内部管理风险对不同企业对外直接投资选择的影响，并加以验证。

1.3.1.2 企业 OFDI 的外部影响因素

从企业外部影响因素来看，研究多聚焦于东道国的政治、法律、经济、资源禀赋等因素对企业对外直接投资的影响。

（1）东道国的政治、法律制度环境。阎大颖（2013）实证考察了处于价值链不同位置的企业 OFDI 的影响因素，在制度环境方面，研发投资项目最为依赖东道国经济与法律制度的完善性，而制造和运营类投资虽同样重视经济体制的质量，但它们与母国和东道国之间的社会文化差异关联度更高。王永钦、杜巨澜和王凯（2014）研究发现，中国企业的 OFDI 更关心政府的效率、监管的质量和腐败的控制，并倾向于避开法律体系严格的国家。王淼（2023）指出，中国以发展援助作为政策工具引导对高风险国家的直接投资，并实证检验得出，受援国的政治稳定对于中国对外直接投资具有显著正向效应，受援国的腐败控制、法治程度和政府工作效率低对于促进中国对外直接投资会起到负面作用。刘辉煌和刘畅（2023）提出政治制度距离与中国对中东北非地区的直接投资呈显著的负相关关系，即中国对其直接投资会随着两个国家制度差异的加大而减少。刘玉、唐礼智和金梦洁（2023）利用半参数变系数空间面板模型验证得出，随着东道国制度环境的改善，东道国市场规模对本国对外直接投资起到了先增后减的倒"U"型影响。陈松等（2012）通过研究发现中国对外直接投资倾向于治理水平较低的国家和地区，原因在于中国对外直接投资主体之一的中国企业能够利用其在母国积累的经验，在治理水平较低的国家获得更多收益，并且能够有效地规避来自发达国家企业的竞争压力，因此中国企业对治理水平较低的投资东道国有特殊偏好。陶攀等（2013）基于企业异质性理论对中国企业对外直接投资的区位选择问题进行深入研究，结果发现政治环境较差的东道国将提高企业对外直接投资的生产率阈值。因此，当一国的国内政治环境恶化的时候，将会抑制中国企业对该国的对外直接投资。

（2）东道国经济环境。邓宁（Dunning，1980）指出，东道国市场规模是决定企业是否进行投资的关键因素。罗伯特·阿里伯（Aliber，1983）认为，国际投资通常是从货币价值较强的国家流向货币价值较弱的国家，这主要是因为强势货币带来的价值和购买力优势。巴克利等（Buckley 等，2006）同样强调了东道国市场规模对于企业做出对外直接投资决策的重要性。在此基础上，蒋冠宏等（2012）以中国对外直接投资的 95 个投资目标国家为研究对象，验证了中国企业的对外直接投资动机，结果表明，东道国市场规模对中国对外直接投资具有显著的正面影响，因此认为中国对外直接投资具有显著的市场寻求效应。项本武（2009）认为中国对外投资与东道国市场规模存在负相关关系，表明中国对外投资企业在市场规模庞大的发达国家缺乏较强的竞争力，更倾向于将投资输入亚洲和拉丁美洲等市场规模相对较小的区域。张亚斌（2016）研究显示，中国对外直接投资的增长受到多种因素的显著影响，包括东道国的国内生产总值、劳动力规模、自然资源丰富程度、双边投资协议以及投资便利化水平。其中良好的商业投资环境对中国对外直接投资增长的贡献最大。黄孝武等（2024）发现随着中国价值链结构性权力的相对优势提升，中国 OFDI 所引发的溢出效应更倾向于流向金融市场开放程度更高、与中国地理距离更远、与中国制度距离更远及中高技术产出比例较高的东道国。曲如晓、王陆舰和杜毓琦（2024）研究发现专利出海能够通过技术领先效应和声誉传递效应促进企业对外直接投资，这一技术溢出效应对高知识产权保护国家的促进作用更明显。

（3）东道国资源禀赋条件。代表性的研究成果包括：李猛（2011）通过使用动态面板数据考察了东道国的区位优势对中国对外直接投资的影响，实证结果支持巴克利等关于东道国市场规模对企业做出对外直接投资决策至关重要的论断，同时认为包括自然资源与战略资源在内的资源禀赋同样能够影响中国对外直接投资的区位选择。科尔斯塔等（Kolstad 等，2009）以中国对外直接投资为研究主题，指出东道国自然资源禀赋是吸引中国对外直接投资的重要因素之一。宋维佳（2012）选取了 2005—2009 年中国对 51 个国家进行对外直接投资的案例为研究对象，分析了中国企业进行海外投资时的位置选择偏好。研究结果显示，中国企业倾向于在拥有丰富自然资源的国家进行投资，这一结论印证了科尔斯塔等的观点。在战略资产寻求动机上，邓（Deng，2009）认为，中国的对外直接投资具有明显的战略资源寻求动机，这是因为中国企业在国际投资领域中属于后来者，且由于战略资产匮乏，经常在竞争中处于不利的位置，因此在并购的时候会倾向于选择战略资产丰富的发达国家。另外，东道国的政治稳定性也能通过影响企业的预期收益来影响企业投资决策。

1.3.2 关于企业境外经营风险的相关研究

随着国际产业分工格局日益精细化，越来越多的企业开拓国际业务，进行境外经营。企业的海外经营活动越发频繁，企业境外经营的风险也随之增加。

从学术研究的时间脉络看，国外学者对企业国际投资风险问题关注较早，米勒（Miller，1992）构建了第一个整合性国际风险模型，第一次对企业进入国际市场面临的不确定性问题进行了系统全面的分类。国内学者对此问题的研究始于20世纪90年代，相关研究主要集中在四个方面：其一，风险分类研究。学者们研究的角度不同，分类差异较大，如许晖（2006）将对外直接投资风险分为政府风险、市场风险、技术风险和管理风险；刘红（2010）将其分为政治风险、主权风险、安全风险、法律风险、文化风险、工会及利益相关者风险和环保风险等。其二，风险成因研究。代表性的研究成果包括：王凤丽（2013）从多个角度分析高冲突地区风险的演化与先兆指标，认为过度依赖高冲突地区的政府高层、合规风险、舆论风险和社会责任风险四个方面是造成我国企业在海外高冲突地区投资经营风险较高的成因。刘介明和陈旭（2017）深入分析了我国企业在海外经营过程中所面临的知识产权风险的内涵及特征，进一步剖析了企业海外经营中知识产权风险防控能力的构成及影响因素。张平和孙阳（2018）指出，新的国际环境下税收风险管控已超越了单纯预防投资阶段的历史遗留问题，更扩展到企业长期运作和资源整合过程中可能遭遇的税务挑战。此外，我国"走出去"企业税收风险的防范还存在对东道国税收制度认识不充分、关联交易中的策略难以调整、融资模式和控股架构缺乏合理性等问题。王玉婧和魏超（2024）分析得出，中国民营企业在加速国际化进程的过程中，在科技型企业市场准入限制、劳工权益保护合规问题、数据信息造假、贸易新业态合规经营风险等方面遭遇海外经营合规风险。克劳斯·迈耶等（Meyer 等，2017）认为许多新兴经济体跨国企业面临的下一个重大挑战是形成人力资源与战略目标的协调统一，因而提出了吸引、培养和留住能够领导国际业务的人才是克服经营障碍、实现战略目标的重要途径。其三，风险评估和预警机制研究。风险评估理论主要研究成果有模糊层次分析法（F-AHP）建立的企业境外直接投资风险评估模型（聂名华和颜晓晖，2007），以及对中国企业对外直接投资风险进行评估的 AHP-ANPV 分析框架（张鹏，2011）等；相较于风险评估理论，风险预警理论更加主动地对风险进行预防，主要研究趋向于跨学科和引入知识变量的风险预警体系模型的建立（柴正猛，2012；陈菲琼和钟芳芳，2012）。何莉和汪忠明（2005）以翔实的案例资料为依托，列举了中国企业海外经营的多种风险，提出了宏观和微观两个层面的应对战略。彭涛（2011）全面收集国企在海外运营时遭遇风险的实例，从财务尽职调查、预算控制、成本控制、资金筹划、政治风险防控、风险管控环境六个方面阐释了国有企业海外经营需要着重关注的问题。其四，风险防范措施研究。刘红霞（2006）强调宏观政策协调的重要性，从管理协调机制、监督协调机制、投资服务机制、投资保护机制四个角度构建了境外投资协调框架；黄河（2016）进一步强调了防范政治风险需要加强投资保护机制的构建，并充分利用和完善投资保险工具；曹征（2007）认为对于防范和化解法律风险来说，企业吸收更多的具有良好国际经济法律知识又懂得市场经营的人员进入高管层以统筹各项法律业务更为有效。

1.3.3 关于中国企业 OFDI 合规与合规风险的相关研究

1.3.3.1 合规及合规风险的内涵

"合规"由英文"Compliance"一词翻译而来，直译为"依从"。企业合规包括内部合规和外部合规两个方面。贝斯等（Bace 等，2006）认为合规是指企业行为符合企业内部规则、企业外部法律法规以及市场内部规范和协议。孟席斯等（Menzies 等，2008）认为除这些外部法律外，合规还包括遵守公司内部法规和自愿遵守其他股东的要求。合规本质上是应对合规风险的防控体系，因此需要厘清合规风险的内涵。合规风险的概念最早运用于金融行业，2005年4月国际巴塞尔银行监管委员会发布的《合规与银行内部合规部门》将合规风险定义为："基于银行没有依照相关行业的规定以及业务标准等方面的缘由，有较大概率受到法律制裁以及声誉受损等不利影响的风险。"后来合规风险范围不断扩展，逐渐应用到非金融领域，成为企业不可忽视的治理风险。中国官方对企业境外经营"合规"与"合规风险"的界定主要来自《企业境外经营合规管理指引》。该文件指出，"合规"指企业及其员工的经营管理行为符合有关法律法规、国际条约、监管规定、行业准则、商业惯例、道德规范和企业依法制定的章程及规章制度等要求；"合规风险"指企业或其员工因违规行为遭受法律制裁、监管处罚、重大财产损失或声誉损失以及其他负面影响的可能性。学术界的研究集中于合规性的范畴、根源及预防措施。部分学者将合规的"规"理解为法规、规则和规范。法规是公司总部所在国和东道国法律法规及监管要求；规则则涵盖公司的内部规章制度及商业行为准则；规范涉及职业道德与行为标准（王志乐，2012；王军民，2018）。在根源与预防问题中，有些学者将企业境外投资合规风险的原因归结为个别企业对海外法律不熟悉、海外经营合规机制不健全（王辉耀和苗绿，2018）；保合风险咨询（北京）有限公司（2018）指出部分企业在境外投资运营中抗风险能力不足、制度不完备、流程不规范等问题突出。鉴于此，张曙光（2018）明确指出建立中国企业合规体系不仅需要来自政府的合规监管力度，更需要企业加强内部合规管理。

1.3.3.2 企业境外合规风险源研究

根据企业境外合规风险来源的主体不同，可以将企业合规风险分为外部风险和内部风险两类。其中，外部风险包括来自国际层面、东道国层面、本国层面的合规风险；内部风险则为企业层面的合规风险。外部风险研究主要聚集在国际层面及本国层面的法律领域的合规研究。

国际层面的合规风险主要来源于国际组织和其他国际多边开发银行；本国层面的合规风险主要为中国国内监管法律合规风险，集中于境外投资项目的审批风险、外汇监管风险及税收风险。国内外学者对于东道国层面的合规风险因素分类并没有明确的定义。部分学者通过对境外企业合规风险的识别对合规风险源进行归类。早期的研究局限于合规反腐败，沙欣等（Sahin等，2010）认为企业不合规行为主要是由法律因素引起的；岩崎一郎等（Ichiro Iwasaki等，2011）认为经济因素对企业违规有着显著影响；盖尔·理查森（Richardson GA，2007）认为企业违规的因素还包括社会因素；科斯塔斯·朗托斯等（Rontos K.等，2013）认为宗教文化因素等也会引起有关腐败的合规问题；邵军等（Shao J.等，2007）定量分析了腐败对经济增长和投资的影响。近年由于受到合规风险制裁的境外企业增多，学者们梳理了不同企业面临的境外合规风险源，包括腐败、汇率合规、劳工合规、环境保护合规、合同与社会关系合规、国家安全审查合规、政策变化、文化差异等。部分学者从合规风险源的角度，对合规风险进行归类。其中，诱发合规风险的重要外部因素之一是东道国的制度环境。投资东道国政治环境的不稳定性表现在政府换届、政策不明确、存在社会内部冲突、政府腐败以及存在外部冲突，这会给企业带来较大的合规成本和风险。制度是制约人类交互行为的约束条件（Noetr D.，1990）。丁文丽（Wenlee Ting，1988）认为政治风险是因东道国政治波动或制度更迭，给企业成本、净利润、市场占有率、经营状态带来的不利影响。恐怖袭击、政府更迭及政治制度不稳定不透明都会影响政治的稳定性，使得原有政策难兑现。此外，投资企业面临的不同税收政策和其他类不公平的限制性政策会降低企业外部合法性，从而使企业面临较高的境外合规风险。企业面临的各国法律风险也是企业合规风险的主要来源，主要表现在承担东道国社会责任方面，如劳动用工、环境保护和反不正当竞争风险以及税法合规风险。王可等（2020）通过研究中国企业对非洲国家投资安全性，发现企业面临的合规风险与东道国的法律体系和政治态度有密切联系，主要体现在劳动法律风险、环境保护领域的风险及投资法律风险。经济环境的变动可能会影响跨国公司的日常运作，并带来额外的风险。由于海外市场环境、生产成本和需求程度的变化，会影响原材料、人工等的成本及产品在海外的定价，有可能会增加对外直接投资企业的经营成本，降低企业利润（Obersteiner E., 1973）。如果东道国的金融市场不够发达且缺乏健全的保护机制，企业可能会面临更高的监管成本及合规风险。同时，东道国和母国之间制度距离扩大会增加企业境外投资获取合法性的难度，从而增加企业面临合规风险的可能性。科斯托娃等（Kostova 等，1999）将制度距离具体定义为不同国家间在法律法规、行业规范、认知水平及制度环境上的差别。制度距离越大，企业获得外部合法性的需求越容易导致矛盾的结果（Heugens P. P. 和 Lander M. W.，2009）。迪莉娅·约纳斯库等（Ionascu D. 等，2004）认为制度距离对于企业在东道国的投资经营十分重要，企业在母国的投资制度方式可能在东道国并不适用。制度距离越大，企业对东道国制度的解读和适应越困难。由于对法律、经济制度、文化、宗教等方面缺乏全面了解，从而增加了企业获取外部合法性的难度，增加了投资成本。休根斯等（Heugens 等，2009）认为境外投资经营的企业获得东道国市场和外部合法性需要遵守东道国的法律法规。

国内外学者主要从企业不合规行为的控制方面对企业层面的境外合规风险进行研究。一方面是分析高层管理者的控制以及外部制度对违规行为的影响。朱香（2017）认为企业的商业行为会受到企业高层管理者的政治基础的影响，具有较高政治基础的企业高层管理者能有效规避企业违规风险，企业更容易实现合规经营。陈菲琼（2014）通过对中国跨国公司数据实证分析得出，更高的高管薪酬和内部控制能通过提升跨国公司合法性来降低跨国公司的海外合规风险。另一方面是分析企业内部治理对违规行为的影响。根据阿尔布等（Albu 等，2015）的研究，企业的治理结构及其内部控制机制是决定其外部合规性的关键因素，当企业的内部治理与外部环境存在冲突时，企业容易违反外部规则，导致企业面临境外合规风险。杨力（2017）将现代企业合规风险因素按照影响结果、策略应对以及盈利与否三个层面分为 9 小类，得出中国合规管理一般关注企业治理结构的立法性合规、内部控制的协同性合规和企业社会责任性合规。张小凤（2023）认为中国企业对外投资并购模式面临的合规风险主要有反垄断风险、外国投资安全审查风险、知识产权风险、环境保护风险、商业贿赂风险、境外税务风险、劳动保护风险和数字安全风险。

1.3.3.3　中国企业 OFDI 境外合规风险识别与评估的相关研究

随着境外投资范围的扩大，中国企业面临着更为复杂多变的国际法律环境与合规要求。合规风险对企业对外直接投资（OFDI）成败的显著影响日益受到学者和企业的重视。

（1）合规风险识别。张锦灿（2019）对企业内部如何应对境外合规风险的识别做出了解释，其通过尽职调查方式开展，主要包括法律检索、访谈设计、文件审阅、现场查看和独立调查五大方面。宋光磊（2018）在对 2008 年金融危机后国际化中资银行的合规管理研究中指出，中资银行对合规风险的有效识别能力仍需加强，在理念、体制上仍存在短板。王可、郭红玉和刘曼琳（2020）基于中国企业对非洲主要国家投资的安全视角，总结出对非投资的合规风险主要集中在劳动法律、投资法律和环境保护三大领域。孙南申（2023）认为企业的责任风险也表现为企业合规管理的风险，因为合规必须以合法为基础，其将企业内部治理的风险，以及包括环境、监管等问题在内的外部风险都纳入风险识别之中。党侃、赵长杰和崔晓达（2024）以菲律宾为例，梳理了中国企业面临的合规风险，包括机构准入风险、经营活动合规风险和劳动法律风险。综合过往学者的研究结果不难看出，劳动法律和环境保护风险比重更大，合规要求也更为严格。

（2）合规风险评估。王继红（2002）探讨了企业在进行对外投资时可能面临的五大风险：追求规模过快扩大、跨界经营、异地拓展、过分造名以及轻视市场风险。许辉和姚力瑞（2006）将国际风险分为政府风险、市场风险、技术风险、管理风险四个方面，并对不同企业在不同进入模式下风险的差异性进行分类分析，从宏观环境风险、行业环境风险和企业内部风险三个层面构建了风险测度体系。李一文和李良新（2014）基于上百例非金融类对外投资案例，分析并量化多层面海外投资风险，构建了中国的海外投资风险指数模型。马文杰（2021）认为，国有企业可以通过对外投资环境的行为合规性审计来提前识别合规风险。这种审计应依据国内法、东道国法律以及国际标准，从不合规环境行为、披露义务的履行、审慎的合作伙伴调查义务三部分展开，实现对合规风险的事前识别。聂丽（2024）认为国有企业在对外投资过程中应当充分评估政策变化风险、经济风险和社会风险，以确保投资活动的合规性、稳定性和可持续性。

1.3.4　境外合规风险对中国企业 OFDI 影响的相关研究

从理论上来看，学者们普遍认同合规风险对企业海外投资有负面影响，即起到抑制作用。许多对外投资企业识别合规风险的能力较弱，合规管理体系不完善导致自身经营行为不合规，受到来自东道国政府、国际组织、监管机构的高额罚款，从而对企业投资效果带来巨大负面影响。大部分学者运用案例分析的方法，以合规风险导致企业投资失败或者因违规导致大额赔偿的案例为基础，识别、评估投资过程中可能产生的会对投资起到抑制性不利影响的合规风险因素，然后提出合规风险的预警机制或者企业合规管理体系建设的意见，对企业对外投资面临的合规风险所带来的负面影响进行规避。张文合（2022）以对外投资和承包工程企业为研究对象，分析了企业在开展业务中存在的合规风险问题并提出合规管理建议。白艳（2017）从中国企业海外投资的合规风险视角，提出有效控制合规风险的三大策略：提前预防、主动管理和积极应对。朱海成（2020）通过对分别涉及世界银行合规制裁风险、工程质量管理风险、出口管制制裁风险、东道国财税争议风险、海外用工管理风险和安全环保违规风险的 6 个中国企业海外投资经营案例进行分析，为中国企业海外投资经营提供了参考和帮助。

当前，经济发展导致环境污染成为日益突出的问题，随着各国出台环境保护法规以限制高污染企业在本国的投资，境外投资项目面临的环境风险已成为企业合规关注的重点。对东道国环境规制与企业对外直接投资关系相关的文献梳理发现，学者们普遍认为东道国环境规制与企业对外直接投资呈负相关关系。张亚男等（2023）基于随机前沿引力模型研究发现，环境规制距离与企业对外直接投资效率呈负相关关系，当双边经济关系较好时，两国环境规制距离越大，企业对外直接投资效率越低。部分学者以波特假说作为依据，发现适当的环境规制可以降低合规成本，有利于提高企业竞争力水平，从而有利于企业对外直接投资。

张晋玮等（2021）通过对2005—2013年中国制造业碳排放强度的研究发现，东道国的碳管制与中国制造业对外直接投资呈现出倒"U"型的关系。这意味着在高收入国家中碳管制与对外直接投资呈现负相关，而在低收入国家则表现为正相关。此外，合规风险还可能通过其他间接因素影响企业对外直接投资决策。陈永安等（2020）通过构建包含合规要求和合规承诺两个方面的合规指数来评估上市公司，实证研究表明，合规承诺指数与公司绩效之间呈现倒"U"型关系，即适度的合规承诺能提升公司绩效，但过度的合规承诺则会产生负面影响。此外，该研究还指出，合规指数对于不同所有制类型的企业绩效有着不同的影响。合规有助于减轻企业与相关方的信息不对称程度（Klapper等，2004），降低企业代理成本（Henry D.，2010），并降低盈余管理水平（Safari等，2015），对企业绩效产生积极影响，这种正面的绩效表现可以进一步通过影响高层管理者的决策，间接促进企业的海外直接投资活动。

1.3.5 文献评述

通过对相关研究文献进行梳理可知，现有的关于中国企业对外直接投资与境外合规风险的研究存在以下两个特点：一是国内外关于企业对外直接投资的研究更多地基于企业跨国经营内部化优势以及东道国区位优势对企业开展对外直接投资行为的影响；关于投资风险的研究大多是从国家风险、政治风险以及经济金融风险的角度探讨其如何影响企业的对外直接投资决策。二是合规风险在企业对外直接投资中的影响越来越受到研究者的关注，部分学者进一步探讨了企业合规风险的管理体系建设，但对于合规风险的研究重心依然在于企业自身合规管理对财务绩效的影响，对企业面临的境外合规风险的研究集中于定性研究，即识别各类风险及探究风险传导机制，对于境外合规风险对企业对外直接投资决策的定量研究较少。

具体来看，首先，已有研究中对中国企业境外直接投资的合规风险研究还比较缺乏。已有研究遵循问题导向原则，在 OFDI 区位选择问题、经营战略问题的前提下，对广义上的经营风险或者对某一微观层面（如法律制度、企业内部控制、劳务用工等）风险进行了分析研究，但缺乏实践需要的前沿性研究。其次，企业境外直接投资合规风险防范体系建设相对缺乏。已有研究中，对企业 OFDI 合规风险的识别、评估以及控制程序之间缺乏系统性，没有专门规范 OFDI 合规风险的指标范围，评估手段较为宏观，缺乏针对性。最后，对于如何实施企业境外经营合规风险防范，现有研究多是参照《企业境外经营合规管理指引》，提出一些整体的框架建议，没有结合企业境外经营过程中所面临的客观存在或潜在的合规风险因素，缺少全面性、针对性、实践性。

1.4 研究内容与研究方法

本书在阐述研究背景与梳理述评国内外文献的基础上，首先对研究的几个核心概念及相关理论依据进行了阐释；其次分析了中国企业 OFDI 特征与事实，以及中国企业 OFDI 境外合规风险的特征与成因；接着对中国企业 OFDI 境外合规风险源进行了识别与评估；进而从理论与实证两个方面分析了境外合规风险对中国企业 OFDI 的影响效应；最后设计出一套中国企业 OFDI 境外合规风险管理控制机制。

1.4.1 研究内容

本书共 8 章，可以分为五大部分。第 1 章为导论；第 2 章为第一部分，概念界定和理论基础分析；第 3 章和第 4 章为第二部分，分析中国企业境外直接投资与境外合规风险的特征与事实；第 5 章和第 6 章为第三部分，对中国企业 OFDI 境外合规风险源进行识别与评估；第 7 章为第四部分，分析境外合规风险对中国企业 OFDI 的影响效应；第 8 章为第五部分，提出中国企业 OFDI 境外合规风险应对策略。

具体而言，第 1 章导论。阐述了研究背景与研究意义，对国内外相关领域的研究现状进行了归纳和评述，在此基础上介绍了本书的研究内容和研究方法。

第 2 章概念界定与理论基础。本章对境外直接投资、境外直接投资企业、境外合规风险、境外合规风险源等概念进行了界定，基于国际生产折衷理论、产品生命周期理论和内部化理论阐释了中国企业对外直接投资的理论依据，从风险识别、风险评估和风险控制三个层面阐述了企业风险管理的理论依据，为中国企业境外直接投资合规风险分析以及东道国合规风险评估研究提供理论依据。

第 3 章中国企业 OFDI 时空演变分析。本章从投资规模、投资行业、投资主体、投资区位等方面分析了中国企业境外直接投资的时空演变特征，并对中国企业境外大型投资项目的投资规模、投资主体、投资区位、投资进入方式的特征进行了分析。

第 4 章中国企业 OFDI 境外合规风险的现实考察。本章对中国企业境外大型投资失败项目和中国企业被世界银行合规制裁案例进行了追踪分析，探讨了目前中国企业 OFDI 面临的境外投资合规风险的几种主要形式。

第 5 章中国企业 OFDI 境外合规风险源识别与评估指标体系构建。本章在比较风险识别常用方法特点及优缺点的基础上，综合运用案例编码分析、文献分析和结构式访谈三种方法，构建了包括政治、社会和法律、经济、金融、对华关系与环境资源 6 个维度的中国企业 OFDI 境外合规风险源分析框架，并结合目前国际上主流风险评价机构对风险因素的筛选，筛选出各维度合规风险评估的 56 个主要指标，构建了中国企业 OFDI 境外合规风险评估指标体系。

第 6 章中国企业 OFDI 境外合规风险评估。本章利用第 5 章建立的 6 个维度中国企业 OFDI 境外合规风险评估体系，分别采用熵值法、熵值—TOPSIS 法、熵值—模糊综合评价法和主成分分析法 4 种方法建立了 4 种中国企业 OFDI 境外合规风险评估模型，通过取 4 种评估结果划分风险等级的均值，得出最终的综合合规风险和 6 个维度合规风险值，从国家层面和区域层面对各东道国、各区域的综合合规风险以及政治、社会与法律、经济、金融、对华关系、环境资源6个维度的合规风险进行了分析评估。

第7章境外合规风险对中国企业 OFDI 的影响效应。本章从理论上阐释了境外合规风险对企业对外投资决策和投资规模的作用机制；从投资决策和投资规模两个层面构建了境外合规风险影响中国企业 OFDI 的计量模型，实证检验了东道国综合合规风险及各维度合规风险对中国企业境外投资决策和投资规模的影响；并通过替换核心解释变量、更换估计方法以及剔除金融危机和新冠疫情发生年份样本的方法对基准回归结果进行了稳健性检验，以及从不同 OFDI 进入方式、不同维度合规风险、国家异质性以及企业异质性几个角度进行了异质性分析。

第8章中国企业 OFDI 境外合规风险应对策略。本章在分析国内外典型跨国公司合规建设经验的基础上，探究了中国企业合规管理体系的建设思路；从建立健全企业 OFDI 合规管理框架、做好境外合规风险预警措施、积极应对东道国的国家安全审查、注意合规管理与投资发展的平衡几方面构建了中国企业 OFDI 境外合规风险监控体系；针对各维度境外合规风险，分别从政府和企业两个层面提出了具体应对举措；从优化 OFDI 区位布局、优化 OFDI 行业结构和创新 OFDI 进入模式三个层面，分析了如何通过优化中国企业 OFDI 布局来提升境外合规风险应对能力的具体对策。

1.4.2 研究方法

1.4.2.1 比较分析法

课题在阅读相关文献和文本文件基础上，本书通过分析比较归纳总结出当下新的国际投资规则的一些主要特征；在比较分析主要风险识别方法的优缺点基础上，为了科学地识别出中国企业 OFDI 境外合规风险源，采取了案例分析、结构式访谈和文献分析三者相结合的方法进行研究，构建了中国企业 OFDI 境外合规风险源的分析框架；通过对多种风险测度方法进行比较分析，选用了综合利用熵值法、熵值—TOPSIS 法、熵值—模糊综合评价法和主成分分析法4种风险测度方法的测度结果，以尽可能地确保境外合规风险评估结论的有效性；比较分析了不同国家和不同区域的合规风险水平以及境外合规风险对企业 OFDI 的影响。

1.4.2.2 案例分析法

本书运用案例研究法主要分析了以下几方面问题：第 4 章以中国企业境外大型投资失败项目和被世界银行合规制裁的中国企业为典型风险案例，分析了中国企业境外投资面临的巨大合规风险；在此基础上，第 5 章选取 4 个具有代表性的典型合规风险案例进行案例编码分析，对中国企业境外直接投资合规风险源进行了识别，结合对专家的结构式访谈和文献分析，识别出 6 个维度的中国企业 OFDI 境外合规风险源；第 8 章以 6 家具有代表性的跨国公司的典型事件为案例，深度解析了其在合规建设方面的经验与教训，归纳总结出国内外典型跨国公司合规建设对中国的启示。

1.4.2.3 统计分析法

为切实有效地构建中国企业对外直接投资（OFDI）境外合规风险评估模型，本书综合运用熵值法、熵值—TOPSIS 法、熵值—模糊综合评价法和主成分分析法 4 种统计分析方法，主客观相结合，构建合理的指标体系，从政治、社会和法律、经济、金融、对华关系、环境资源 6 个维度，分为国家与区域两个角度全面具体地评估了中国企业 OFDI 的境外合规风险，为进一步的实证分析提供重要前提。

1.4.2.4 计量分析方法

本书采用 Probit 模型、Logit 模型、Tobit 模型、最小二乘法（OLS）、泊松伪最大似然估计（PPML）等计量分析方法，探究了境外合规风险对中国企业 OFDI 投资决策和投资规模的具体影响效应，分析了境外合规风险对企业投资决策和投资规模的作用机制，揭示了各种合规风险如何影响企业在不同市场的投资策略，为进一步提出中国企业 OFDI 境外合规风险应对策略提供重要决策参考。

第 2 章　概念界定与理论基础

本章对境外直接投资、境外直接投资企业、境外合规风险、境外合规风险源等概念进行界定，分析了境外合规风险的特质；基于国际生产折衷理论、产品生命周期理论和内部化理论阐释了中国企业对外直接投资的理论依据，并从风险识别、风险评估和风险控制三个层面阐述了企业风险管理的理论依据，以此为本书的研究提供理论基础。

2.1　相关概念界定

2.1.1　境外直接投资与境外直接投资企业

2.1.1.1　境外直接投资

境外直接投资（OFDI）也称为对外直接投资或海外直接投资，是国际投资的主要形式之一。本书为了表述方便，在不同语境下分别使用了境外直接投资、对外直接投资、对外投资或境外投资，其均指境外直接投资。

目前较为权威的 OFDI 概念界定来自国际货币基金组织（IMF）、经济合作与发展组织（OECD）、联合国贸发会议（UNCTAD）以及中华人民共和国商务部。

IMF 的界定：OFDI 是指在投资人以外的国家或地区所经营的企业中拥有持续利益的投资，其目的在于对该企业的经营管理具有有效的控制权。

OECD（1996）的界定：国际投资主体拥有 10% 及以上的普通股或投票权（拥有 10% 的所有权但不能保证在管理层拥有话语权的除外），或者拥有同等地位控制权的海外投资。此外，拥有10%以下的所有权但能获得在管理层的话语权的投资计入OFDI。

UNCTAD的界定：一国（地区）的居民实体在其本国（地区）以外的另一国的企业中建立长期关系，享有持久利益，并对之进行控制的投资。

中华人民共和国商务部在《对外直接投资统计制度》（2022）中的界定：我国境内投资者以现金、实物、无形资产等方式在国外及港澳台地区设立、参股、兼并、收购国（境）外企业，并拥有该企业10%或以上股权、投票权或其他等价利益的经济活动。

本书的研究主体为中国企业，故主要采用商务部界定的对外直接投资概念，当OFDI数据来源于UNCTAD时，采用UNCTAD的界定。

2.1.1.2　境外直接投资企业

商务部在《对外直接投资统计制度》（2022）中指出，境外直接投资企业指境内投资者直接拥有或控制10%及以上股权、投票权或其他等价利益的境外企业。境外企业按设立方式主要分为子公司、联营公司和分支机构，特别强调境内投资者在国（境）外承担的水坝、电站、桥梁等大型工程建设项目，构成生产经营属性，属于国际标准意义的直接投资活动。在本书中，为了便于表述，不同语境下使用了境外（对外或海外）（直接）投资企业用词，均指境外直接投资企业。

2.1.2　合规与境外合规风险

2.1.2.1　合规的概念界定

2018年商务部等七部委联合颁布的《企业海外经营合规管理指引》首次定义了海外投资经营企业的合规。该文件指出，"合规"指企业及其员工的经营管理行为符合有关法律法规、国际条约、监管规定、行业准则、商业惯例、道德规范和企业依法制定的章程及规章制度等要求。王志乐（2022）指出，合规通常是指履行组织的全部合规义务，包括外部合规监管要求与企业自愿选择的合规承诺，表现为三种形态：法律法规、规章制度（企业内部响应合规监管、体现合规承诺的制度准则）及职业操守和道德规范。2006 年出台的澳大利亚标准 AS‐3806‐2006《合规计划》将合规定义为"遵守法律、行业和组织标准和规范的要求，遵守良好治理的原则以及公认的社区和道德标准"①。

结合上述对合规概念的界定，本书认为企业境外直接投资需要遵守以下四个方面的合规要求：一是遵守母国的法律法规及监管规定；二是遵守东道国的法律法规及监管规定；三是遵守国际通行的商贸规则，如 WTO 的规则；四是遵守企业伦理、内部规章以及社会规范、诚信和道德行为准则等。本书研究中国企业境外直接投资合规风险问题，将合规要求聚焦在东道国层面，主要包含三层含义：一是东道国权力部门颁布的合规要求，如法律法规、标准、指令、法令等；二是东道国作为缔约国以及对东道国拥有管辖权的国际组织颁布的公约、条约、协定、协议等；三是东道国存在于人们观念中的传统道德或习俗，包括某些宗教国家的相关教义、习俗等。

2.1.2.2 合规风险的概念界定

风险是未来的不确定性对企业实现其经营目标的影响（国务院国资委，2006）②。"合规风险"一词最早出现在金融界，1997 年《新巴塞尔协议》首次对合规风险做出了界定。巴塞尔银行监管委员会发布的《合规与银行内部合规部门》将合规风险定义为银行因未能遵循法律法规、监管要求、规则、自律性组织制定的有关准则，以及适用于银行自身业务活动的行为准则，而可能遭受法律制裁或监管处罚、重大财务损失或声誉损失的风险③。意大利银行（2015）给出的定义为，合规风险是由于违反强制性规则（法律和法规）或自律（即法规、行为准则、自律准则）而遭受司法或行政制裁、重大经济损失或名誉损失的风险④。国际标准化组织（ISO）

---

① AS‐3806‐2006, Australian Standard Compliance Programs (2nd ed.) [S]. Standards Australia, 2006.
② 国务院国资委. 中央企业全面风险管理指引（国资发改革〔2006〕108 号）. 国务院国资委网站，http://search.sasac.gov.cn:8080/searchweb/search_gzw.jsp.
③ Bank for International Settlement. Compliance and the compliance function in banks, Basel Committee on Banking upervision, s, 2005, https://www.bis.org/publ/bcbs113.pdf.
④ Losiewicz‐Dniestrzanska, E. Monitoring of Compliance Risk in the bank, Procedia Economics and Finance, 2015, 26, pp. 800‐805, https://doi.org/10.1016/S2212‐5671 (15) 00846‐1.

将合规风险定义为未履行组织的合规义务（强制性或自愿选择的）发生的可能性和后果①。2018年商务部等七部委联合颁布的《企业海外经营合规管理指引》首次定义了海外投资经营企业的合规风险，指出："合规风险是企业或其员工因违规行为遭受法律制裁、监管处罚、重大财产损失或声誉损失以及其他负面影响的可能性。"

本书遵循商务部等七部委联合发布的《企业海外经营合规管理指引》中对合规风险的定义。本书认为，合规风险包括企业可能偏离其运营框架所要求的法律法规、标准和道德规范的可能性，它涵盖了由这种偏差引起的一系列风险，从法律制裁、监管处罚、重大财产损失到声誉损失。合规风险体现了一个企业在未能将其行动与其所在领域相关的法律和道德准则保持一致时所面临的脆弱性，无论这些偏差是源于内部缺陷还是外部压力，其后果都可能远远超出直接的经济损失，影响企业的地位和生存能力。

2.1.2.3 境外合规风险的概念界定

企业开展对外直接投资需要满足母国及企业内部的合规要求、东道国合规要求、第三国合规要求和多边组织合规要求，因此，对外直接投资企业面临的合规风险可以分为来自母国（包括企业自身）的境内合规风险以及来自东道国、第三国和多边组织的境外合规风险。本书研究的中国企业境外直接投资合规风险聚焦于来自东道国层面的合规风险，因此，在后续研究中为了不同语境下表述方便，将境外合规风险也称为东道国合规风险。结合境外直接投资、风险和合规风险的定义，本书将境外合规风险即东道国合规风险定义为：中国企业在对东道国投资过程中，因东道国的政治、经济或社会形势变化、法律因素、风俗传统以及东道国与母国之间的制度与文化诸多方面距离等因素导致的中国企业及其员工不合规行为、违反东道国法律法规，从而引发法律责任问题，受到相关惩罚，造成经济或声誉损失以及其他影响的风险，不包括违反中国国内法律法规及企业内部

---

① ISO：Compliance management systems – Requirements with guideance forus. 2021，ISO 37301：2021.

规章制度的合规风险。

2.1.2.4　境外合规风险的特质

本书认为企业OFDI境外合规风险具有以下几方面特质：（1）潜在性。企业境外投资面临的合规风险通常是潜在的，只有当企业违规行为发生时才会显现。（2）动态性。东道国、国际组织或相关第三国的法律法规、行业标准等相关合规要求都在不断更新变化，合规风险也随之变化。（3）复杂性。境外投资面临的合规风险涉及法律、财务、信息安全、环境保护、劳工保护等诸多方面，每个方面都需要专业的知识和技能来识别和管理。（4）强制性。与其他风险相比，合规风险具有一定的强制性。从合规风险的定义来看，企业在海外投资经营过程中，由于违反了东道国颁布的法律法规或多边机构的规章，通常会面临相应的处罚，且这种处罚均有明文规定，具有一定的强制性，因此一旦违反，企业难以逃避处罚。（5）全局性。合规风险持续存在于企业海外投资经营的全生命周期，合规风险管理覆盖海外投资经营管理的各类工作，任何环节出现合规问题，均可能对项目造成影响。以对外承包工程为例，对外承包工程项目立项阶段、决策阶段、建设阶段、运营阶段均需要满足相关的合规要求。立项和决策阶段要满足国内监管和企业自身的合规要求，建设和运营阶段要满足东道国、国际组织或相关第三国的相关合规要求。（6）影响大。境外直接投资经营的合规风险通常会给企业带来较大影响，一旦发生，可能导致法律诉讼、罚款、声誉受损、业务中断等严重后果。根据具体影响领域可分为法律处罚、财务损失、声誉损害和运营中断。法律处罚，是不遵守规定通常会导致巨额罚款和监管机构的制裁；财务损失，是除了罚款外，不合规还可能导致业务损失、运营成本增加和保险费增加；声誉损害，是被发现不合规的公司可能会遭受声誉损害，从而导致客户信心和市场份额的丧失；运营中断，是解决不合规问题通常需要大量的时间和资源，从而扰乱正常的业务运营。

2.1.3　境外合规风险源

风险源是引发企业风险的初始起因，包括潜在引起风险的单个或多个叠加的因素。陈长彬和缪立新（2009）将风险源按企业整个供应链系统分为三类：一是来自整个供应链之外的环境风险，即外生风险；二是来自企业外部、供应链内部的风险，即供应链系统成员企业之间的风险；三是产生于企业内部的风险。

合规风险源是引发合规风险的初始起因，包括潜在引起合规风险发生的单个或多个叠加的因素。企业在对外直接投资的过程中会面临诸多风险源，它们存在于企业的内部和外部环境中，正是风险源改变了企业内部系统和外部环境的存在状态，使之发生不确定变化而触发了风险事件。根据本书对境外合规风险的界定，中国企业对外直接投资面临的境外合规风险引致因素是企业的外生风险，即来自东道国层面的风险。本书将境外合规风险源定义为来自东道国的引发中国对外直接投资企业合规风险的源泉。境外合规风险源包括政治、法律法规、经济与金融、社会、环境治理、双边关系等多种变量，本书将其分为政治维度的境外合规风险源、社会与法律维度的境外合规风险源、经济维度的境外合规风险源、金融维度的境外合规风险源、环境资源维度的境外合规风险源及东道国与母国关系维度的境外合规风险源 6 个方面。

2.2 企业 OFDI 理论

2.2.1 国际生产折衷理论

国际生产折衷理论（The Eclectic Paradigm 或 OLI Framework），由英国经济学家约翰·哈里·邓宁在 1977 年首次提出，并在其后的著作中不断完善。该理论用于解释跨国企业为何以及如何进行对外直接投资。邓宁的理论核心在于强调三个基本要素的结合，即所有权优势（Ownership Advantages）、区位优势（Location Advantages）和市场内部化优势（Internalization Advantages）。这三个要素常被概括为 OLI 框架。

所有权优势指的是企业相对于竞争对手所拥有的独特资源和能力，这些优势使企业在国际市场上具有竞争优势。这类优势可能来源于专利技术、品牌、管理经验、营销网络、规模经济或独特的生产过程等。所有权优势是企业进行任何国际化活动的基础，没有这些优势，企业难以在海外市场竞争中取得成功。区位优势是东道国的特定条件，这些条件促使企业在某个特定地点进行直接投资比其他形式的国际参与（如出口或许可证交易）更具吸引力。区位优势可能包括较低的生产成本、接近市场、政府激励政策、良好的基础设施、稳定的政治环境、熟练劳动力供给或其他吸引外资的因素。市场内部化优势是指企业内部使用市场替代机制的能力，即企业通过内部交易而非外部市场交易来利用其所有权优势，以避免高昂的交易成本、保护知识产权、减少信息不对称问题和保持控制权。当市场机制不完善或无法有效传递企业特有的优势时，内部化成为一种有效的策略。企业通过建立子公司或进行直接投资，实现资源和产品的内部转移，确保优势的有效利用。企业需要评估不同地区的这些因素，选择最有利于发挥其所有权优势的地点进行投资。如果企业仅有所有权优势，可能会选择技术授权；若拥有所有权和市场内部化优势，可能倾向于出口；而当三种优势兼备时，直接投资成为最优选择，因为它能够最大化地整合和利用这些优势。

2.2.2 产品生命周期理论

产品生命周期理论（Product Life Cycle Theory，PLC）由美国经济学家雷蒙德·弗农（Raymond Vernon）在 1966 年提出，主要用于解释国际贸易和国际直接投资的动态变化。该理论将产品从引入市场到最终退出市场的整个过程分为几个阶段，并探讨了不同阶段对企业战略、国际贸易模式和国际生产布局的影响。

初始为导入期。在此阶段，产品刚被引入市场，通常是创新国国内的企业开发的新技术或新产品，市场规模小，尚未标准化，生产成本高，主要依赖于研发和创新；贸易模式通常表现为创新国之间的贸易，因为发展中国家可能还没有相应的购买力或技术吸收能力；企业享有较高的垄断地位，竞争有限。

随后是成长期。随着产品被市场接受，需求迅速增长，市场规模扩大，生产开始标准化，成本下降，资本密集度增加；贸易广度增加，创新国开始向其他国家出口产品，特别是向那些有足够购买力的发展中国家；垄断减弱，市场竞争加剧。随之而来的是成熟期。市场趋于饱和，增长率放缓，竞争激烈，价格战可能爆发；产品高度标准化，生产变得劳动密集型，成本控制成为关键；创新国的出口减少，模仿国利用成本优势开始大规模生产和出口；贸易模式转变为模仿国向全球市场出口，包括原来创新国的市场。最后是衰退期。市场需求减少，产品逐渐被替代品或新技术淘汰；在创新国，生产可能停止，转而进口更先进的替代品；模仿国可能继续生产，但更多是面向尚未淘汰该产品的市场，或转向下一个周期的新产品。

随着产品周期的演进，企业可能将生产活动从创新国转移到成本更低的国家，这体现了国际直接投资的动态变化，同时要素全球化导致生产与市场的空间分离，产品周期各阶段在不同国家和地区的时间顺序可能变得模糊，周期缩短，直接推动了对外直接投资的发展。

2.2.3 内部化理论

内部化理论（Internalization Theory）是国际商务和国际经济学领域的一个核心理论，主要用来解释跨国公司为什么以及如何通过对外直接投资来跨越国界整合其价值链的各个部分。这一理论由英国学者彼得·J. 巴克利（Peter J. Buckley）和马克·卡森（Mark Casson）在1976年提出，并在此后得到进一步发展和完善。

内部化理论认为，现实世界中的市场往往存在缺陷，如信息不对称、合同执行困难、知识产权保护不足等问题，特别是在涉及无形资产（如技术、品牌、管理知识）的交易中。这些缺陷导致企业无法完全依赖市场机制来有效地交易其资源和产品，尤其是中间产品和知识产品。而跨国公司拥有特定的所有权优势，包括专有技术、品牌、管理技能等，这些优势是其在全球范围内进行直接投资的基础。为了保护和最大化这些优势，企业倾向于内部化交易，即通过设立子公司或分支机构，而不是通过市场上的独立第三方进行交易。内部化过程是指企业通过内部市场而非外部市场来协调其经济活动，尤其是中间产品和知识的交换。这样做可以减少交易成本，避免知识泄露，保证控制权，以及更好地匹配特定的资源和能力，这一过程的实现路径便是建立跨国公司，通过在不同国家设立子公司，实现其价值链的全球化整合，从而克服市场不完全性带来的挑战。

内部化理论主要关注企业为何内部化其交易，直接涉及企业对外直接投资的战略问题，同时也间接涉及区位选择问题。跨国公司会选择在那些能最优地利用其所有权优势并提供有利商业环境的国家或地区进行投资，因而对理解企业对外直接投资的动因及区位选择具有重要意义。

2.3　企业风险管理理论

哈灵顿等（Harrington 等，2002）认为企业风险管理是指在统一的框架内对公司的所有风险进行识别、量化和管理，这意味着风险管理方式从局限于零散的方法向综合的、持续的和范围广泛的方法转变[①]。基于《企业境外经营合规管理指引》，对外直接投资企业能够参考并构建合规体系，以制定风险防范策略。中国企业对外直接投资的顺利开展，离不开合规管理体系的有效运行，这体现了合规体系的核心价值，同时其运行机制围绕着合规风险的识别、评估与控制展开，这些步骤成为建立和持续维护合规管理体系的基石与依据[②]。

2.3.1　风险识别

风险识别是风险管理流程的首要阶段，通过系统化、结构化步骤，揭

[①] Scott E. Harrington; Greg Niehaus; Kenneth J. Risko. (2002). ENTERPRISE RISK MANAGEMENT: THE CASE OF UNITED GRAIN GROWERS, 14 (4), 71 – 81. doi: 10.1111/j.1745 – 6622.2002.tb00450.

[②] 张锦灿. 浅论企业境外合规管理——《企业境外经营合规管理指引》要义解读 [J]. 法制与社会，2019（20）：152 – 153.

示出影响目标达成的潜在威胁,进而为风险评估及控制提供参考信息。企业 OFDI 合规风险识别过程存在于各对外投资行业中,这不仅关系到企业绩效,而且影响着我国国际形象和长久发展战略,因此作为风险管理的"桥头堡"环节,应当重点关注。

这一步骤要求全面审视内外部环境,包括市场变化、技术要求、法律合规、人为错误等多方面因素,具有如下核心要义:一是连续性,风险识别是一个持续监控内外部环境变化的过程,以确保能够及时捕捉新风险;二是主观与客观相结合,风险是客观存在的,尽管识别过程是针对客观风险,但本质上是主观行为,受制于识别方的经验、偏好等因素,甚至在复杂条件下,常用识别方法都无法识别,因而需要丰富识别方的视角,并借助分析方法加以规制[①];三是层次性,风险识别需要在不同层次开展,具体来说,要囊括内外部风险、宏中微观视角,更要根据不同层次采用针对性方法进行探索;四是技术性,前文提到了技术性手段对化解风险识别过程中主观性问题的重要性,因而需要运用逻辑推理和数据分析,对风险发生的概率和影响程度进行量化评估,这一要求通常与风险评估紧密联系,承前启后。可以使用 Fisher 线性方法、Logit 模型、BP 神经网络技术构建风险识别模型,相比之下,Logit 模型具有更强的信用风险识别和预测能力[②]。

2.3.2 风险评估

风险评估是对已识别风险进行量化和定性分析的过程,旨在确定每个风险发生的可能性及其对企业的潜在影响,为风险应对策略的制定提供决策支持。在企业境外投资合规风险中,风险评估与风险识别是紧密承接甚至并驾齐驱的,在风险识别环节中需要进行前置性的风险评估以作为支

---

① 祝宁波,王镭. 企业农业海外投资合规风险识别:挑战与解决[J]. 华东理工大学学报(社会科学版),2022,37(02):105-119.
② 李志辉,李萌. 我国商业银行信用风险识别模型及其实证研究[J]. 经济科学,2005(05):11.

撑，生成可参考结果，并应用于前置的风险评估环节和后置的风险控制环节。

风险评估将量化并应用结果作为主要目标。首先，明确风险评估的目的，评估范围应覆盖所有已识别的风险，全面地包括内部风险（如运营、财务、人力资源等）和外部风险（如市场、法律、环境等），基于可用数据、趋势分析和统计模型预测风险发生的概率及其造成负面影响程度。而后，评估变量变动对风险结果的影响，识别出关键风险因素，以便为风险控制措施采取的优先级提供参考。美国刑事司法部门和监管部门在《反海外腐败法》中，将"合规风险评估"列为衡量企业合规计划有效性的重要因素，要求企业面对合规风险应当有主次之分，支持企业将合规管理资源集中投入存在高风险的领域[1]。此外，也要认识到风险评估中固有的不确定性，采用概率分布、置信区间等方法来反映这种不确定性，增加评估的全面性和可靠性。

2.3.3 风险控制

风险控制的核心在于寻求风险与收益之间的最优平衡，旨在通过一系列策略和措施来降低风险发生的可能性或减少其负面影响，确保企业目标的顺利实现。这一环节包含风险评估后的众多干预合规风险的子环节。法务、合规、内部控制和风险管理是相互关联、互补和协调的[2]，控制风险都囊括其中，其一体化建设对合规管理体系的构建具有重要意义。

对识别到的企业 OFDI 合规风险的关键控制点，企业需要根据风险前两个阶段的结果，对关键控制点制定相应的管控方法。对此我国企业从对不同国家法律法规的认识，到对政治政策、文化差异的理解，再到市场准入的把控，都要着重下硬功夫。任何投资活动都伴随着风险，完全消除风险往往意味着放弃潜在的收益。因此，风险控制的目标不是消除所有风

---

[1] 陈瑞华. 企业合规风险评估的基本问题[J]. 法学论坛，2024，39（04）：5-17.
[2] 许腾，张建鑫. 国有企业"法务、合规、风险、内控"一体化协同管理体系建设创新思考与研究[J]. 中国集体经济，2024（09）：73-76.

险，而是确保所承担的风险与预期收益相匹配，实现风险调整后的最大回报。风险控制遵循"预防为主"的原则，即在风险发生前采取措施，比在风险发生后补救更为经济有效。风险环境是动态变化的，因此风险控制策略也需随之调整，持续监控风险状态，及时识别新出现的风险，评估既有控制措施的有效性，并根据需要进行调整优化，确保风险控制机制的时效性和适应性。此外，风险控制不仅需要动态变化，还要与其他各层面环节嵌套互通。将风险控制嵌入企业的日常运营和决策过程中，建立有效的应急计划和危机响应机制，通过跨部门合作实现信息共享、协调一致，确保风险控制活动的规范化、制度化。

第 3 章 中国企业 OFDI 时空演变分析

本章从投资规模、投资行业、投资主体、投资区位等方面分析中国企业境外直接投资的时空演变特征,并对中国企业 1 亿美元以上的大型境外投资项目的投资规模、投资主体、投资区位、投资进入方式等特征进行分析,为第 7 章境外合规风险对中国企业 OFDI 的影响效应以及第 8 章第 4 节优化中国企业 OFDI 布局,提升境外合规风险应对能力的分析奠定基础。

3.1 中国企业 OFDI 规模情况

2003—2016 年,中国 OFDI 流量呈逐年快速上升的势头,2017—2019 年虽有所回落但仍处于高位,2020 年和 2021 年持续增长,2023 年中国 OFDI 流量达到 1772.9 亿美元,依然保持着持续拓展的态势。图 3-1 中的数据表明,与 2003 年相比,2023 年中国 OFDI 流量增长了 62 倍,年均增长率约为 27.94%。并且,由于 OFDI 流量的稳定提高,其投资流量在全球的名次也由 2003 年的第 21 位上升至前三名(见图 3-2),这些均可以体现出中国 OFDI 对全球的影响力。一方面,中国跨国公司出于技术需求、资源需求、经贸发展需求等因素的考虑,加大对海外投资的战略规划;另一方面,中国正在通过一种特别的途径传播中国品牌与中国文化,以增强其国际影响力。

随着中国经济的快速发展和"一带一路"等开放政策的实施,中国 OFDI 在全球范围内产生了越来越重要的影响。依照历年的《中国对外直

第 3 章 中国企业 OFDI 时空演变分析

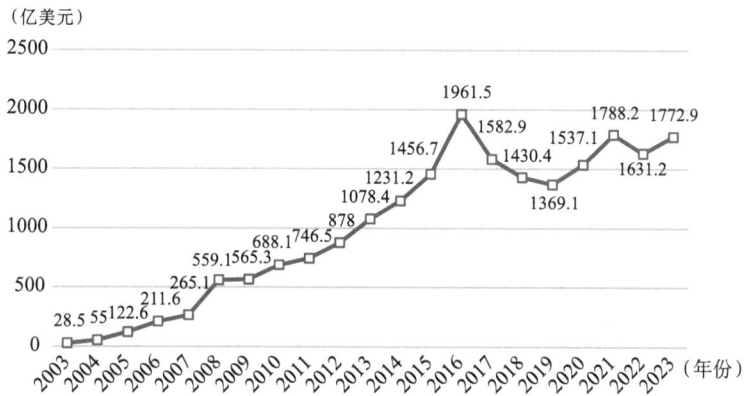

图 3-1 2002—2023 年中国对外直接投资流量情况

资料来源：《2023 年度中国对外直接投资统计公报》。

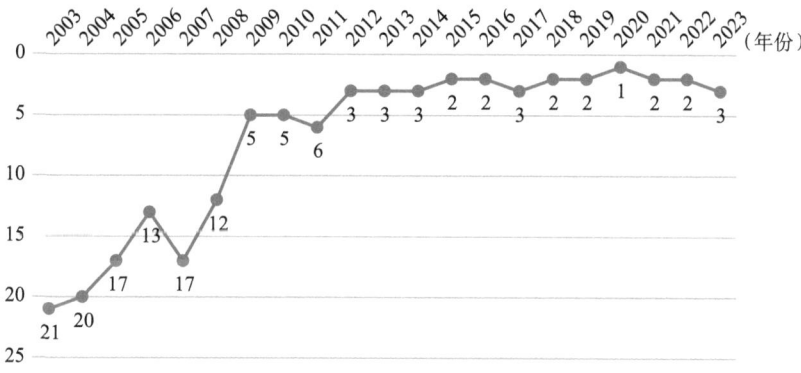

图 3-2 2003—2023 年中国对外直接投资流量在全球的位次

资料来源：《2023 年度中国对外直接投资统计公报》。

接投资统计公报》，中国对外直接投资存量自 2003 年的 332 亿美元提升到 2023 年的 29554 亿美元，增长的比例高达 89.02%，除受全球疫情等因素的影响，2022 年稍有缩减之外，2003—2023 年呈现出稳步上扬的趋势（见图 3-3）。同时，2023 年中国对外直接投资存量在全球范围内排名前三位，并且该位次连续保持了七年（见图 3-4）。上述这些数据均充分体现出中国在全球投资领域的重大影响力，中国正日益成为全球对外直接投资的重要源泉。

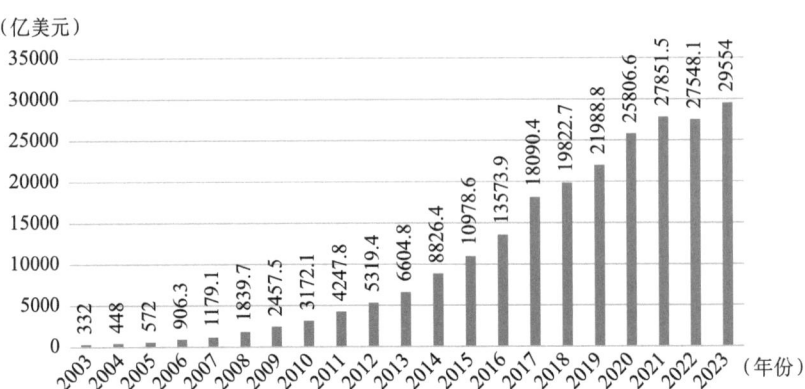

图 3-3　2003—2023 年中国对外直接投资存量情况

资料来源：《2023 年度中国对外直接投资统计公报》。

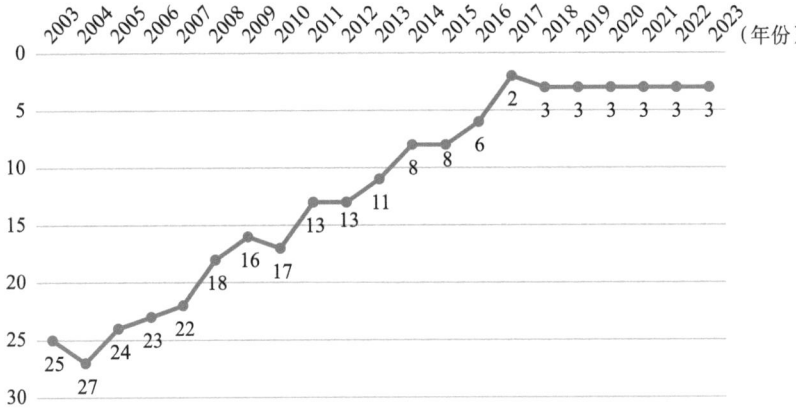

图 3-4　2003—2023 年中国对外直接投资存量在全球的位次

资料来源：《2023 年度中国对外直接投资统计公报》。

3.2　中国企业 OFDI 国别与区域分布

就中国 OFDI 流量的分布状况而言，2023 年我国对外直接投资主要流向了新加坡、印度尼西亚、越南、阿联酋、马来西亚等 10 个国家（地区），中国"一带一路"投资增幅领先，对这些国家投资流量达到了 173.8 亿美元。其中，中国香港作为中国对外直接投资的首位地区，投资额达到

1087.7亿美元,占2023年总投资额的61.4%。这前十个国家(地区)中有6个属于东盟,可见东盟作为一大经济体是中国重要的投资合作伙伴。

2023年,中国对北美洲与大洋洲的投资额也较2022年有不同程度的变化。对北美洲的投资同比增长7.0%,占比为4.4%;而对大洋洲的投资则大幅下降,同比下降83.4%,占比仅为0.3%。英属维尔京群岛、美国、开曼群岛在中国对外投资中占比相对较高,分别占总投资额的1.4%、3.9%、4.9%。2023年,中国对非洲的投资同比大幅上升,同比增长118.8%;而对拉丁美洲的投资则出现下降,同比下降17.6%。且主要流向南非、尼日尔等国家(见表3-1和表3-2)。

表3-1　　　　2023年中国对外直接投资流量地区构成情况

洲别	金额(亿美元)	同比(%)	比重(%)
亚洲	1416.0	13.9	79.9
拉丁美洲	134.8	-17.6	7.6
欧洲	99.7	-3.6	5.6
北美洲	77.8	7.0	4.4
非洲	39.6	118.8	2.2
大洋洲	5.1	-83.4	0.3
合计	1772.9	8.7	100.0

资料来源:《2023年度中国对外直接投资统计公报》。

表3-2　　　　2023年中国对外直接投资流量前20位的国家或地区

序号	国家(地区)	流量(亿美元)	占总额比重(%)
1	中国香港	1087.7	61.4
2	新加坡	131.0	7.4
3	开曼群岛	87.3	4.9
4	美国	69.1	3.9
5	印度尼西亚	31.3	1.8
6	越南	25.9	1.5
7	英属维尔京群岛	25.5	1.4

续表

序号	国家（地区）	流量（亿美元）	占总额比重（%）
8	卢森堡	23.3	1.3
9	泰国	20.2	1.1
10	阿拉伯联合酋长国	17.8	1.0
11	英国	16.7	0.9
12	哈萨克斯坦	16.2	0.9
13	马来西亚	14.3	0.8
14	柬埔寨	13.8	0.8
15	老挝	11.6	0.7
16	墨西哥	10.8	0.6
17	荷兰	9.0	0.5
18	中国澳门	7.6	0.4
19	瑞典	7.4	0.4
20	韩国	6.6	0.4
	合计	1633.1	92.1

资料来源：《2023年度中国对外直接投资统计公报》。

就中国 OFDI 存量的分布情形而言（见表 3-3 和表 3-4），2023 年时，中国在亚洲地区的投资存量达 20148.4 亿美元，占全部存量的比重高达 68.2%。其分布重点涵盖了中国香港、新加坡、印度尼西亚、中国澳门、马来西亚、阿拉伯联合酋长国、越南、泰国等国家和地区。其中，对中国香港的投资存量在中国对外直接投资存量当中占比高达 59.3%，说明香港地区仍然是中国 OFDI 的主通道。其次，中国对拉丁美洲的直接投资存量位居次席，为 6008.0 亿美元，占比达 20.3%。中国在欧洲、北美洲的投资存量依次位居第三和第四，分别为 1476.8 亿美元、1101.1 亿美元，占比分别为 5.0%、3.7%，主要分布于美国、荷兰、卢森堡、英国、瑞典、德国、加拿大、俄罗斯联邦等国家和地区。然而，相较之下，中国对非洲、大洋洲的投资存量以及所占比例则明显偏低，分别仅为 421.1 亿美元、398.5 亿美元，占比分别为 1.4%、1.3%。

表 3-3　　2023 年中国对外直接投资存量地区构成情况

洲别	金额（亿美元）	比重（%）
亚洲	20148.4	68.2
拉丁美洲	6008.0	20.3
欧洲	1476.8	5.0
北美洲	1101.1	3.7
非洲	421.1	1.4
大洋洲	398.5	1.3
合计	29553.9	100.0

注：表中比是各值加总由于四舍五入导致等于100%。

资料来源：《2023年度中国对外直接投资统计公报》。

表 3-4　　2023 年中国对外直接投资存量前 20 位的国家或地区

序号	国家（地区）	存量（亿美元）	占总额比重（%）
1	中国香港	17525.2	59.3
2	英属维尔京群岛	3588.9	12.1
3	开曼群岛	2219.1	7.5
4	新加坡	864.5	2.9
5	美国	836.9	2.8
6	澳大利亚	347.7	1.2
7	荷兰	318.9	1.1
8	英国	292.6	1.0
9	印度尼西亚	263.5	0.9
10	卢森堡	228.7	0.8
11	德国	170.6	0.6
12	百慕大群岛	158.2	0.5
13	中国澳门	139.5	0.5
14	越南	135.9	0.5
15	马来西亚	134.8	0.5
16	瑞典	134.6	0.5
17	泰国	126.7	0.4
18	俄罗斯联邦	106.7	0.3
19	加拿大	106.0	0.3
20	老挝	100.1	0.3
	合计	27799.1	94.0

资料来源：《2023年度中国对外直接投资统计公报》。

3.3 中国企业 OFDI 行业分布

从 2023 年中国 ODFI 流量与存量的行业分布情况来看（见表 3-5 和表 3-6），投资行业中，租赁和商务服务业，批发和零售业，制造业，金融业，采矿业均位列前五位。其中，租赁和商务服务业在中国 OFDI 流量与存量行业中均为第一，占比高达 30.6%、39.9%，究其原因，一方面，中国作为世界上最大的发展中国家，受产业结构升级的影响，服务业在中国 OFDI 中的份额在不断提高。同时，租赁和商务服务业基本为轻资产行业，相比其他行业投资风险较低，因而成为中国企业对外直接投资青睐的行业之一。另一方面，随着经济全球化的发展以及中国企业国际化进程的加快，中国更加注重经济结构调整和产业升级，在批发和零售业、制造业等行业的投资份额也呈现出较高的趋势，在 2023 年中国对外直接投资流量中占比分别为 21.9%、15.4%，在投资存量中占比分别为 14.3%、9.6%，这展现了中国企业对外直接投资的积极态度以及对外直接投资能力的日益提高。

表 3-5　　　　2023 年中国对外直接投资流量行业分布情况

行业	流量（亿美元）	比上年增长（%）	比重（%）
租赁和商务服务业	541.7	24.6	30.6
批发和零售业	388.2	83.4	21.9
制造业	273.4	0.7	15.4
金融业	182.2	-17.6	10.3
采矿业	98.8	-34.6	5.6
交通运输、仓储和邮政业	84.4	-43.9	4.8
科学研究和技术服务业	50.5	4.8	2.8
电力、热力、燃气及水的生产和供应业	46.5	-14.7	2.6
建筑业	28.6	97.2	1.6
信息传输、软件和信息技术服务业	22.8	34.9	1.3

续表

行业	流量（亿美元）	比上年增长（%）	比重（%）
农、林、牧、渔业	18.2	256.9	1.0
房地产业	14.2	-35.8	0.8
居民服务、修理和其他服务业	10.5	54.4	0.6
住宿和餐饮业	9.5	9500.0	0.5
水利、环境和公共设施管理业	2.4	33.3	0.1
卫生和社会工作	1.6	-44.8	0.1
教育	0.8	-66.7	—
文化、体育和娱乐业	-1.4	—	—
合计	1772.9	8.7	100.0

资料来源：《2023年度中国对外直接投资统计公报》。

表3-6　　2023年中国对外直接投资存量行业分布情况

行业	存量（亿美元）	比重（%）
租赁和商务服务业	11791.0	39.9
批发和零售业	4214.0	14.3
金融业	3238.2	11.0
制造业	2834.0	9.6
采矿业	1935.1	6.5
信息传输、软件和信息技术服务业	1331.1	4.5
交通运输、仓储和邮政业	1042.6	3.5
房地产业	885.2	3.0
电力、热力、燃气及水的生产和供应业	586.8	2.0
科学研究和技术服务业	585.2	2.0
建筑业	525.0	1.8
农、林、牧、渔业	200.2	0.7
居民服务、修理和其他服务业	141.3	0.5
文化、体育和娱乐业	101.5	0.3
住宿和餐饮业	43.5	0.1

续表

行业	存量（亿美元）	比重（%）
教育	37.5	0.1
卫生和社会工作	34.2	0.1
水利、环境和公共设施管理业	27.6	0.1
合计	29554.0	100.0

资料来源：《2023年度中国对外直接投资统计公报》。

3.4 中国企业 OFDI 所有制性质

从中国对外非金融类直接投资流量所有制构成情况来看（见图3-5和表3-7），2017—2023年，非公有经济控股企业和公有经济控股企业占比分别围绕50%上下波动。其中，2022年，非公有经济控股企业和公有经济控股企业占比分别为50.3%和49.7%。2023年，非公有经济控股企业占比为46.1%，对外直接投资流量达733.1亿美元，较2022年上升3.3%；公有经济控股企业投资占比为53.9%，对外直接投资流量达857.6亿美元，较2022年上升20.9%。

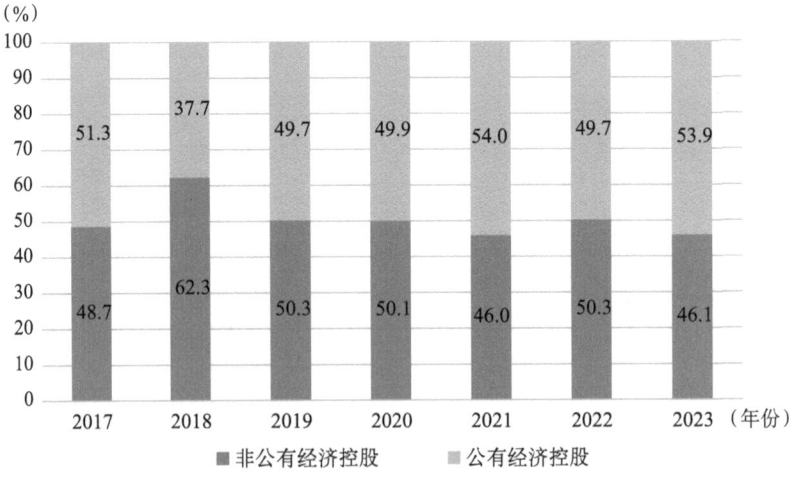

图3-5 2017—2023年中国对外非金融类直接投资流量所有制构成占比

资料来源：《2023年度中国对外直接投资统计公报》。

表3-7 2023年中国对外非金融类直接投资流量所有制构成

企业所有制类型	流量（亿美元）	同比（%）	占比（%）
非公有经济控股	733.1	3.3	46.1
公有经济控股	857.6	20.9	53.9

资料来源：《2023年度中国对外直接投资统计公报》。

从中国对外非金融类直接投资存量所有制构成情况来看（见图3-6和表3-8），国有企业占比自2017—2023年呈波动上升趋势，占比由49.1%上升至52.2%，占对外投资存量过半，其中，2023年国有企业的境内投资者对外直接投资存量达13736.8亿美元；非国有企业存量自2017—2023年呈波动下降趋势，占比由50.9%下降至47.8%，其中，2023年非国有企业控股的境内投资者对外直接投资存量达12579.0亿美元。

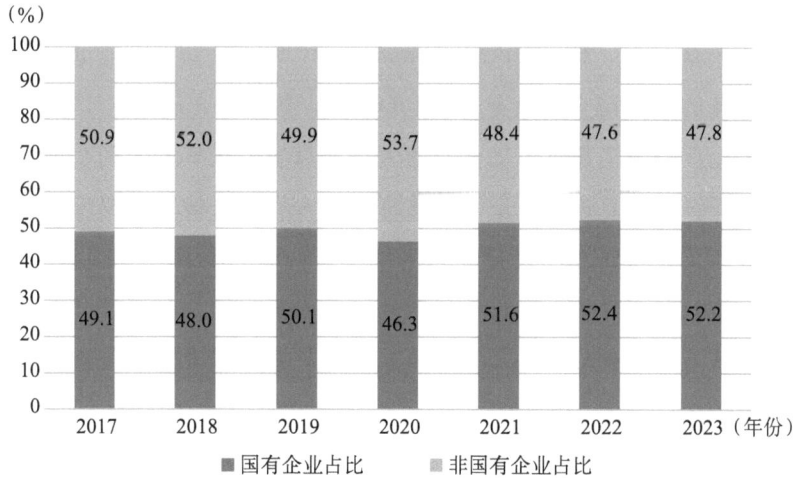

图3-6 2017—2023年中国对外非金融类直接投资存量所有制占比情况

资料来源：《2023年度中国对外直接投资统计公报》。

表3-8 2023年中国对外非金融类直接投资存量所有制构成

企业所有制类型	存量（亿美元）	占比（%）
国有企业	13736.8	52.2
非国有企业	12579.0	47.8

资料来源：《2023年度中国对外直接投资统计公报》。

以上数据表明,在我国企业OFDI发展进程中,非公有经济控股呈现出与公有经济控股并驾齐驱的态势,展现出良好的发展趋势。伴随着"一带一路"倡议的持续推进,我国企业OFDI在投资行业与投资结构上显现出多元化的特点。此外,近年来,我国大力发展非公有制经济,为非公有经济投资主体提供了更多的政策激励与保护举措,为非公有经济带来了更多的投资契机与投资市场,使非公有经济企业拥有了更广阔的发展空间和机遇,进一步拓展了中国企业的海外业务能力和国际影响力。

3.5 中国企业境外大型投资的项目与类型

2005年,美国企业研究所(AEI)的常驻学者史剑道(Derek Scissors)与美国传统基金会(The Heritage Foundation)共同设立了目前世界上公开且较为完备的"中国全球投资追踪"(CGIT)数据库,该数据库对2005年以来中国企业每一笔超过1亿美元的大型项目境外投资的时间、地区、金额、行业等详尽信息进行了记录,并将中国大型项目境外投资统计数据分为包括建筑工程项目和不包括建筑工程项目两类。本章节依据该数据库,分别对中国企业境外大型投资项目的数量与金额、国别与区域分布、行业分布及投资方式展开分析,其中中国大型项目境外投资数据包括建筑工程项目。

3.5.1 中国企业境外大型投资项目的数量和金额

CGIT数据库的相关数据显示,2005—2023年,中国境外大型投资项目目共累计4667个,涉及金额为2.81万亿元人民币。大型投资项目的数量和投资金额的变化走向基本一致(见图3-7)。2005—2017年,中国对外大型项目的投资金额实现了快速增长,由2005年的374.5亿美元上升至2017年的2795.7亿美元,增长幅度达7.46倍,平均每年增长速度达18.23%。在此期间,中国对外大型投资项目的数量年平均增速为21.61%,在2016年达到456个的峰值,2017年为387个,比2016年虽略有下降,但与2005年相比增长超过10倍。2018年以来,受经济"逆全球化"、中美贸易摩擦以及新冠疫情的影响,中国对外大型投资项目金额和数量均出现了一定程度的下滑。2020年对外大型投资项目数量跌落谷底,仅有222个,涉及金额1007.3亿美元,也低于2019年的1872.4亿美元。2021年以来,中国对外大型投资的项目数量和金额均稳步增加,2023年,项目数量达到250项,较2020年增加28个;投资金额为1034.9亿美元,较2022年增加约79亿美元。

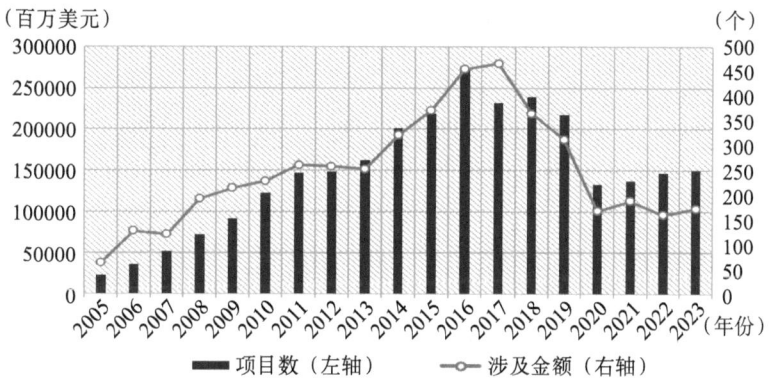

图3-7 2005—2023年中国对外投资规模及大型项目数量变化趋势

资料来源:The Heritage Foundation。

3.5.2 中国企业境外大型投资项目的国别与区域分布

2005—2023年,中国共对161个国家和地区进行超过1亿美元的投资。从投资项目数来看,中国大型投资项目最多的国家为美国,共计379个,占投资项目总数的8.12%,涉及金额2806.1亿美元;其次是澳大利亚,中国对其大型项目投资共计280个,涉及金额1883.3亿美元。表3-9给出了获中国大型项目投资金额最多的20个国家对应的投资项目数及投资金额。

表 3-9　2005—2023 年中国企业境外大型投资项目的国家分布

排序	国家	项目数（个）	项目金额（百万美元）	排序	国家	项目数（个）	项目金额（百万美元）
1	美国	379	280610	11	新加坡	140	64130
2	澳大利亚	280	188330	12	沙特阿拉伯	114	60430
3	英国	162	115510	13	马来西亚	117	56610
4	巴西	105	83710	14	伊朗	39	52490
5	印度尼西亚	170	79540	15	尼日利亚	63	50250
6	俄罗斯联邦	93	77980	16	阿联酋	87	43070
7	巴基斯坦	113	70500	17	哈萨克斯坦	60	42140
8	德国	85	70450	18	印度	83	39090
9	加拿大	85	67110	19	法国	54	39060
10	瑞士	21	65300	20	孟加拉国	80	37650

资料来源：The Heritage Foundation。

按照区域分类，上述的各个国家可分为欧洲、东亚、西亚等 8 个地区。据表 3-10，中国对外大型投资项目主要分布在欧洲和亚洲地区，仅对东亚地区的投资项目就达 901 个，超过欧洲合计投资项目的 696 个，全亚洲地区大型投资项目数达 1564 个，涉及金额 8212.4 亿美元。

表 3-10　2005—2023 年中国企业境外大型投资项目的区域分布

排序	地区	项目数（个）	金额（百万美元）
1	欧洲	696	536930
2	东亚	901	414050
3	西亚	663	407190
4	北美洲	550	379210
5	撒哈拉以南地区	764	374210
6	阿拉伯、中东和北非	500	272530
7	南美洲	313	242070
8	澳大利亚	280	188330

资料来源：The Heritage Foundation。

下面以中国企业境外大型投资项目数最多且投资金额最多的欧洲、东亚、西亚的数据为例,观察 2005—2023 年中国对外投资大型项目数量及金额变化情况。从图 3-8 显示的数据来看,中国对欧洲、东亚、西亚地区的大型项目投资金额与数量变化趋势基本保持一致,2005—2017 年稳步上升,从 2017 年后开始急剧减少。

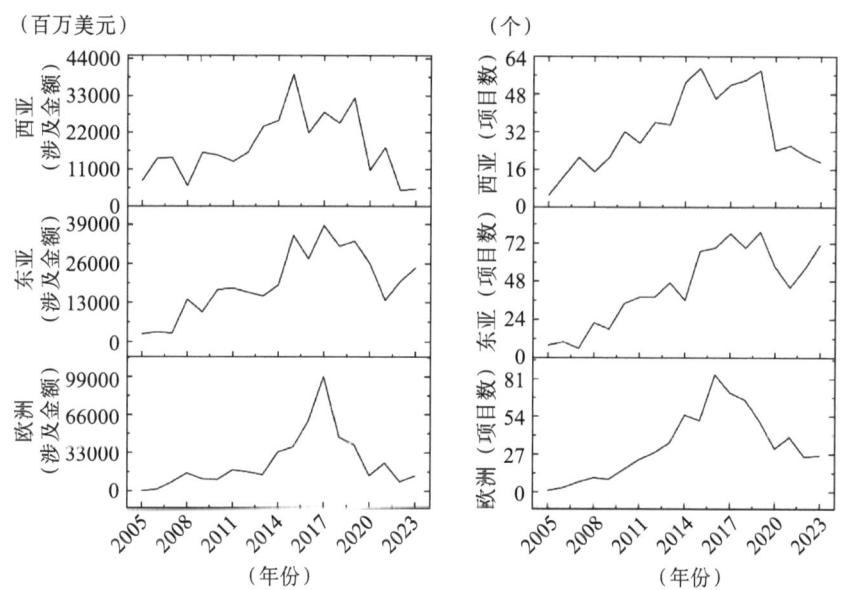

图 3-8　中国对欧洲、东亚、西亚大型项目投资金额及项目数变化情况

资料来源:The Heritage Foundation。

3.5.3　中国企业境外大型投资项目行业分布

自 2008 年金融危机爆发以来,世界经济呈现出逆全球化的趋势,贸易保护主义随之兴起,尤其在科技、经济及能源等相关领域表现突出。2020 年暴发的新冠疫情,也给世界经济环境造成了严重冲击,在一定程度上导致了中国对外大型投资项目增速下降。

中国对外大型投资项目可按行业类别划分为 15 类,如表 3-11 所示。由该表可知,能源和运输行业是 2005—2023 年投资涉及金额和数量最多的两个行业。在投资金额方面，能源行业涉及金额7962.3亿美元，占总投资的28.29%；运输行业涉及金额5428.9亿美元，占总投资的19.29%，两者合计接近中国对外大型投资总金额的一半。在投资项目数量方面，能源行业和运输行业投资项目数量分别为1305个和955个，占比分别为27.96%、20.46%，两者之和占项目总数量的48.42%。由此可见，能源及交通运输行业对中国对外经济投资的重要性。

表3-11　　2005—2023年中国企业境外大型投资项目行业分布情况

行业	项目数（个）	金额（百万美元）	占比（%）	行业	项目数（个）	金额（百万美元）	占比（%）
能源	1305	796230	28.29	公用事业	115	83080	2.95
运输	955	542890	19.29	旅游	108	72060	2.56
房地产	611	337800	12.00	娱乐	103	64940	2.31
五金	430	287920	10.23	健康	119	58920	2.09
农业	165	138290	4.91	消费品	88	52160	1.85
科技	210	118380	4.21	化学药品	75	34910	1.24
金融	149	104940	3.73	后勤	79	31730	1.13
其他	155	90270	3.21	—	—	—	—

资料来源：The Heritage Foundation。

图3-9和图3-10以能源、运输、五金、房地产四个行业的数据作为样本，展现了中国企业境外大型投资行业2005—2023年分布的变化情况。从中可以看出，2005—2019年，中国对能源行业的投资始终处于高位；但由于新冠疫情及全球贸易保护主义的加剧，2020年以后中国对能源行业的投资出现急剧下滑。运输业在2005—2018年持续增长，2019年、2020年同样出现急剧下滑，但后续投资规模相对稳定，且有回升趋势。

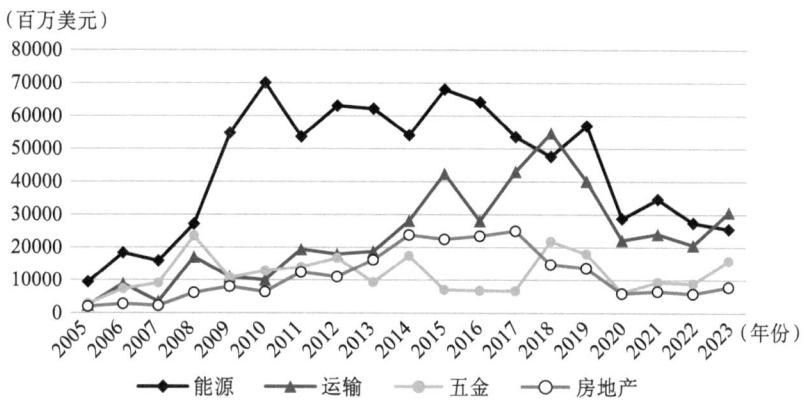

图 3-9　中国在能源、运输、五金、房地产行业境外大型投资金额变化情况
资料来源：The Heritage Foundation。

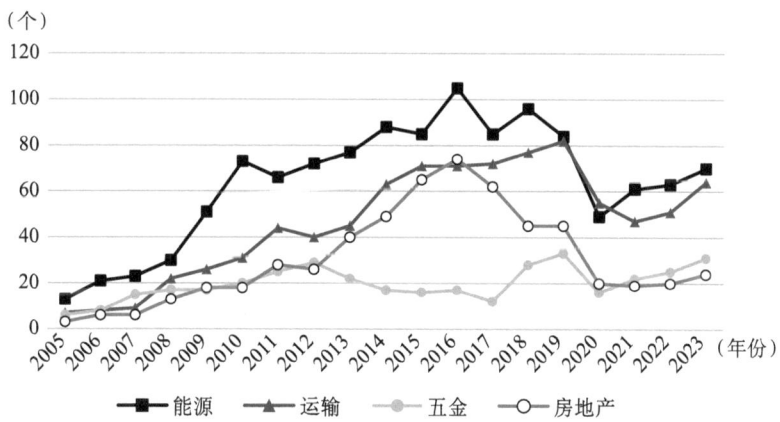

图 3-10　中国在能源、运输、五金、房地产行业境外大型投资项目数变化情况
资料来源：The Heritage Foundation。

3.5.4　中国企业境外大型投资项目投资方式

CGIT 数据库的数据显示，2005—2023 年，中国企业境外大型投资项目中，共进行绿地投资项目 805 个，涉及金额 4762.7 亿美元；跨国并购项目 3862 个，涉及金额 23382.5 亿美元，具体数据如表 3-12 所示。总体来看，中国企业境外大型投资项目数和投资金额数方面，跨国并购始终远远高于绿地投资，且绿地投资和跨国并购都经历了先快速增长后有所下降的过程。

表 3-12　　　　　　　绿地投资及跨国并购的项目数及涉及金额

年份	绿地投资		跨国并购	
	项目数（个）	金额（百万元）	项目数（个）	金额（百万元）
2005	7	2060	30	35390
2006	11	24370	48	51880
2007	13	17500	73	54950
2008	17	12560	103	102540
2009	21	20750	131	107410
2010	29	20550	175	116210
2011	43	25740	201	130380
2012	44	27920	203	126680
2013	41	17990	229	133420
2014	52	46660	283	145840
2015	73	35450	292	187340
2016	59	23020	397	249520
2017	49	19800	338	259770
2018	66	39120	333	179670
2019	74	45110	288	142130
2020	39	23000	183	77730
2021	39	22870	189	90080
2022	51	21090	193	74530
2023	77	30710	173	72780
累计	805	476270	3862	2338250

资料来源：The Heritage Foundation。

第 4 章　中国企业 OFDI 境外合规风险的现实考察

本章对中国企业 OFDI 境外合规风险现实进行考察，利用美国传统基金会（The Heritage Foundation）的中国全球投资追踪（CGIT）数据库分析中国企业境外大型投资失败项目的基本特征及其境外风险因素，利用世界银行公布的合规制裁名单数据分析中国企业被世界银行合规制裁的特征及世界银行制裁的理由，探析目前中国企业 OFDI 境外投资合规风险的几种主要表现形式，为第 5 章中国企业 OFDI 境外合规风险源识别与评估指标体系构建及第 8 章中国企业 OFDI 境外合规风险应对策略分析奠定基础。

4.1　从境外大型投资失败项目看中国企业 OFDI 境外合规风险

本节利用美国传统基金会中国全球投资追踪（CGIT）数据库，对中国企业境外大型投资失败项目的基本特征展开分析，解析中国企业境外大型投资失败项目的境外风险因素。该数据库将中国企业境外大型投资失败项目分为两种：一是由于东道国投资准入壁垒或者企业自身问题等因素而被迫取消；二是因政治风险、市场风险等因素的干扰致使投资已经实施却被迫中止。

4.1.1　中国企业境外大型投资失败项目的基本情况

CGIT 数据库显示，2005—2023 年，中国企业境外大型投资失败的项目共370宗，累计金额4374.2亿美元。图4-1给出了2005—2023年中国对外投资大型失败项目数量和项目金额。从中可以看出，2005—2016年，我国对外大型投资失败项目的数量呈上升趋势，从2005年的1项上升到2016年的32项。同期，涉险金额从2005年的180亿美元上升至2016年的381.4亿美元，总金额由2005年的374.5亿美元上升到2017年的2795.7亿美元。2017—2023年，中国对外投资大型失败项目数量处于高位波动，2022年为24个，涉及金额139.9亿美元，2023年下降明显，共5个，涉及金额59.2亿美元。由图4-1可以看出，2006—2019年中国境外大型投资失败项目的金额及项目数量在总金额与总数量中的占比总体呈下降趋势，分别从2006年的45.6%和15.3%下降到2019年的7.0%和5.8%；2020—2022年呈现出波动回升的趋势；2023年又降至2005年以来的最低点，占比分别为5.7%和2.0%。

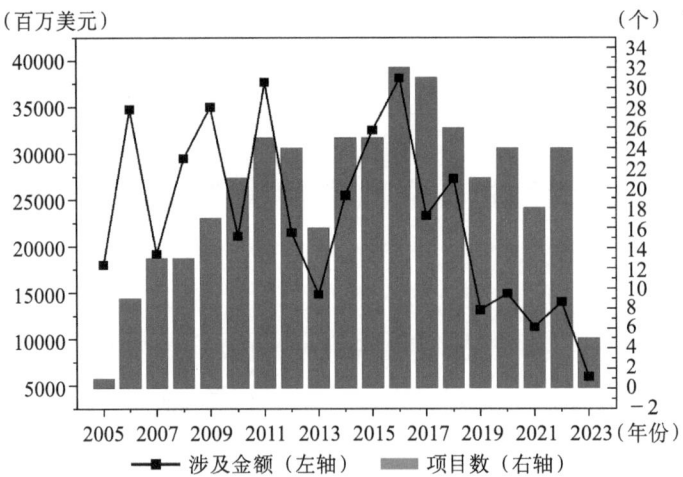

图4-1　2005—2023年中国企业境外投资大型项目风险案例情况

资料来源：The Heritage Foundation。

表 4-1　中国企业境外投资大型项目失败案例项目数量与投资金额占比

年份	项目数占比（%）	涉及金额占比（%）	年份	项目数占比（%）	涉及金额占比（%）
2005	2.7	48.1	2015	6.8	14.6
2006	15.3	45.6	2016	7.0	14.0
2007	15.1	26.4	2017	8.0	8.3
2008	10.8	25.6	2018	6.5	12.5
2009	11.2	27.3	2019	5.8	7.0
2010	10.3	15.4	2020	10.8	14.8
2011	10.2	24.1	2021	7.9	10.0
2012	9.7	13.9	2022	9.8	14.6
2013	5.9	9.8	2023	2.0	5.7
2014	7.5	13.2	—	—	—

资料来源：The Heritage Foundation。

4.1.2　中国企业境外大型投资失败项目的特征

4.1.2.1　中国企业境外大型投资失败项目的国别分布

2005—2023 年，中国企业境外大型投资的 370 个失败案例共涉及 97 个不同的国家和地区，涉及金额 4374.2 亿美元（见附表1）。表 4-2 给出了中国企业境外大型投资失败项目数最多的 20 个国家和地区对应的投资项目数及投资规模。其中，与美国的交易项目数最多，共 59 个，占比 15.95%，涉及金额 809.6 亿美元，占失败投资总额的 18.51%；其次，位于交易项目数量第二位是澳大利亚，共 40 个，涉及金额 553.5 亿美元；位居第三的为英国，共 16 个，涉及金额 121.8 亿美元。

表 4-2　2005—2023 年中国企业境外大型投资失败项目的国家或地区分布（前20）

国家/地区	项目数（个）	涉及金额（百万美元）	国家/地区	项目数（个）	涉及金额（百万美元）
美国	59	80960	英国	16	12180
澳大利亚	40	55350	印度	9	3400

续表

国家/地区	项目数（个）	涉及金额（百万美元）	国家/地区	项目数（个）	涉及金额（百万美元）
利比亚	8	12660	印度尼西亚	6	5090
加拿大	8	8980	法国	6	4040
以色列	8	8640	越南	6	3440
孟加拉国	8	6680	赞比亚	6	2800
俄罗斯联邦	7	18450	伊朗	5	25930
德国	7	17900	马来西亚	5	6630
中国台湾	7	4380	刚果（金）	5	5390
菲律宾	6	6860	巴基斯坦	5	5240

资料来源：The Heritage Foundation。

将上述97个国家按照地区分类，分为欧洲、东亚、西亚等8个地区，其中大型投资中失败项目主要分布在亚洲、北美洲和欧洲，涉及的失败投资项目数分别为99个、75个和66个，涉及总金额分别为1155亿美元、997.2亿美元和687.6亿美元（见表4-3）。

表4-3　2005—2023年中国境外大型投资失败项目的区域分布

序号	地区	项目数（个）	涉及金额（百亿美元）
1	北美洲	75	99720
2	西亚	45	70520
3	欧洲	66	68760
4	澳大利亚	40	55350
5	撒哈拉以南非洲	50	48170
6	东亚	54	44980
7	南美洲	20	27720
8	阿拉伯、中东和北非	20	22200

资料来源：The Heritage Foundation。

4.1.2.2　中国企业境外大型投资失败项目的行业分布

将2005—2023年中国境外大型投资失败项目划分为15类，如表4-4所示。

表 4-4 数据显示，2005—2023 年，中国企业境外大型投资失败项目涉及金额最多的前三个行业为能源、运输、五金。其中，能源行业共 93 个，涉及金额 1459 亿美元，占能源行业总投资的 14.87%；运输行业共 70 个，涉及金额 680.3 亿美元，占运输行业总投资的 13.31%。五金行业 54 个，涉及金额 717.9 亿美元，占五金行业总投资的 24.28%。2005—2023 年，中国企业境外大型投资失败项目涉及项目数最多的前三个行业是金融、科技和五金，其中，金融行业 28 个，占金融行业投资总项目数量的 18.79%，涉及金额 421.5 亿美元，占金融行业投资总金额的 32.29%；科技行业失败项目数量和涉及金额分别为 30 个、306.1 亿美元，占该行业投资总项目数量的 14.29%、总金额的 24.38%；房地产行业失败项目数量和涉及金额分别为 30 个、271 亿美元，占该行业投资总项目数量的 4.91%、总金额的 11.14%。

表 4-4 2005—2023 年中国对外失败投资中各行业所占规模

行业	失败投资 项目数（个）	失败投资 金额（百万美元）	正常投资 项目数（个）	正常投资 金额（百万美元）	失败项目数占比（%）	失败投资金额数占比（%）
能源	93	145900	1212	835580	7.13	14.87
运输	70	68030	885	443010	7.33	13.31
五金	54	71790	376	223840	12.56	24.28
房地产	30	27100	581	216200	4.91	11.14
科技	30	30610	180	94940	14.29	24.38
金融	28	42150	121	88390	18.79	32.29
农业	15	14870	150	106980	9.09	12.20
其他	11	7490	144	47030	7.10	13.74
旅游	9	7650	99	54540	8.33	12.30
娱乐	8	7630	95	63790	7.77	10.68
后勤	7	6180	72	50860	8.86	10.83
消费品	7	4150	81	37090	7.95	10.06
健康	5	990	114	37520	4.20	2.57
化学药品	2	2690	73	36040	2.67	6.95
公用事业	1	190	114	41290	0.87	0.46

资料来源：The Heritage Foundation。

4.1.2.3 中国企业境外投资失败的大型项目投资方式

中国企业境外投资方式主要涵盖绿地投资与跨国并购这两种。依据 CGIT 数据库的相关数据：2005—2023 年，中国企业境外的大型投资项目里，绿地投资和跨国并购分别为 805 个和 3862 个，所涉金额分别为 4762.7 亿美元与 23382.5 亿美元。其中，以绿地投资作为投资方式的失败项目有 71 个，涉及金额 905.7 亿美元，占总金额的近 20%，中国企业在东道国进行绿地投资面临着较大的流动性风险；采用跨国并购作为投资方式的失败项目为 299 个，所涉金额为 3468.5 亿美元（见表 4-5）。

表 4-5 2005—2023 年中国企业境外投资失败的大型项目的投资方式情况

	跨国并购			绿地投资	
年份	项目数（个）	涉及金额（百万美元）	年份	项目数（个）	涉及金额（百万美元）
2005	1	18000	2005	0	0
2006	6	16970	2006	3	17790
2007	9	8460	2007	4	10700
2008	12	28280	2008	1	1210
2009	14	29810	2009	3	5180
2010	18	17630	2010	3	3460
2011	21	34800	2011	4	2860
2012	16	11150	2012	8	10330
2013	15	14710	2013	1	100
2014	20	16290	2014	5	9170
2015	19	25020	2015	6	7500
2016	28	34340	2016	4	3800
2017	27	21120	2017	4	2170
2018	24	25910	2018	2	1390
2019	18	10880	2019	3	2260
2020	18	10540	2020	6	4370
2021	13	9250	2021	5	2060
2022	17	8620	2022	7	5370
2023	3	5070	2023	2	850

资料来源：The Heritage Foundation。

据图 4-2，中国对外大型投资失败项目数都经历过一个高峰期后又稳定下降的趋势，并且与正常的投资项目相比，由绿地投资方式引发的失败投资项目数更多，应当针对性地加强绿地投资项目的监管力度。

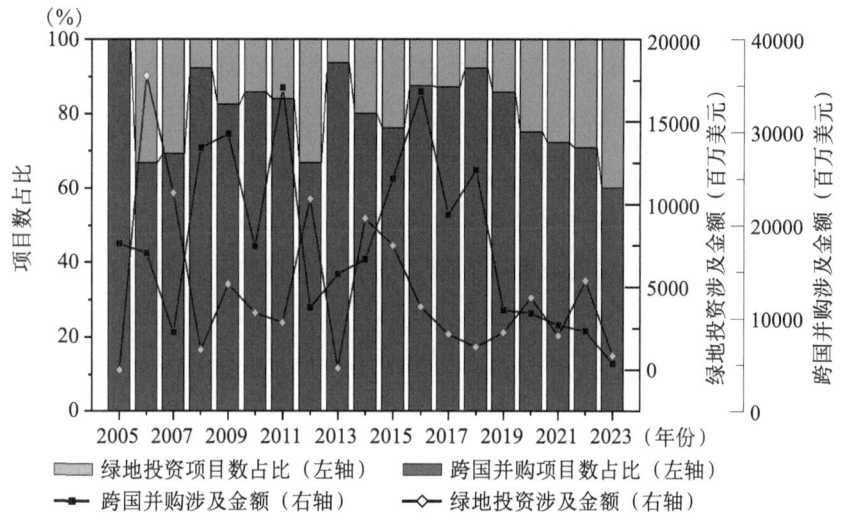

图 4-2 中国境外大型投资失败项目投资方式的变化情况

资料来源：The Heritage Foundation。

4.1.3 中国企业境外大型投资项目失败的境外风险因素

中国企业境外大型投资项目失败的原因是多方面的，既包括来自东道国层面的诸如政治冲突与内部动荡、政府交替、社会不安定、政策不稳固等要素，也存在中国企业层面的如海外投资行为不合规、企业自身管理落后、不熟悉当地法律法规等情况。下面根据本书研究的主题主要分析来自东道国层面的风险因素。

4.1.3.1 东道国政治风险是中国企业境外大型投资项目失败的重要原因

东道国政治风险是中国企业境外大型投资项目失败所面临的主要风险（张晓涛，2019）。东道国的政治冲突、内部动乱以及政府政策的变动与违约，会直接增大中国企业境外大型投资项目失败的可能性。比如，2014

年,中国企业在印度尼西亚投资的多项能源与矿产项目,因当地政府频繁调整资源投资政策而被迫放弃或终止;2013年出现的叙利亚战争和阿富汗动乱、2019年的斯里兰卡恐怖主义等风险事件,均对中国企业在当地的项目投资构成了巨大威胁,并造成了严重的资金损失。

4.1.3.2 东道国以竞争中立为由阻拦中国企业境外投资

中国国有企业在OFDI进程中往往会遭遇东道国政府的阻拦。其一,中国在全球经济的活跃态势,引发众多国家的警觉,特别是西方发达国家,它们担忧中国在部分投资领域会危及自身经济地位,进而将中国视作头号竞争对手,对中国的投资予以阻拦。其二,东道国顾虑中国企业的投资带有政治意图,可能对其政治经济安全造成威胁,基于自身利益的考量,会对中国企业的OFDI加以阻拦。以2005年中海油并购优尼科案为例,美国海外投资委员会对中海油以低利率筹得的资金表示怀疑,认定中国政府给中海油提供了补贴,不符合竞争中立原则,考虑到该项投资会威胁美国的能源安全,在美国国会议员对美国政府的施压和美国政府干预下,最终这项收购以失败收场。

4.1.3.3 东道国社会与环境合规风险是一些大型投资项目失败的主要原因

我国企业在境外投资进程中,因未能全面思考投资项目利益相关方的情况,遭到当地民众或民间团体的强烈抵制,致使一些大型投资项目失败的事件屡有发生。比如,2014年,中缅皎漂—昆明铁路工程项目建设时,由于企业对可能给当地利益相关方带来的负面效应考虑不足,项目遭遇途经地区居民的强烈抗议。同年,越南地区发生的民众暴乱、游行示威等事件,使得我国企业投资的越南电力项目以及台塑河静钢厂项目最终停滞,给投资主体带来了巨大资金损失。

4.2 从世界银行黑名单看中国企业面临的合规风险

2009年,中国企业首次进入世界银行合规制裁名单,当时名单上只有

4家中国企业。随着中国企业走出去数量的增加和规模的扩大,企业参与世界银行项目逐渐增多,被制裁的中国企业与日俱增。2019年6月,受中铁建集团及其旗下全球730家子公司被集体制裁的影响,中国企业被世界银行制裁的数量反超加拿大,跃居第一,世界银行制裁名单上的中国企业数量曾一度激增至864家。截至2024年6月6日,世界银行制裁名单的中国企业和个人尚在列的共有189宗。本节对世界银行制裁制度及我国企业和个人被世界银行制裁的情况展开分析。

4.2.1 世界银行制裁制度简介

4.2.1.1 世界银行制裁体系

随着经济全球化趋势的不断发展,贪污腐败、欺诈、共谋、胁迫或妨碍行为等导致资源配置失效的弊端日益受到国际社会的重视。为了遏制近期频繁出现的跨国腐败现象,从20世纪90年代起,西方发达国家开始推动反腐败运动的浪潮。1999年世界银行(简称世行)正式宣布,禁止资助任何涉嫌贪污受贿的企业,并对违规的企业和个人开出制裁罚单,即"世行黑名单"。经过多年发展,世界银行的制裁体系逐渐完善,制裁的对象不仅包括公司还适用于个人,且即使世界银行不是项目的唯一贷款方,制裁措施依然有效。

世界银行在《防止和打击欺诈和腐败的统一框架》等文件中明确制裁范围涵盖"欺诈行为""腐败行为""胁迫行为""共谋行为"以及"妨碍行为"5种行为,并对受世界银行监管的企业所实施的不正当行为给出了统一的定义,具体内容如下:欺诈行为指借助某种具有误导性手段(如错误描述、不作为等)误导或者企图误导另一方,从而谋取自身利益或者规避自身应承担的义务;腐败行为涵盖直接或者间接向项目负责人给予任何具备价值的物品或者服务等,以此对另一方的合法权益形成影响;胁迫行为指的是直接或间接对任一方或者该方的财产造成危害或损害(或者通过威胁造成危害或损害),通过不正当的手段对某一方施加作用。共谋行为表示双方或者多方之间通过展开不正当的协作,以实现己方不正当的目标，并对第三方的利益带来影响；妨碍行为意味着有意破坏、伪造或者隐匿调查所需的证据。通过提供虚假的数据，阻挠世界银行针对其他不正当行为展开调查。

4.2.1.2 世界银行制裁措施

世界银行会对存在不当行为的企业予以制裁，制裁措施包含训诫函、取消资格、永久禁止参与世界银行项目以及附条件的免于取消资格这四类。具体来说，（1）训诫函是指向制裁企业发送公开训诫函；（2）取消资格意味着在既定的期限内，剥夺被制裁企业参与世界银行项目的资格；（3）永久禁止参与世界银行项目表示永远取消被制裁企业参与世界银行项目的资格；（4）附条件的免于取消资格是指在规定的期限内，若被制裁企业遵守了世界银行提出的条件，就能够解除有条件的不取消资格。

值得留意的是，制裁的影响范围很广，会致使被取消资格的公司和个人，连同受制裁实体的受控关联公司，均不可参与世界银行贷款或者资助的所有项目，不过世界银行不会对相关的国家政府或政府官员进行制裁，通常会通过与该国政府合作的形式来处理问题，倘若问题依旧无法解决，世界银行则会依据该国法律条款展开行动。举例来说，暂停贷款或者取消贷款，要求贷款人提前还款等。

4.2.1.3 交叉制裁

2006年2月，国际金融机构联合反腐败工作队认同致力于"在成员机构的活动和业务中采取一致且协调的方式打击腐败"，并意识到"统一且协调的方法对于打击腐败以及防止腐败损害其工作成效的共同努力的成功极为关键"。依据2010年4月9日签署的《相互执行禁止决定协定》，亚洲开发银行、美洲开发银行、非洲开发银行、欧洲复兴开发银行以及世界银行达成了联合取消资格协议。此协定自2011年7月1日开始生效，对符合该执行标准的企业和个人实施交叉禁止，也就是说针对一家签约银行的制裁举措会得到其他签约银行的认可并予以执行。

世界银行数据显示，近年来，触发了联合制裁机制的企业在规定期限内会被所有签约的金融机构共同禁止参与有关项目。截至 2024 年 6 月 6 日，尚在世行制裁名单中受这一联合制裁机制而被禁止的企业和个人总计 420 个，在被世行总制裁案例中占比 36.45%（见表 4-6）。

表 4-6　　　　　各银行发起交叉禁止案例数及占比情况

序列	被制裁原因	被制裁案例数量（个）	占总被制裁案例数量的比例（%）
1	交叉禁止：美洲开发银行	193	16.75
2	交叉禁止：亚行	116	10.07
3	交叉禁止：非洲开发银行	103	8.94
4	交叉禁止：欧洲复兴开发银行	8	0.69
总计	—	420	36.45

资料来源：根据世界银行资料整理（https://www.worldbank.org/en/projects-operations/procurement/debarred-firms）。

多边开发银行之间的交叉取消资格将大大加强对腐败行为的威慑和预防，从而推进和加强廉政建设，并保护发展资源免遭腐败参与者的侵害。此外，交叉取消资格将有助于多边开发银行之间制裁的一致性以及正当程序和制裁标准的统一。它还将解决与其他多边开发银行批准的参与者之间的融资合同相关的声誉风险。

4.2.2　世界银行对各国企业和个人制裁及其理由

根据世界银行统计数据，截至 2024 年 6 月 6 日，全球仍在世界银行制裁名单中的企业和个人为 1183 个，分布在 117 个国家或地区。被制裁案例最多的国家为中国，共 189 个（不包括中国香港、中国澳门和中国台湾的数据），占比 16.41%；其次为越南，共 67 个，占比 5.82%。表 4-7 给出了被世界银行制裁案例最多的 20 个国家对应的案例数及占比。

表 4-7　　被世界银行制裁案例最多的 20 个国家情况

序列	国家	被制裁案例数量（个）	占比（%）	序列	国家	被制裁案例数量（个）	占比（%）
1	中国	189	16.41	11	秘鲁	29	16.41
2	越南	67	5.82	12	美国	26	5.82
3	尼日利亚	57	4.95	13	肯尼亚	25	4.95
4	印度	52	4.51	14	柬埔寨	23	4.51
5	巴西	43	3.73	15	西班牙	22	3.73
6	英国	42	3.65	16	乌兹别克斯坦	22	3.65
7	危地马拉	36	3.13	17	乌干达	16	3.13
8	印度尼西亚	36	3.13	18	萨尔瓦多	14	3.13
9	玻利维亚	35	3.04	19	洪都拉斯	14	3.04
10	孟加拉国	30	2.60	20	哥伦比亚	13	2.60

资料来源：根据世界银行资料整理（https://www.worldbank.org/en/projects-operations/procurement/debarred-firms）。

在仍被世界银行制裁的案例中，被永久禁止参与世界银行项目的案例占比最高，达 52.32%；取消参与项目资格的案例次之，达 46.75%。其主要原因是除永久禁止参与世界银行项目的案例外，通过其他制裁措施被列入黑名单的企业都有机会从世行黑名单中除名，被制裁类型的详细数据如表 4-8 所示。

表 4-8　　各国被世界银行制裁类型统计

被制裁类型	被制裁数量（个）	占比（%）
取消资格	553	46.75
附条件的免于取消资格	9	0.76
训诫函	2	0.17
永久禁止参与世界银行项目	619	52.32
总计	1183	100.00

资料来源：根据世界银行资料整理（https://www.worldbank.org/en/projects-operations/procurement/debarred-firms）。

世界银行提供的数据显示，各国企业和个人被世界银行制裁的原因中，腐败问题导致美洲开发银行发起交叉禁止占比最高，共193个，占比16.75%；其次是受到关联公司影响被制裁，共147个，占比12.76%。表4-9给出了各国企业被世界银行制裁最多的10种原因。

表4-9　　　　各国被世界银行制裁案例中最多的10种原因

位次	被制裁原因	被制裁数量（个）	占比（%）
1	交叉禁止：美洲开发银行	193	16.75
2	受制裁实体的受控关联公司	147	12.76
3	交叉禁止：亚行	116	10.07
4	《采购准则》1.14（a）（二）	106	9.20
5	交叉禁止：非洲开发银行	103	8.94
6	《采购准则》1.15（a）（二）	91	7.90
7	《采购准则》1.15（a）（i）和（ii）	37	3.21
8	欺诈行为	32	2.78
9	《采购准则》1.16（a）（二）	27	2.34
10	《顾问指引》1.25（a）（i）	22	1.91

资料来源：根据世界银行资料整理（https://www.worldbank.org/en/projects-operations/procurement/debarred-firms）。

4.2.3　中国企业和个人被世界银行制裁情况及其原因

在2024年6月6日世界银行公布的制裁名单中，中国目前在列被制裁的企业和个人有189个，占世行制裁案例总数的15.98%，高居榜首。2011年至2024年6月6日各年目前在列世行制裁名单的中国企业和个人的具体情况如图4-3所示，2022年多达63个，2023年17个，2024年截至6月6日就已有32个，中国企业和个人被制裁数量仍保持高位。这一现象一方面反映中国企业和个人参与世界银行大型项目承建的广泛性，但另一方面也表明中国企业和个人长期深陷于世行制裁的困境中，面临着巨大的世行反腐败合规风险。

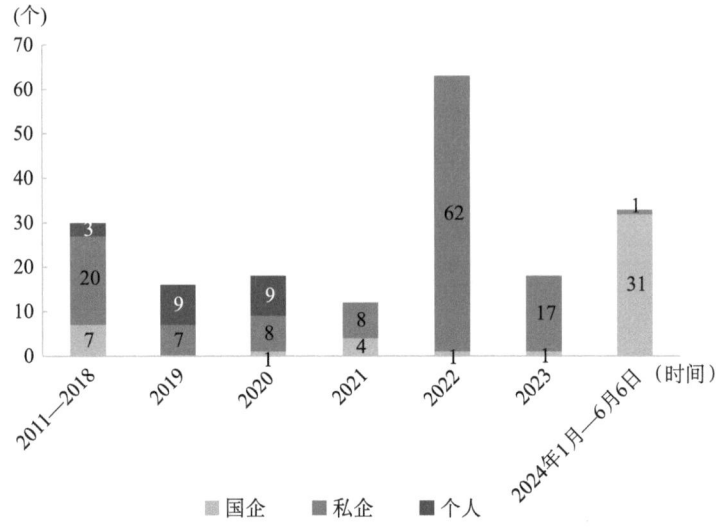

图 4-3 2011—2024 年 6 月 6 日中国被世行制裁企业和个人年度统计

资料来源：根据世界银行资料整理（https：//www.worldbank.org/en/projects-operations/procurement/debarred-firms）。

在 2024 年 6 月 6 日世界银行公布的制裁名单中，中国企业和个人被制裁的类型有取消参与项目资格和永久禁止参与世界银行项目两种，其中取消参与项目资格占比超过一半，达 67.20%，被永久禁止参与世界银行项目占比 32.80%。被世界银行制裁的 189 例来自中国的企业和个人中，民营企业有 127 家，占比 67.20%；国有企业 45 家，占比 23.81%；个人 17 个，占比 8.99%（见表 4-10）；具体行业分布为 120 家属于建筑相关行业，69 家与建筑行业无关。

表 4-10　　　　中国企业和个人被世界银行制裁的主体类型

被制裁主体类型	被制裁数量（个）	占比（%）
个人	17	8.99
国有企业	45	23.81
民营企业	127	67.20
总计	189	100.00

资料来源：根据世界银行资料整理（https：//www.worldbank.org/en/projects-operations/procurement/debarred-firms）。

截至 2015 年 10 月 26 日，中国企业在世界银行黑名单中上榜的国有企业占比超过一半，为 65%（刘羽杨和曹雅琳，2018）。① 而截至 2024 年 6 月 6 日，中国企业在世界银行黑名单中上榜的民营企业占比超过一半，达到 67.20%（见表 4-11）。这是近些年来中国对外投资中民营企业投资规模增大，但不少国内民营企业对于企业合规意识不足所导致的。

表 4-11　　　　　　　　中国被世界银行制裁类型统计

被制裁类型	被制裁数量（个）	占比（%）
取消资格	127	67.20
永久禁止参与世界银行项目	62	32.80
总计	189	100.00

资料来源：根据世界银行资料整理（https://www.worldbank.org/en/projects-operations/procurement/debarred-firms）。

4.2.4　中国企业被世界银行制裁的原因分析

在世界银行黑名单里的中国企业和个人被制裁得最多的原因是腐败问题受到非洲开发银行交叉禁止以及作为受制裁实体的受控关联公司而被制裁，各占 32.28%，两项之和为 64.56%，其余受制裁原因的数据如表 4-12 所示。中国企业和个人被世行制裁的原因中，受非洲开发银行和亚洲开发银行的交叉制裁以及受制裁实体的受控关联公司三者合计占比高达 78.85%。此外，很多中国企业和个人是由于违反了《采购准则》中的 1.14（a）（二）和 1.16（a）（二）而遭受制裁。其中，1.14（a）（二）和 1.16（a）（二）条款内容如下：

1.14（a）（二）：倘若世界银行得出结论，认为货物、工程或非咨询服务合同下的支出，未依照贷款协议的约定条款以及世行未提出异议的采购计划中的进一步规定授予该合同，那么世行将不予资助。

---

① 刘羽杨，曹雅琳. 从世行黑名单看中国企业面临的合规风险 [J]. 新产经，2018（09）：43-46.

1.16（a）（二）：世界银行的政策规定，借款人（涵盖世行贷款的受益人）、投标人、供应商、承包商以及其代理人（无论是否公开）、分包商、分包顾问、服务提供商或供应商还有他们的任何人员，在涉及世行贷款合同的采购与执行进程中，都要遵循最为高尚的道德标准。

表4-12　　　　　　　　中国企业和个人受世界银行制裁原因

受制裁原因	被制裁数量（个）	占比（%）
交叉禁止：非洲开发银行	61	32.28
受制裁实体的受控关联公司	61	32.28
《采购准则》1.14（a）（二）	31	16.40
交叉禁止：亚洲开发银行	27	14.29
《采购准则》1.16（a）（二）	3	1.59
欺诈行为	2	1.06
《2006年采购准则》第1.14（a）（二）段	1	0.53
2010年5月《顾问指引》第1.22（a）（ii）段	1	0.53
串通腐败行为	1	0.53
舞弊	1	0.53
总计	189	100.00

资料来源：根据世界银行资料整理（https://www.worldbank.org/en/projects-operations/procurement/debarred-firms）。

中国企业和个人受其他国际开发银行交叉制裁及受制裁企业个人的关联制裁占比接近80%，这表明一旦中国某企业或个人被制裁，其负面溢出效应影响范围巨大。结合中国参与世行资助项目的企业实际，绝大部分都是从事基础设施建设、工程建设类的企业，由于其建设行业的行业特点，一家成熟的建工企业往往建立起覆盖全工程周期、各项目工种的各类子公司或持股相关企业。同时，世行为防范企业规避制裁，还特别将其可能的继受企业和拆分重组企业一并纳入可制裁对象范围。世行对于被制裁企业的各类关联企业实行相同制裁措施本身就是其制裁制度威慑力的关键之一。而参与承建国际开发银行资助项目是我国大型基建企业标准和品牌走出去的重要途径，这更凸显了我国企业实现反腐败合规的重要性和必要性。

鉴于交叉制裁和关联企业制裁具有风险放大效应，当企业或个人被证实存在欺诈和腐败行为时，需以系统性策略降低制裁影响，争取在可控范围之内将风险敞口降到最低。在世行制裁体系中，可通过以下两种途径解决相关问题：一是借助和解制度加速制裁程序。选择前文所述的和解制度，能够通过协商简化流程，缩短制裁调查与裁决的周期，以更高效的方式推进程序进展。二是以主动整改与验收争取制裁减轻。若企业主动承认违规行为，并在内部及时启动整改措施且通过廉政局验收，世界银行廉政局可依据其整改表现，酌情考虑减轻制裁措施（如缩短禁入期、降低罚款额度等）。这一机制既强调企业的责任担当，也通过正向激励推动合规体系的完善。无论是通过和解还是正式的制裁决定，一旦被予以制裁，要积极履行各项合规义务，争取一次性通过整改核验。

4.3 中国企业 OFDI 境外合规风险的主要表现形式

中国企业对外直接投资面临如何应对东道国的大量的法规、规制、规范、文化传统等诸多挑战，涉及众多不同的合规风险。本节主要对外国投资安全审查、反商业贿赂、ESG 规制、竞争中立规则、知识产权保护和数据安全保护等几方面的合规风险表现加以分析。

4.3.1 外国投资安全审查带来的合规风险

外国投资安全审查指的是一国基于国家安全方面的考量，通过国内法的形式对投资的准入、经营、扩大以及退出予以监管的法律制度。自 2017 年起，不断有更多的国家推出了强化外资安全审查的新规定，以国家安全的名义扩大外资安全审查的范围，使审查程序更为严苛。联合国贸发会议的统计数据表明，截至 2023 年年底，已有 41 个国家构建了外资安全审查制度，占全球 OFDI 流量的 50% 以及存量的 60%；在这 41 个国家当中，有 29 个属于国际货币基金组织分类里的发达国家。近些年来，在全球各国的外商直接投资中，有三分之二直接或间接涉及国家安全，几乎全部由发达国家施行①，发达国家在对外资并购方面的防范心态较为显著②。

西方国家一旦对我国企业启动安全审查机制，我国对外投资企业就可能面临三种不利情形：一是在准入阶段交易被否决，失去重要的商业机会。如2021年中化集团先正达公司收购威瑞森（Verisem）公司被意大利政府否决，山东黄金矿业公司收购TMAC公司股份和金矿项目被加拿大政府否决；二是已经存在的投资被终止经营许可，投资者被迫变卖资产、经济受损，如美国要求中国投资者在短期内将持有Ralls的风电项目转让给指定买方；三是已经存在的投资资产遭受东道国直接征收，如乌克兰将中国企业持股的发动机公司马达西奇股份全部收归国有。

近年来，随着全球产业竞争加剧和地缘政治风险上升，外资安全审查逐步从一项安全措施转变成保护主义政策工具。各国外资审查制度的变革展现出两个相同的趋向：一是以国家安全的名义逐步扩大审查的范围，降低审查机构的介入门槛。鉴于各国均未对国家安全的概念给出清晰的界定，各国政府在进行外资安全审查时拥有较大的自由裁量权，把国家安全审查的范围从传统的国家安全行业向经济、信息等非传统领域延伸，将高科技、基础设施、网络安全、个人信息安全等行业均归入被审查的范畴，并当作重点审查的对象，而这些行业恰是近些年来我国企业境外直接投资的重点领域，这极大地增加了我国企业境外直接投资的不确定性，让企业的合规负担变得越发沉重。二是外资安全审查制度呈现出十分明显的国别歧视，对外国政府控制的投资和来自中国的投资审查更加严苛。如美国的FIRMMA中单独设立"受外国政府控制"的交易，并授权美国外国投资委员会（CFIUS）以"特别关注国"方式给予歧视性待遇。中国被列为"特别关注国"，美国着重强调，针对中国企业赴美在半导体和微电子、量子信息技术以及人工智能等关键领域的并购投资需进行重点审查；澳大利亚把贸易、投资问题政治化，屡次违背市场规律，对赴澳投资的中国企业给

---

① UNCTAD. World investment report [R]. New York United Nations, 2022: 58, 63, 90.
② 商务部. 对外投资合作国别（地区）指南（欧盟）[R]. 北京：商务部, 2021: 46.

予歧视性待遇；欧美国家普遍对中国企业在高科技行业的投资并购高度警惕，直接或间接对由外国政府控制的投资施行更严苛的申报或审查机制。西方对中国滥用外资安全审查制度，其目的远不止于国家安全，还呈现出极为明显的投资保护主义倾向，严重制约了我国企业在海外的投资活动。表4-13 为 2005—2020 年中国企业因美国 CFIUS 审查而被撤销的部分并购案例。西方国家对外资安全审查的泛化，给我国企业的对外投资带来了巨大的合规风险。

表4-13　2005—2020年因CFIUS审查而被撤销的部分中国企业并购案例

年份	收购方	被收购方	行业
2005	中国海洋石油有限公司（国有）	美国尤尼科公司	能源
2010	华为技术有限公司	美国服务器技术公司	通信
2010	鞍山钢铁集团（国有）	美国钢铁发展公司	制造业
2012	国家电网（国有）	AES风电资产	可再生资源
2016	金沙江创业投资基金	皇家飞利浦旗下Lumileds公司美国业务	制造业
2017	华信能源有限公司	考恩集团	金融
2017	国家集成电路产业投资基金股份有限公司（国有）	美国专业半导体测试设备商Xcerra	制造业
2017	TCL集团（国有）	诺华达无线通讯公司	通信
2017	海航集团	全球鹰娱乐有限公司	娱乐
2017	峡谷桥资本公司	莱迪斯半导体公司	半导体
2017	忠旺集团	爱励制铝公司	制造业
2018	蓝色光标集团	大数据营销Cogint公司	大数据
2018	海航资本集团	对冲基金天桥资本公司	金融
2018	中国重汽集团（国有）	UQM科技股份有限公司	制造业
2018	蚂蚁金服集团	速汇金国际有限公司	金融
2019	昆仑万维	Grindr	大数据
2020	字节跳动（TikTok）	Musical.ly	大数据

资料来源：根据公开资料整理。

4.3.2 反商业贿赂带来的合规风险

进入 21 世纪后，世界主要经济体加大了对商业贿赂的打击力度。2005年，全球首个反腐败公约——《联合国反腐败公约》正式生效，此公约具有强制力与法律约束力，有力地促进了各国的反腐败立法、执法以及国际合作。国际组织也持续优化反腐败规则并加强反腐败监管。经合组织于 1997 年通过了《关于反对在国际商务活动中贿赂外国公务人员行为的公约》。世界银行集团在 2007 年构建起以打击腐败和欺诈行为为核心的两级制裁体系，通过设立黑名单制度，对违规企业和个人进行处罚。国际标准化组织（ISO）于 2016 年发布了首个国际反贿赂管理体系标准——ISO37001 国际标准，其全称为《反贿赂管理体系要求及使用指南》，为企业构建反贿赂合规体系提供了标准与依据。与此同时，各国也逐渐健全和完善反商业贿赂立法。比如，德国在 1997 年的《反腐败法》中规定，不管企业及其员工是主动还是被动行贿，也不论该行为是否破坏了正常的市场竞争秩序，都可认定其为犯罪。日本在 1998 年修订的《防止不正当竞争法》中新增了独立的贿赂外国公职人员罪，禁止公民和企业通过向外国公职人员行贿获取不正当利益。英国于 2010 年颁布了《2010 年反贿赂法》（UKBA），明确了"长臂管辖"原则，增添了"商业机构未能预防贿赂罪"，规定罚款没有上限，处罚比 FCPA 更为严苛，UKBA 被称作"世界上最严厉的反腐败立法"。中国于 2011 年在《中华人民共和国刑法》中增加了对贿赂外国公职人员或国际公共组织官员的刑事责任规定。法国于 2016 年颁布《萨宾第二法案》，明确要求企业建立合规管理体系，否则可能面临刑事责任。

近年来，在国际政治经济安全和法治环境更加复杂的背景下，各国纷纷加强监管，对商业贿赂执法惩罚更加严厉。例如，美国司法部（DOJ）和证券交易委员会（SEC）极大程度地增强了《反海外腐败法》的执法力度，不断扩大域外执法权，运用长臂管辖在全球范围严厉打击商业贿赂行为。根据美国《反海外腐败法》（以下简称 FCPA）的规定，如果某个企业（或者子公司、下游企业、第三方）的任意业务处于美国（涵盖使用美元进行结算交易、内部通信经过架设于美国的服务器等）或者运营渠道的任何环节经过了美国，即便企业未在美国上市，或者业务和地理位置并非在美国本土，也会受到 FCPA 的约束。故而，众多非美国的跨国公司被调查起诉，由于其违反了 FCPA 而最终缴纳了巨额罚款。同时，伴随中美贸易摩擦的爆发并全面升级，美国将反腐败问题提升至国家安全的层面，借助"反商业贿赂"来施行"长臂管辖"，对中国企业进行打压，致使中国企业的海外投资面临越发严峻的反腐败合规风险。何志平案便是一个典型的例子。何志平身为中国香港前民政事务局局长、中华能源基金委员会主席，因被指涉嫌代表中国华信为获取非洲某国业务而贿赂政府官员，被美国以违反《反海外腐败法》的贿赂条款以及犯洗钱罪为由定罪，被判处有期徒刑 3 年，并处罚金 40 万美元。

4.3.3 ESG 规制带来的合规风险

作为一种重要的可持续发展理念，ESG 理念强调企业在从事商业活动时必须考虑自身的生产及货物流通等行为对环境保护的负面影响，提倡切实履行社会责任，大力提高公司治理水平。近年来，在新冠疫情、气候风险、欧洲能源危机以及地缘政治冲突等多重冲击下，世界各国越发追求可持续发展，ESG 体系的内容不断丰富、影响力不断扩大，已经成为各国企业都必须关注的重要问题。截至 2022 年，包括中国在内的 90 多个国家或地区的超过 5000 家机构加入了 2006 年成立的联合国责任投资原则组织（UNRPI）。UNRPI 倡导将 ESG 理念融入企业投资决策，主要负责考察企业是否履行了 ESG 规则，评价公司的 ESG 管理水平，当下已然发展成为在全球资本市场里具备重要影响力的组织。世界银行旗下的国际金融公司发布的《可持续性框架》也充分体现了 ESG 可持续发展理念。各国或地区也从监管角度进一步细化 ESG 规制。例如，英国 2021 年版《尽责管理守则》明确规定，签署方需要考虑重大 ESG 因素；欧盟 2022 年《公司可持续发展报告指令》（CSRD）规定，符合要求的企业必须披露涉及环境和社会等可持续发展信息。

由于不同国家的生态环境和法律政策均存在差异，加之中国企业对外投资的重心仍是制造业、基础设施业等行业，中国企业在进行对外投资时，极容易面临诸如环境政策变动、环境损害赔偿、环境纠纷处理等有关环境保护的合规风险；劳动安全卫生、劳工权益保障、劳务输出等方面的社会责任合规风险；同时还牵涉企业信息披露、公司治理等范畴的公司治理合规风险。下面对我国企业在对外投资过程中这三个方面的 ESG 合规风险进行分析。

4.3.3.1 环境保护合规风险

中国境外投资企业在东道国面临的环境保护合规风险主要表现为环境政策合规风险、环境损害赔偿风险和环境纠纷解决合规风险三个方面。环境政策合规风险是指中国企业在对外投资过程中，由于东道国环境政策及执行强度的变化等因素造成的合规风险。根据其自身经济发展阶段以及当地环境条件，东道国会适时调整环境政策，而中国对外投资企业难以预料东道国的环境政策变化。当前世界各国的环境政策和规划普遍呈现出偏严偏紧的趋势，这会加大各国对环境立法的执行力度，提高对企业的规制强度。

环境损害赔偿风险是指中国企业在对外投资过程中，企业的生产经营活动对东道国的自然资源和生态环境造成破坏所需承担赔偿责任的风险。环境损害赔偿风险在中国企业对外投资过程中普遍存在，尤其是中国企业在"一带一路"沿线国家的投资以电力等大型制造业项目为主，建设过程本身污染性就较高，而投资所在国多为发展中国家，这些国家的绿色生产技术还不成熟。如果中国对外投资企业在产品制造和生产过程中，对工业设备操作不当或不规范以及维护不合理，都有可能使工业垃圾和废料无法得到妥善处理，进而加剧对环境产生的负面影响。[①] 此外，东南亚、中亚、中东地区的部分东道国本身就存在较为严重的环境破坏、水土流失等生态环境问题，但这些国家又往往缺乏专业的环境监测及评估系统，也没有建

---

① 朱正远."一带一路"倡议下中国企业对外投资的环境风险与防范［J］. 河海大学学报（哲学社会科学版），2021，23（06）：94－101＋112.

立完善的环境保护机制,进一步增加了中国企业对外投资中的环境损害赔偿风险。①

环境纠纷解决合规风险是指中国企业在对外投资项目运行过程中,因损害东道国环境被东道国政府强制要求修复环境并赔偿巨额资金,甚至停产、停业或被勒令退出东道国市场的风险。在环境损害纠纷发生后,东道国会根据环境破坏的严重程度、自然再生的可能性、对经济发展的影响和对居民的健康危害等方面进行综合评估,确定企业修复方式和标准。② 这种不确定的修复和赔偿标准加剧了中国企业对外投资中的合规风险。若企业被强制退出东道国市场,往往面临吊销营业执照、许可证书等行政处罚以及高额的民事赔偿,相关责任人员甚至可能面临较重的刑事制裁,并且环境诉讼成本高昂、历时长久,将对企业生产经营和可持续发展带来深远的负面影响。③

4.3.3.2 社会责任合规风险

世界银行将企业社会责任界定为,企业与关键利益相关者的关系,价值观,遵守法律法规以及对人民、社区和环境的尊重相关的政策和实践的集合。企业在对外投资过程中必须承担起社会责任,努力规避劳工安全、劳动卫生、劳工权益保护、劳务输出等社会责任合规风险。

劳动安全卫生合规风险是指中国企业在对外投资建设过程中,由于违背东道国的安全生产施工与安全卫生标准等相关政策法规,而产生的劳动安全、劳动卫生事故等合规风险。中国企业在对外投资建设过程中,必须了解清楚当地关于投资项目运行涉及的劳动安全和劳动卫生等政策法规,以便企业投资平稳有序开展。

劳工权益保护合规风险主要是指平等就业、种族和性别平等、薪酬福利、裁员计划、工时休假等涉及劳动者权益的相关风险。一是平等就业问

---

① 陶平生. 全球治理视角下共建"一带一路"国际规则的遵循、完善和创新 [J]. 管理世界,2020,36(05):161-171+203+16.
② 侯健. 当代中国环境治理的权利观 [J]. 中国环境管理,2021,13(01):162-169.
③ 陈德敏,郑泽宇. 中国企业投资"一带一路"沿线国家环境风险的法律规 [J]. 新疆社会科学,2020(02):83-90+147-148.

题。各国法律普遍规定了公民有平等就业的权利，但对民族和宗教特殊的国家和地区进行投资时，如果企业未注意这些敏感问题，违反了当地的相关宗教、法律等规定，可能会遭到民族抵制或法律处罚。二是性别和种族平等就业问题，包括企业招聘时对性别限制，以及在职期间对女性员工怀孕、休产假等方面的不合理要求和不公正待遇①。三是在日常劳工关系管理方面，部分东道国法律对于员工工资标准、加班、休假具有非常细致明确的规定和标准，并在实际操作中不折不扣地执行。如果中国企业按照中国传统管理很容易产生劳工纠纷。比如，中国某企业因原材料短缺而让生产线上的工人停工，这时企业若安排这些工人打扫卫生，就是侵犯工人权益的行为，当地工会有权要求企业对工人作出赔偿。② 四是中国企业在发达国家进行并购活动时，被并购方所在国的薪酬福利待遇通常高于我国的实际水平。当交易出现时，被并购方的利益相关者，尤其是企业员工，会担心被并购后薪酬福利下降，进而对并购产生抵触情绪，形成阻碍交易达成的风险。此外，当中国企业并购东道国企业时，企业实施正常合理的裁员计划也会遭到被并购方员工的抵制和抗议，甚至因为被并购企业员工抗议最终导致并购以失败告终。

劳务输出合规风险。根据中国企业对外投资东道国的相关法律规定，除了极少数国家对外籍员工短期内无工作许可证的限制，大部分国家基本要求外籍员工取得工作许可③。因此，工作许可证是外籍劳工在东道国进行务工的必要证件，如果中国企业忽视给包括中国国内员工在内的非东道国员工办理工作许可证，可能受到东道国法律的处罚。

4.3.3.3 公司治理合规风险

公司治理合规风险是指中国对外投资企业在治理过程中可能出现的违

---

① 刘健西，邓翔．"一带一路"东南亚沿线国家投资的劳工风险研究［J］．四川大学学报（哲学社会科学版），2022（01）：184－192．

② 王永贵，李卅立：从1到M：论企业走出去的国际化战略画布［M］．北京：中信出版集团，2020：234．

③ 杜玉琼．"一带一路"倡议下中国企业投资印度的法律风险及防范研究［J］．江海学刊，2018（02）：143－148．

反东道国的相关法律法规、公司政策或行业标准的风险。这类风险主要包括由于企业的内部控制缺陷、信息披露不透明、关联交易不规范等问题引发的合规风险。

信息披露合规风险是指中国对外投资企业在信息披露过程中,因未按照东道国相关法律法规和规范性文件要求披露信息,导致可能引起的法律责任和声誉风险。这包括未及时、准确地披露财务数据、公司运营情况、关联交易等可能引发的法律纠纷和市场信任危机。ESG 信息披露是企业对外展示 ESG 治理成果的主要途径,也是监管机构、评级机构、投资者、合作伙伴、消费者、员工等企业的利益相关方更全面地了解和审视企业的ESG 治理情况的重要信息来源。

4.3.4 竞争中立规则带来的合规风险

国有企业是我国国有经济的核心部分,是国家积极摸索海外经营模式的"先锋队"和"主心骨"。近些年来,美国等主要发达经济体为维系其全球竞争地位,于双边、区域、国际等多个层面推行"竞争中立"原则,以此限制发展中国家国有企业的全球拓展(Capobianco 和 Christiansen,2011[1];马其家和樊富强,2016[2]),特别是加大了针对中国竞争中立的适用范畴。这不但使中国企业在海外的投资并购业务所受的监管审查更为严格,而且对中国众多非公企业中具有政府背景和资本关联的国有企业在对外直接投资方面的审查也愈发严苛,给中国企业的对外投资带来了极为不利的影响。

在国际法层面,WTO 相关协定以及各种国际投资条约,如双边区域性和多边投资条约中关于国有企业的规定都对国有企业对外投资过程构成了约束。在双边关系中,《中欧全面投资协定》增加并细化了约束国有企业行为的相关义务条款,强调对国有企业的监管既要关注效果,又要关注国

---

[1] Capobianco, A. &. H. Christiansen (2011). Competitiveneutralityandstate - ownedenterprises: Challengesandpolicyoptions., OECDCorporateGovernanceWorkingPaper, 2011 (1).

[2] 马其家,樊富强. TPP 对中国国有企业监管制度的挑战及中国法律调整——以国际竞争中立立法借鉴为视角 [J]. 国际贸易问题,2016(05):59 – 70.

企行为。美国当下已经签署的双边投资协定和自由贸易协定均明确指出，"为涵盖私人投资者和国有投资者在内的所有投资主体营造一个公平的竞争环境"。在多边经贸范畴，TPP/CPTPP 和 USMCA 均设有章节对国有企业加以约束。2015 年 11 月正式公布的 TPP 文本首次把"国有企业"当作横向议题和独立章节，并且其规制标准与完备程度均达到了前所未有的水平。美国从 TPP 中退出后，由日本接手并更名的 CPTPP，其完全保留了 TPP 中涉及竞争政策的内容。OECD 自 2009 年起大力强化了竞争中立相关政策的研究，并将竞争中立界定为：当经济市场中不存在经营实体享有过度的竞争优势或竞争劣势时，便达到了竞争中立状态。

世界各国有关国有企业的碎片化"条款"的涌现，极大地制约了中国国有企业的对外投资活动，增添了中国国有企业"走出去"可能遭遇的阻碍。某些西方国家以维护公平竞争环境为借口，对中国国有企业的市场准入施加多重限制。竞争中立问题变成中国国有企业对外直接投资的最大阻碍，不但抬高了对外投资的门槛，并且给中国国有企业已有的海外投资也带来各类成本压力，使得中国企业海外投资面临的竞争规则合规风险急剧上升。

4.3.5 知识产权保护带来的合规风险

随着新一轮科技革命和产业革命的持续深入推进，在国际市场上，以知识产权国际规则作为科技竞争工具的角逐与博弈愈发激烈和常见，知识产权问题也越来越成为企业国际竞争的核心要点。近些年来，由主要发达国家主导的一系列双边协议和区域性协议，相较于 WTO 的《与贸易有关的知识产权协定》（TRIPs），进一步提升了知识产权保护的标准（被称作 TRIPs-plus[①] 知识产权条款）。与 TRIPs 相比，CPTPP 拓展了商标的注册范围，增强了对驰名商标的特殊保护；USMCA 延长了版权的保护期限（从 70 年延长至 75 年），扩大了对驰名商标的保护范围，增添了对域名的

---

① TRIPs-plus 是指双边、区域或多边框架下的自由贸易协定、投资协定及知识产权协定中高于 TRIPs 协定的知识产权保护标准。

保护；中国签署的 RCEP 包含了著作权、商标、专利、反不正当竞争等传统的知识产权议题，并且纳入了电子商标系统、技术保护措施、权限管理信息和集体管理等新的条款。CAI（《中欧全面投资协定》）强化了知识产权的保护对象、保护期限和保护措施，扩大了知识产权的保护范围。

目前，欧美国家在知识产权保护的国际规则制定方面依旧占据主导地位。近些年来，以美国为首的西方国家把知识产权当作实施贸易投资保护主义的手段，频繁以维护"公平贸易"之名对中国企业发起知识产权调查，提升中国企业参与国际市场的知识产权门槛。知识产权的国际保护正在演变成发达国家限制中国企业在相关领域投资的新型投资壁垒，这给中国企业的境外投资带来了更大的知识产权合规风险压力。

4.3.6　数据安全保护带来的合规风险

在数字经济时代，数据跨境流动规模巨大，既有基于交易的流动，如电子商务和数字贸易，也有不基于交易的流动，如跨国企业内部信息的共享。对数据跨境流动的治理规则关系着数字主权和国家安全。当前世界各国就如何规制跨境数据流动尚未达成共识，不同国家数据跨境监管的方法差异很大。根据各国具体情况和政策导向，现有的跨境数据监管模式可以划分为以下 5 类。（1）以美国为代表的市场导向型监管。美国对数字经济总体上采取了自由市场的方式，强调"数字经济效率"，倡导建立自由且开放的数字经济市场。美国对全球数字治理的具体主张主要体现在 TPP/CPTPP、USMCA 和美日贸易协定当中。在 TPP 的"电子商务"章中，该章主要对数字产品跨境贸易进行规制，强调数据信息传输的高度自由化；在 USMCA 和美日贸易协定中，美国将 TPP/CPTPP 的数字经济规则进一步升级，例如，将跨境数据自由流动和禁止数据本地化适用于金融数据，扩大了源代码的保护范围，增加了互联网服务提供者的责任限制条款，强化了数字税收和数字技术的相关规则[1]。美国的主张得到了澳大利亚、墨西

---

[1]　李墨丝. WTO 电子商务规则谈判：进展、分歧与进路［J］. 武大国际法评论，2020，4(06)：55－77.

哥、新加坡等国家的支持,这些国家缺乏全球影响力的本土互联网企业,信息通信产业多依赖美国。(2)以欧盟为代表的权利导向型监管。欧盟强调"公众数据权利",将个人隐私等公民数据权利当作"基本人权"看待。正是这种基于对基本权利和价值观的保护,欧盟在个人隐私保护方面坚持严格规制标准,采取以人为中心的方法,对跨境数据流的监管相对严格,主要侧重于保护个人隐私。在实践中,欧盟实施"内松外严"数据监管政策。内松,即通过一系列立法,消除欧盟成员国之间的数据流动壁垒,构建欧盟内部单一数据市场;外严,即欧盟对外通过打造数据安全流动区保护本地区数据资源,主要体现为通过《通用数据保护条例》(GDPR)规制个人数据处理,强化数据主体权利等[①];GDPR要求,只有当伙伴国能够对个人数据进行充分保护(充分性认定)时,欧盟的个人数据才能传输过去。除此之外,GDPR还制定了针对《个人信息保护法》罚金标准。(3)以中国为代表的安全及数字发展导向型监管。近年来,中国制定了一系列与数字公司、服务和数据流相关的政策,基于网络安全在国家安全中的核心作用,中国跨境数据流的监管模式采取限制性模式。(4)以俄罗斯为代表的安全导向型监管。俄罗斯将网络和数据安全视为政治和国家安全问题的核心,网络安全是纯粹的主权特权。俄罗斯要求公民个人数据和跨国公司数据在境内存储。(5)以印度为代表的国内发展导向型监管。印度具有大量的互联网用户和信息来源,但在数据保护方面没有建立清晰的法律体系。印度主张数据本地化存储,提倡对个人数据实施分级分类,其根本在于避免数据实力强大的国家不顾印度的利益而从跨境数据中获利。

由于各国对跨境数据流动的监管理念持不同立场,导致数字贸易监管的碎片化,各种不同的规则交织产生了"意大利面碗"效应。各国跨境数据流动的监管规则不统一,资本输入国与资本输出国采取了不同的数据跨境监管措施,这使得中国企业对外投资在数字监管合规上面临困境。主要

---

① 田晓萍. 贸易壁垒视角下的欧盟《一般数据保护条例》[J]. 政法论丛, 2019 (04): 123 – 135.

表现在以下三个方面：

一是增加对外投资企业进入前准备工作的资金耗费。目前，由于没有统一且能实时更新的全球数据监控和隐私法律数据库，而且不同国家对于如何执行这些法律也有着不同的解释，因此，即使是规模大且技术先进的企业，在对外投资之前要开展针对东道国的法律评估工作也存在困难，这使企业不得不通过昂贵且复杂的过程来形成自己的体系。美国信息技术与创新基金会（ITIF）研究指出，全球越来越多国家通过数据保护立法使得向海外传输数据变得更加昂贵和耗时，抑制了经济增长[1]。

二是导致对外投资企业在进入、退出过程中的成本过高。东道国对外资企业在其境内存储和处理的数据进行规制。数据本地化可能要求中国企业在东道国境内建造或是租赁服务器，切断网络节点之间的跨境联系，这无疑提高了中国企业获取和保存数据的成本[2]。在中国对外投资企业的运营阶段，东道国对数据跨境的限制主要涉及数据传输和存储。一些东道国可能会要求中国企业将相关数据存储在本国，或者需要中国企业提供详细的数据报告以确保数据安全，限制中国企业向第三方国家传输敏感数据。例如，欧盟、俄罗斯等国家就明确规定，企业必须在本国境内存储和处理公民的个人数据，不然就会面临罚款等惩处。即使倡导数据自由流动的美国，也针对中国等国家的一些企业实施了限制措施。当中国对外投资企业决定退出东道国市场时，一些东道国会要求中国企业销毁或清除相关数据，以确保数据不会被用于竞争或其他目的，这些都给企业造成了极大的负担。由此可见，东道国对我国对外投资企业数据跨境的限制贯穿企业进行对外投资的全生命周期，需要投入更多的资源重新塑造其内部的运行规则，在合规的各环节全过程都需要付出相应的成本。而当企业呈现出收入无法覆盖支出的状况时，便会由此退出某一个国家的数据业务。例如，单

---

[1] ITIF, Cross - Border Data Fows: Where Arethe Barriers, and What Do They Cost?, ITIF (May1, 2017), http:/itif. org/publications/2017/05/01/cross - border - data - flows - where - are - barriers - and - what - do - they - cost.

[2] 黄现清. 数字贸易背景下我国数据跨境流动监管规则的构建路径［J］. 西南金融，2021（08）：78 - 84.

单针对 GDPR 的合规要求,全球就有 20 个企业因为违反合规要求从而导致破产,甚至连美国《洛杉矶时报》以及《芝加哥论坛报》等企业都因负担不起 GDPR 过高的合规成本,而决定直接退出欧盟市场[①]。

三是跨境数据流动的监管规则冲突引发执行管辖争端。在企业对外投资运营过程中,由于母国和东道国都采取了数据本地化存储措施,双方的数据无法进行自由流动,而在这种情形之下最先受到影响的就是管辖权问题。目前,数据主要采用云存储模式,数据被动态存储而不是固定在某个物理地点上,传统的物理边界被模糊,使得网络执法陷入了困境[②]。如果想获得在境外存储的数据,则需要通过程序冗长、手续烦琐的司法协助方式,效果不遂人愿。因此,部分国家如美国开始探寻通过"长臂域外管辖"来拓展本国执法范围。其中,最引人关注的域外管辖规则当属美国《云法案》,它无视其他国家主权,借助单边举措调取证据,将美国执法机构的执法效力延伸至数据所在国家,严重侵犯了数据所在国的数据主权,也让中国的对外投资企业承受着极大的风险。

---

① 梅傲,侯之帅. 互联网企业跨境数据合规的困境及中国应对 [J]. 中国行政管理,2021 (06):56 – 62.
② 樊赛尔. 企业网络及数据安全跨境合规与法治营商环境 [J]. 特区经济,2020 (12):119 – 123.

第 5 章　中国企业 OFDI 境外合规风险源识别与评估指标体系构建

本章在上一章对中国企业 OFDI 境外合规风险现状进行考察的基础上，综合运用案例编码分析、文献分析和结构式访谈三种方法对中国对外直接投资企业面临的境外合规风险源进行识别，构建包括政治、社会与法律、经济、金融、对华关系与环境资源 6 个维度的中国企业 OFDI 境外合规风险源分析框架，并结合目前国际上主流风险评价机构对风险因素的筛选，筛选出 6 个维度合规风险评估因素，进而构建中国企业境外合规风险评估指标体系，为第 6 章中国企业 OFDI 境外合规风险评估奠定基础。

5.1　中国企业 OFDI 境外合规风险源识别的思路

5.1.1　风险识别常用方法介绍

科学构建中国对外直接投资企业境外合规风险测算体系，识别各维度的境外合规风险并确定其权重，形成有效的境外合规风险测算结果，可以为分析投资决策和具体操作提供途径。风险识别的主要方法包括专家打分法、故障树分析法、案例分析法、财务报表分析法和流程图法等，不同方法的特点及优缺点如表 5-1 所示。

表 5-1　风险识别常用方法的特点及优缺点

名称	特点	优缺点
专家打分法	每个领域的专家评估各项风险因素，并通过同行评审计算风险评估的范围	优点：可以在统计数据和原始资料较少的情况下进行定量分析 缺点：专家意见可能在一定程度上造成相互干扰，且主观性强
故障树分析法	自上而下寻找导致事件发生的直接、间接和基本原因事件，以图解的方式表示事件间的内在联系，运用逻辑推理从结果推导风险事故原因	优点：有利于分析大型复杂系统的可靠性和安全性 缺点：对风险管理人员要求高、识别风险的管理成本高
案例分析法	围绕研究对象，进行案例收集、选择、数据采集和分析	优点：案例资料来源广泛，受外界制约相对较少 缺点：资料来源对案例分析的影响较大
文献研究法	在文献数据库中对研究对象、研究目标进行精准检索；依照时间顺序、相关性、被引等方式对检索出的信息进行筛选，对筛选后的文献进行泛读、精读，对阅读文献的内容进行梳理，形成识别因素清单	优点：能够对国内外的研究成果进行检索阅读，能够对研究问题追根溯源 缺点：国外文献的获取来源有限，可能会有部分文献成果不可得导致中外文献研究不对等
结构式访谈	选择业界和学术界的专家并与其取得联系；设计访谈中提出的问题、提问方式和顺序、访谈记录方式等细节，并确保访谈的外部环境的一致性；在访谈过程中听取专家意见并在过程中确定专家意见的记录与实际表述相符。在访谈结束后，及时整理访谈记录确保没有遗漏失真	优点：可以视情况与被访者深入地、多次地探讨某个问题，确保访谈的深度，同时获取更多的访谈信息 缺点：取得被访谈者的支持和配合会存在困难；采访者提问的方式和技巧、语言的理解和运用如有不同会造成最终访谈记录的偏差
财务报表分析法	通过分析企业财务报表，分析企业财务状况，识别风险	优点：可以为风险投资和风险融资提供安全保障 缺点：需要风险管理人员专业性强、财务报表真实且具有全面性

续表

名称	特点	优缺点
流程图法	按照内部逻辑顺序绘制被调查的整个流程，将流程图中的每个环节与公司实际的业务流程进行对比分析	优点：适用度高、能清楚展示 缺点：内部系统中的弱点难以展示

资料来源：作者整理。

5.1.2 中国企业 OFDI 境外合规风险源分析框架

中国企业境外直接投资合规风险的风险源识别，是开展其合规风险评估分析以及提出应对策略的基础。为了科学地识别出境外直接投资合规风险的具体影响因素，本书在实际研究中主要基于案例分析、文献分析和结构式访谈三种方法，构建中国企业境外直接投资合规风险源的分析框架，具体分为以下三个步骤。

第一步，构建中国企业 OFDI（对外直接投资）的境外合规风险案例库。首先通过搜索世界银行官网（Wordbank.org）公布的 World Bank Listing of Sanctioned Firms & Individual，对名单中的中国违规企业进行筛选分析；然后利用美国企业研究所和传统基金会的中国全球投资追踪系统（OGIT）所公布的问题项目，结合商务部发布的典型案例和网络上公开的中国企业 OFDI 实例，整体把握影响中国企业境外投资合规的关键因素；最后选取具体案例进行编码分析，梳理出关键因素，以形成基于案例库的中国企业境外投资合规风险因素表。

第二步，通过提取关键文献和调研资料，构建中国企业 OFDI 境外合规风险的文献库。首先在 Web of Science、Science Direct、Springer Link、Taylor Francis Online、the Wiley online library 和中国知网、超星图书馆等中外文数据库中，搜索与企业对外投资境外合规风险主题相关的中英文核心期刊和书籍，筛选出高质量的国内外文献进行研读分析；然后通过网站及调研实际对外投资项目相关参与方等方式，获取中国企业境外直接投资合规风险因素相关资料；最后系统整理并分析影响中国企业 OFDI 境外合规的各类影响因素，通过层次分明的逻辑分析，明确中国企业 OFDI 境外合规风险的主要来源。

第三步，利用结构式访谈，补充优化中国企业 OFDI 境外合规风险评估指标。将文献库和案例库进行汇总整合，形成中国企业 OFDI 境外合规风险基础信息数据库。作者邀请了三家对外投资企业的三位高层管理者以及学术界内具有广泛影响力的三名专家，就这一数据库内容提出宝贵意见。在严格保证不泄露任何商业机密的前提下，与这六位受访者进行了面对面的结构式访谈。访谈结果为数据库的发展提供了宝贵的视角与见解，从而进一步优化与补充基于案例分析和文献研究得出的整合信息数据库，构建更全面准确的中国企业 OFDI 境外合规风险评估指标体系。

5.2 中国企业 OFDI 境外合规风险源识别

本部分运用案例分析法，以中海外波兰 A2 高速公路案例、华为赴美投资失败案例、中—缅密松大坝项目、中国华信能源有限公司行贿案 4 个极具代表性的中国企业对外直接投资案例为基础，系统梳理其境外直接投资中关键事件、失败事件等关键过程，为中国企业 OFDI 风险源识别找准方向和思路。同时，为保证合规风险源识别的全面性，课题组通过结构式访谈的办法，邀请了长期从事企业对外投资理论与实务工作的六位专家征求意见，对案例分析汇总的基础数据把脉问诊，深度解析中国企业 ODFI 境外合规风险源。

5.2.1 案例选取

案例研究能够描述不同情境下潜在风险的影响程度和影响结果（Miles 和 Huberman，1994；宋金波等，2002），最适合研究"为什么"和"怎么样"两类研究问题（Yin，1994；毛基业和张霞，2008）。对境外合规风险指标的选取是研究"境外合规风险是什么"的问题，而案例研究相比于其他方法，更能够直观地立足于境外合规风险本身，通过分析案例事件能详

第 5 章　中国企业 OFDI 境外合规风险源识别与评估指标体系构建

细地描述和解释境外合规风险。因此，本书采取案例分析法识别境外合规风险，参考 Pratt 等（2008）的模式匹配、跨案例分析的案例分析研究方法，设计境外合规风险的案例分析方法（Pratt，2008）。第一步，采取单案例事件分析，按时间顺序编制存在风险因素的事件表，包含引致合规风险的具体事件情形；第二步，对单案例进行编码分析，深入分析所列案例资料，逐一梳理数据和证据，形成二级指标分类，可以检验各个风险构成因素的匹配程度并丰富其描述角度；第三步，跨案例分析，对前文的一系列案例进行综合的整合研究，归纳总结形成境外合规风险的构成因素总体框架。为了保证案例选取对境外合规风险构成体系的有效构建，尽可能反映当前风险源及各国监管重点，在案例选取中特别考虑了投资时间因素，选取不同时间段的企业投资过程中面临合规问题的代表性案例。在案例选取主体方面，基于境外合规风险对我国企业对外直接投资的研究，选取了由中国企业或中国企业参与承建的四个境外合规风险案例，尽可能考虑到企业性质、投资所在地以及东道国发展阶段的差异性和代表性，具体的四个案例如表 5 - 2 所示。

表 5 - 2　　　　　　　中国企业境外合规风险案例

案例编码	案例名称	东道国	东道国发展阶段	企业名称	企业性质	所属行业	境外主要违规类型
案例 A	中海外波兰 A2 高速公路案例	波兰	发达国家	中海外	国企	建筑工程	因投资成本过高导致项目违约
案例 B	华为赴美投资失败案例	美国	发达国家	华为	民营	通信行业	不符合美国国家安全审查要求
案例 C	中—缅密松大坝项目	缅甸	发展中国家	中电投	国企	基础设施	东道国政府强制搁置导致"被动合规"
案例 D	中国华信能源有限公司行贿案	乌干达、乍得	发展中国家	中国华信能源有限公司	民营	能源与金融行业	因腐败问题违反美国《反海外腐败法》

资料来源：根据公开资料整理。

5.2.1.1 中海外波兰 A2 高速公路项目案例

中国海外工程有限责任公司（简称"中海外"，COVEC），是第一个进入国际工程承包市场的中国企业。波兰共和国位于欧洲中部，多数居民信奉罗马天主教，官方语言为波兰语，同时波兰是环保大国，波兰政府、当地环保组织以及民众都十分注重环保。自 2004 年波兰加入欧盟后，采用了欧盟环保标准，更加注重环境保护的立法调整。波兰 A2 高速公路总长度为 91 千米，波兰政府将工程分为 5 段对外招标，并要求工程必须在 2012 年 5 月 31 日前完成。2009 年 9 月中海外牵头组成的联合体以低于波兰政府预算二分之一的提标价中标了 A 和 C 段，合同总价为 12.88 亿兹罗提，工期为 2009 年 10 月 5 日至 2012 年 5 月 30 日。在项目建设中，中海外对项目的风险源识别不够，境外合规风险管理意识薄弱，使企业频频受挫，出现延期付款问题导致无法及时付款给分包商，同时与材料供应商也产生矛盾，出现成本大幅上涨、合同纠纷等问题。2011 年 3 月仅完成工程量十分之一，2011 年 4 月中海外对波兰 A2 项目进行成本估算和盈亏测算，若要按期完工，项目将亏损 3.96 亿美元。随后，5 月中海外对外宣告停工，6 月总公司宣告放弃项目，最终赔付违约金 2.7 亿美元，3 年之内严禁参加波兰招标活动。梳理中海外 A2 高速公路项目案例材料，具体内容如表 5-3 所示。

表 5-3　　　　　中海外波兰 A2 高速公路项目关键事件年表

编号	事件描述	合规风险源	范畴化指标
1	2009 年 9 月，中海外联合体低价中标 A2 高速公路项目	1A 这一报价引起了政府的怀疑和公众的强烈抗议，波兰政府甚至怀疑中海外正在接受"廉价倾销"或"国家补贴" 1B 竞标失败的公司抗议中海外 1C 过度依靠"中国打法"经验，通过低价获得招标方的青睐，中标后再试图提高合同价格	1a 舆论负面影响可能加大波方监管力度 1b 行业竞争者排斥中海外 1c 过度依赖以往中国经验竞标，忽略中波法律环境差距

续表

编号	事件描述	合规风险源	范畴化指标
2	2009年9月8日，签订总价不可变动合同，合同附件内容烦琐，主体合同内容简单。招标合同中波方删掉很多对中海外有利条款，用以限制承包商的权利	2A 在合同中明确表示承包商在约定总价中自行负担 2B 波兰 A2 高速项目遵循的欧盟公路标准高于中国国内标准 2C 中方工程师不具备当地从业资格，需要和波方工程师合作且必须听从波兰方的工程师	2a 波兰企业运营更加规范（执行合同，履行司法程序时的质量） 2b 东道国法律法规体系完善严密 2c 中波合作沟通受到文化、工作理念等的差异影响
3	2010年9月，中海外面临环境保护问题，波兰业主要求保护当地珍稀野生动物雨蛙、保护文物、进行噪音屏蔽等。要求为其他一些大中型动物在高速公路通过区域专门建设动物通道	3A 对东道国严格的环境保护法律不了解，存在触犯当地环境保护法律的风险 3B 波兰环境保护法律具体制度和环保意识和中国存在差距 3C 波兰当地群众和民间组织借助抗议方式反对中国企业破坏生态环境和自然资源的投资行为	3a 面临环境保护方面合规风险 3b 环境保护方面中波两国存在的法律差异 3c 波兰民主程度高，重视民众意见
4	2011年3月，签证延误的中方专业施工队伍抵达现场	4A 对波兰的签证制度不了解	4a 不熟悉波兰签证法律制度
5	2011年3月，项目初期投资受金融危机影响，波兰市场低迷。随着经济复苏，波兰经济形势好转 中海外和当地原材料供应商发生冲突，原材料供应商联手提高原材料价格	5A 原材料、设备价格开始上涨，沙子价格上涨3倍，设备价格上涨5倍以上 5B 经济复苏，波兰汇率出现波动	5a 经济环境不稳定导致价格波动 5b 经济复苏引起汇率波动

续表

编号	事件描述	合规风险源	范畴化指标
6	2011年5月，中海外因资金短缺，没按规定时间给付分包商工程款	6A 项目完成存在延期风险	6a 分包商和中海外合作不顺利
7	2011年5月，分包商游行示威	7A 当地居民对中国企业产生抵触心理甚至敌对情绪	7a 波兰人抗议中海外
8	2011年5月，中海外提出提高中标价格，签订额外支付205亿欧元的补充协议，被波兰业主拒绝		
9	2011年6月，中海外宣布放弃该工程		

资料来源：根据公开资料整理。

5.2.1.2 华为对美国投资案例

华为投资控股有限公司于 1987 年由任正非和其他四位合伙人在深圳创立，不到 30 年就跻身世界 500 强，如今已经成为中国乃至全球规模领先的 ICT 基础设施和智能终端提供商。近几年，美国针对华为的各种禁令管控不断升级，华为在美国投资并购面临种种考验。通过分析 2007 年华为联合贝恩收购美国 3Com 公司失败、2011 年华为收购 3Leaf 公司失败、2011 年以来华为与 International Data Corporation 公司（简称"ICD"）的法律纠纷以及 2018 年起美国制裁华为事件 4 个典型案例，梳理企业境外面临的合规风险。

美国的主体部分位于北美洲中部，通用语言为英语。受不同文化及思维方式的影响，美国市场呈现出西方思维的特点，且中国企业在美国市场面临较多的政治和国家安全问题，容易诱发境外合规风险。美国 3Com 公司自 1979 年成立以来，致力于为用户提供网络解决方案，受到了全世界的广泛认可和支持。2007 年美国以并购计划威胁国家安全为由，否决了华为

第 5 章 中国企业 OFDI 境外合规风险源识别与评估指标体系构建 | 101

与贝恩资本的并购计划,导致华为并购失败。2010 年 3Leaf 公司面临破产风险,因美国 3Leaf 公司可以生产一种名为 V-8000Virture I/O 服务器,华为想通过收购的方式获得这一高端技术的知识产权,但在美国外资投资委员会(CFIUS)的要求下中止交易,最终并购失败。根据案例整理的所有材料,本书追溯出 4 个案例的关键事件以求全面深刻理解整个案例的来龙去脉,并整理出关键事件年表,如表 5-4 所示。

表 5-4　　　　　　　　　华为赴美投资失败事件梳理

编号	事件描述	合规风险源	范畴化指标
1	2007 年 9 月华为和贝恩联合出资 22 亿美元,以 16.5% 的占比收购美国电信设备制造商 3Com	1A 并购涉及敏感领域——典型行业通信行业 2B 美国认为中国有意渗透电信市场	1a 涉及敏感行业受到严格监管 1b 政府不信任,存在刻板印象
2	2007 年 10 月,8 名美国议员提出议案,认为华为可能通过收购 3Com 公司来窃取美国军事技术,美国共和党议员邓肯·亨特在美国有线新闻网上宣布,"华为参与并购的 3Com 公司,是对美国网络安全心脏的挑战"	2A 华为创始人为中国共产党党员。中国国家安全监测信息的获取使用了华为设备	2a 政府官员持怀疑态度,存在刻板印象
3	美国国会外务委员会委员 Lehtinen 表示,美国政府应该阻止贝恩资本和华为并购 3Com,这笔交易将威胁到美国的国家安全,因此不应该被批准	3A 华为公司获得中国国有银行的优惠政策支持,针对华为与中国政府之间的关系,华为公司没有做出明确解释	3a 美国国会外务委员会委员怀疑公司决策受政府意志影响或控制
4	美国政府以"影响国家安全"为理由迫使华为公司放弃收购计划	4A 若继续并购将违反美国相关法律法规	4a 美国国家安全审查
5	2010 年 2 月华为公司宣布暂时退出联手贝恩资本对 3Com 公司的收购计划,3 月贝恩资本宣布正式中止与 3Com 签署的收购协议	5A 将华为直接从交易候选名单删除	5a 政府的监管干涉

续表

编号	事件描述	合规风险源	范畴化指标
6	2010年5月华为欲出资200万美元收购3Leaf公司针对云计算技术的一系列专利	6A 华为并未向CFIUS提供申报	6a 审查前无作为，对美国国内的决策和当地法律运行机制认知不足
7	2011年2月CFIUS要求华为和3Leaf公司中止交易，华为拒绝，并认为交易应提交总统，以便美国国家安全审查	7A 存在知识产权争端，美国担心华为侵犯美国知识产权	7a 涉及美国相关法律《知识产权法》
8	2011年2月19日华为于总统作出决定之前，主动撤回该并购交易，意味着并购失败		
9	2011年7月IDC对华为的两家子公司提起诉讼，声称华为的3G移动设备产品侵犯了IDC公司的移动专利，并要求华为禁止销售此类设备，12月华为在深圳对ICD公司提起诉讼，称其违反了基本专利许可中的合理、公平、非歧视原则	9A IDC就无线通信专利权提起诉讼	9a 涉及美国专利权相关法律
10	2013年12月华为技术和IDC公司达成和解协议，各自撤回针对对方的法律诉讼		
11	2020年慕尼黑国际会议上，美国行政部门人员及国会高层公开抵制华为	11A 进行国际舆论造势，扩大影响范围	11a 制造矛盾关系
12	2021年10月美国批准《2021年安全设备法》	12A 华为、中国电信和中兴通讯等公司被视为美国国家安全威胁。12B《安全设备法》规定华为等企业需获得新设备许可	12a 中美双边关系紧张 12b 涉及具体法律《2021年安全设备法》

资料来源：根据公开资料整理。

5.2.1.3 中—缅密松大坝项目案例

缅甸伊洛瓦底江密松水电站由中国电力投资集团与缅甸电力部合作开发，总投资 36 亿美元，计划工期 8 年（2009—2017 年）。该电站装机容量达 600 万千瓦，是伊洛瓦底江 7 级梯级电站中规模最大且位置最下游的电站，建成后将成为世界第 15 大水电站。2009 年，中国电力投资集团与缅甸正式签署协议启动建设。然而 2011 年，缅甸吴登盛政府因公众反对叫停了该项目，导致中国投资方蒙受 73 亿元人民币的直接损失。密松水电站事件的详细过程梳理如表 5-5 所示。

表 5-5　　　　　　　　　中—缅密松大坝项目案例梳理

编号	事件描述	合规风险源	范畴化指标
1	2009 年 3 月，签署《关于合作开发缅甸水电资源的框架协议》		
2	2009 年 12 月举行前期工程开工庆典，总工期 8 年，预计 2017 年首台机组发电	2A 密松电站选在非管辖区域，克钦独立军具有绝对话语权，是缅甸军政府不得不承认的"第二特区政府"	2a 涉及多方政治主体易产生法律纠纷
3	2010 年 2 月英国克钦民族组织（KNO）抗议修建大坝	3A 媒体大肆宣传"环境破坏论" 3B 当地居民受佛教文化影响反对修建大坝	3a 面临环境保护相关法律问题 3b 国内民族宗教纠纷
4	2010 年 9 月昂山素季领导的民盟在仰光聚会，要求停止建设密松电站	4A 民盟及地方组织在仰光等多地游行抗议，提出"保卫伊洛瓦底江"，停建水电项目 4B 美国向反恐组织提供资金支持	4a 文化价值观念冲突 4b 外部国家影响
5	2010 年 11 月缅甸首次举行民主大选，开启军政府向民选政府转型	5A 缅甸开始民主化进程	5a 政府具有不稳定性
6	2011 年 6 月缅北地区发生武装冲突，克钦邦北部遭遇空袭	6A 受缅北安全形势和武装冲突影响，项目被迫停工，财务付息和人员维护费以每年 3 亿元的速度递增	6a 内部冲突影响

续表

编号	事件描述	合规风险源	范畴化指标
7	2011年8月缅甸民盟领导人昂山素季发表《伊洛瓦底请愿书》指责这笔交易是前政府同意的，没有考虑公众意见	7A 当地媒体大肆报道，宣称"大坝地震决堤将淹没缅甸""项目建设强迫劳动侵犯人权"等 7B 交易处于政府转型前后两阶段	7a 公众舆论压力 7b 政策具有不稳定性
8	2011年9月缅甸总统吴登盛通知国会搁置兴建伊洛瓦底江密松水电站项目		

资料来源：根据公开资料整理。

5.2.1.4 中国华信能源有限公司行贿案例

中国华信能源有限公司（简称"CEFC"）是我国一家世界500强企业，能源和投资是其主要业务。中华能源基金委员会（简称"EFC NGO"）是由中国华信能源有限公司全资设立的非营利性的非政府组织，何志平担任该组织负责人。2019年3月25日，何志平因涉嫌向非洲国家政府行贿被美国纽约南区联邦地区法院判处有期徒刑3年，并处罚金40万美元。具体事件梳理见表5-6。

表5-6　　　　中国华信能源有限公司行贿案件梳理

编号	事件描述	合规风险源	范畴化指标
1	2014年，中国华信能源有限公司欲将业务拓展至非洲，何志平向乍得总统"捐款"200万美元"作慈善用途"，遭到乍得总统拒绝	1A 存在以"慈善捐款"为幌子行贿东道国以获取商业机会的嫌疑	1a 腐败问题
2	2014年，何志平通过纽约银行转账40多万美元给前外交部长塞内加尔·加迪奥，感谢其帮忙联系乍得总统	2A 通过纽约银行进行汇款，FCPA反贿赂条款的管辖范围包括一切利用美国金融系统、邮递服务、通信手段或者任何洲际商业手段或工具以促进对外国官员行贿的行为	2a 美国长臂管辖权

续表

编号	事件描述	合规风险源	范畴化指标
3	2016年，何志平代表CFFC NGO通过一家设在纽约的银行向乌干达外交部长转账50万美元，以换取并购交易机会和在乌干达的其他商业利益	3A CFFC NOG注册于弗吉尼亚州，属于FCPA下的"美国国内主体"	3a 违反具体法律
4	2017年，何志平在纽约被捕，被控违反美国《反海外腐败法》		

资料来源：根据公开资料整理。

5.2.2 案例分析

5.2.2.1 中海外波兰A2高速公路项目案例分析

本研究报告对波兰A2高速公路项目识别出来的范畴化指标进行分类整理，将含义相近的范畴化指标提炼出具体的境外合规风险，并对相同类型的境外合规风险进行合并：波兰民主程度高，在波兰A2项目中，当地群众和环保组织采取抗议方式反对和抵制中国企业破坏环境的投资行为，波兰政府采取强制的规制措施最大限度地保护民众的需求，保障社会公共利益将给中海外带来合规压力。群众抗议、行业竞争以及政府怀疑等因素都会降低中海外的外部合法性，形成内外部冲突。由此将表5-3中范畴化指标3c波兰民主程度高，重视民众意见、1a舆论负面影响可能加大波方监管力度、6a分包商和中海外合作不顺利归为政治合规风险；将1b行业竞争者排斥中海外、7a波兰人抗议中海外归为社会与法律合规风险。

中海外面临合规问题的一个重要原因是中海外以低价竞标但对波兰经济、金融环境缺乏调研，导致后期资金严重短缺，工程项目延期。波兰当时的经济环境并不稳定，2008年国际金融危机重创全球经济，欧洲市场也难逃厄运，2009年波兰经济增长速度出现明显回落，波兰名义GDP增长速度为-13.48%。愈演愈烈的金融危机也冲击着欧盟金融业，波兰市场汇率也因此出现较大波动。国际资本的第一反应是抛售债券收回资金，致使波兰股市下跌，随着融资套利交易平仓和资金大幅撤离，仅 2009 年前两个月波兰货币就贬值 15%。当项目签订时，波兰的经济仍处于低迷期，原材料等物价水平较低。由于汇率暴跌，波兰采取降低基准利率、注资金融业及推行经济刺激和经济改革计划，还与匈牙利、捷克、罗马尼亚三国央行采取联合口头干预的方式支撑其货币。波兰借助于灵活的汇率促进了出口及国内市场，2010 年波兰的经济、金融环境都有所改善，2011 年波兰实际 GDP 增长了 5.26%。由于经济复苏和 2012 年欧洲杯带来的建筑业热潮，到 2011 年施工期间，波兰国内原材料如沙子、钢材和沥青等均大幅涨价，沙子价格甚至从 2009 年的 8 兹罗提/吨飙升到 2011 年的 20 兹罗提/吨，而项目由于工人签证以及分包商款项延期支付问题，到 2011 年才开工，并没有享受到价格低廉的原材料、人工及设备等。原材料、挖掘设备、人工及汇率成本的骤增，进一步造成中海外企业的资金短缺，增加了日后未能如期完工的境外合规风险。由此将表 5-3 中范畴化因素 5a 经济环境不稳定导致价格波动归为经济合规风险，将范畴化因素 5b 经济复苏引起汇率波动归为金融合规风险。

中海外出现合规问题的另一原因为忽略了对波兰投资环境的调查，没有意识到制度差距带来的境外合规风险。首先，中海外公司在竞标中模糊了"政治"和"商业"的界限，忽略了政治、法律环境的制度差距。中海外公司根据以往在国内和非洲承包项目的经验，企图低价承包，然后根据项目工程具体变化等操作再追加投资，但是这种操作在政府权力小和法律制度完善的国家很难成功。波兰企业运营更为规范，严格按照之前签订的合同执行，并且波兰遵循的欧盟法律体系非常完备，最终导致中海外提高标价的要求被拒。另外，中海外未提前调查波兰环保要求，由于波兰对环保的规定更为严格，项目成本被迫增加，但最初工程计算成本并未包括环境方面的投入，进一步加大了中海外的境外合规风险。其次，中海外未重视两国文化、语言差距可能带来的境外合规风险，这主要表现在合同签订和项目合作实施方面。合同签订中以波兰语为主，中海外翻译合同不仔细，存在语言理解偏差，而且并未对合同进行仔细研究和计算，中方对波方在合同中删除关于仲裁纠纷的条款及添加"所有纠纷由波兰法院审理，不能仲裁"的条款并未引起重视。为了节约成本，轻视现场翻译工作，导致企业与业主、分包商和工程师的沟通存在障碍，延缓了工程进度。因此，将表5-3中范畴化指标1c过度依赖以往中国经验竞标，忽略中波法律环境差距；2c中波合作沟通受到文化、工作理念等的差异影响；3b环境保护方面中波两国存在的法律差异；2a波兰企业运营更加规范，进一步归为对华关系合规风险。

由于中海外不熟悉波兰签证制度导致中国工人无法按期到达施工现场；企业在进行项目施工过程中遇到珍稀动物保护等环保问题，如果投资活动引发环境问题，将面临环境侵权诉讼风险和环境刑事诉讼风险，很有可能会被诉至波兰仲裁庭或者当地法院，长期陷入官司中无法脱身导致投资失败。因此将范畴化因素2b东道国法律法规体系完善严密、3a面临环境保护方面合规风险归结为环境资源合规风险；将4a不熟悉波兰签证法律制度归于社会与法律合规风险。最终通过案例识别的合规风险结果如表5-7所示。

表5-7　　　　　中海外波兰A2高速公路项目合规风险

一级指标	范畴化指标	合规风险因素
政治合规风险	1a 舆论负面影响可能加大波方监管力度 3c 波兰民主程度高，重视民众意见 6a 分包商和中海外合作不顺利	骚乱事件 民间组织权力大 产生冲突
经济合规风险	5a 经济环境不稳定导致价格波动	东道国经济增长风险
金融合规风险	5b 经济复苏引起汇率波动	汇率波动 人民币升值 当地币贬值
社会与法律合规风险	1b 行业竞争者排斥中海外 4a 不熟悉波兰签证法律制度 7a 波兰人抗议中海外	劳资冲突 东道国签证政策 与当地社会关系处理不当

续表

一级指标	范畴化指标	合规风险因素
对华关系 合规风险	1c 过度依赖以往中国经验竞标，忽略中波法律环境差距 2a 波兰企业运营更加规范 2c 中波合作沟通受到文化、工作理念等的差异影响 3b 环境保护方面中波两国存在的法律差异	法律环境距离 文化距离 语言障碍导致合同、沟通问题
环境资源 合规风险	2b 东道国法律法规体系完善严密 3a 面临环境保护方面合规风险	中方环保意识薄弱 东道国环保政策

资料来源：根据公开资料整理。

5.2.2.2 华为对美国投资案例分析

正如对中海外波兰 A2 公路项目进行译码分析一样，本书对中国华为公司并购美国 3Com 公司、美国 3Leaf 公司失败、与美国 ICD 的法律纠纷以及 2018 年起华为被制裁事件 4 个案例进行开放性译码分析。将范畴化指标进一步总结出境外合规风险，并在此基础上对合规风险因素进行分类得到境外合规风险的一级指标。

华为在美国投资失败面临的主要境外合规风险是由美国对华关系因素引起的，其中主要包括美国国家安全审查、政府官员态度、两国关系等。华为并购的企业 3Com 和 3Leaf 均为涉及美国敏感技术的通信设备企业，因此华为面临着美国严格的国家安全审查，而美国一直试图通过政策执法直接打压目标，CFIUS 的审查原本着重于模糊定义"国家安全"，并未直接对中国企业予以限制，但在《外国投资风险评估现代化法案》（简称"FIRRMA"）中却与"豁免国家"澳大利亚、加拿大及英国相对，将中国、俄罗斯列为"特别关注国家"。美国政府在 FIRRMA 颁布后出台的《国家安全和个人数据保护法案》中明确将特别关注国家定义为：中华人民共和国、俄罗斯和由美国国务院所认定的在保护数据隐私和安全方面值得关注的国家。这意味着只要是具有中国资本背景的企业都要受到美国国家安全的审查,从而大大增加了企业并购过程中的境外合规风险。美国政府及委员会对华为一直采取怀疑态度,怀疑华为受到中国政府的经济帮助从而受中国政府意志影响或控制。2011 年 11 月美国众议院情报委员会对华为展开调查,发布报告中虽然没有确切的证据,但仍坚持声称华为产品对美国国家安全存在风险故展开严格调查,极大地降低了华为公司的外部合法性水平。多家公司为避免严格审查从而拒绝了与华为合作,如美国国会要求对华为与美国移动运营商 AT&T 的合作展开调查,随后 AT&T 宣布放弃与华为合作,不再在美国售卖华为智能手机。为了阻挠华为并购的进行,政府直接出面予以制止,若华为继续进行收购事项,则会直接触犯相关法律法规受到制裁,因此华为只能被迫终止交易,这也是我国企业境外经营过程中"被动违规"案例的典型代表。美国为打击我国 5G 技术的发展,将矛头对准华为,揣测中国政府操纵华为公司实体。2021 年 11 月拜登签署《安全设备法》全面禁止华为、中兴设备进入美国;2022 年又增加 56 亿美元的财政拨款,以全面填补因清除华为、中兴等中国企业通信设备而导致的通信漏洞。美国将经济问题"政治化",通过出台法律政策为制裁行为提供"合理"工具,因此华为企业面临美国国家安全合规风险的问题不能简单地归咎为法律因素,而应归因于政治因素。由此将表 5-4 中范畴化指标 2a 政府官员持怀疑态度,存在刻板印象、3a 美国国会外务委员会委员怀疑公司决策受政府意志影响或控制、4a 美国国家安全审查、11a 制造矛盾关系;12a 中美双边关系紧张归为对华关系合规风险;将 1b 政府不信任,存在刻板印象、5a 政府的监管干涉归为政治合规风险。

华为虽然在合规经营方面做出努力,但由于涉及敏感行业且对东道国的法律法规、审批程序的不熟悉也极易面临由法律因素引起的合规风险,主要包括监管严格的法律环境、与时俱进的法律制度、具体法律法规等。3Com 是美国电信基础设施中广泛使用的产品的供应商,并已与美国军方签署了软件开发协议,3Leaf 设计美国网络技术。这意味着华为将受到美国更加严格的监管,电信产业同时是高新技术产业,相关产品日新月异,国家政策法律也会随之改变,从而增加了华为企业投资的境外合规风险。通过梳理华为投资案例发现,投资过程中面临的具体法律法规主要涉及知识产权、专利权等方面。因此,将表 5-4 中范畴化指标 1a 涉及敏感行业受到严格监管、7a 涉及美国相关法律《知识产权法》、9a 涉及美国专利权相关法律、12b 涉及具体法律《2021 年安全设备法》归为社会与法律合规风险。

对华关系合规风险体现在法律差异因素和文化差异因素两个方面。其中法律差异因素体现在华为在收购 3Leaf 企业时,认为企业不会受到美国 CFIUS 机构的审查,所以并没有向 CFIUS 机构提前申报,错失了交流沟通的机会,使得华为在调查中面临被动局面。因为我国不存在这样的程序,所以在调查前的非正式磋商过程对于我国企业较为陌生,调查前的不作为使得华为企业形象在美国大打折扣,面临较大的合规风险。文化差异所引起的合规风险体现在人们对规范有着不同的侧重,我国跨国企业受国内价值观的影响,通常以道德标准作为首要考虑因素,其次才是法律条例。在跨国企业投资过程中,美国企业通常将商业行为的法律条例作为首要因素,善于运用法律保护自身利益并解决双方的分歧和争端。通信业的竞争日益激烈,对于行业标准的规范化实施尤为重要,正因为华为企业在专利保护上具有主动性,才能在 IDC 公司就专利侵权问题提起诉讼时做出有力反击,达成和解协议,有效规避了合规风险。因此将表 5-4 中范畴化指标 6a 审查前无作为,对美国国内的决策和当地法律运行机制认知不足归为对华关系合规风险。最终通过案例识别的合规风险如表 5-8 所示。

表 5-8　　　　　　　　华为赴美投资失败合规风险

一级指标	范畴化指标	合规风险因素
政治合规风险	1b 政府不信任,存在刻板印象 5a 政府的监管干涉	东道国政府持不信任态度 东道国加大安全审查力度
社会与法律 合规风险	1a 涉及敏感行业受到严格监管 7a 涉及美国相关法律《知识产权法》 9a 涉及美国专利权相关法律 12b 涉及具体法律《2021 年安全设备法》	企业涉及敏感行业 东道国知识产权法 东道国专利权法 东道国安全设备法

续表

一级指标	范畴化指标	合规风险因素
对华关系合规风险	2a 政府官员持怀疑态度，存在刻板印象 3a 美国国会外务委员会委员怀疑企业决策受政府意志影响或控制 4a 美国国家安全审查 6a 审查前无作为，对美国国内的决策和当地法律运行机制认知不足 11a 制造矛盾关系	东道国政府对企业存刻板印象 东道国政府官员怀疑企业有政府背景 国家安全审查严格 制度距离、文化距离 母国和东道国关系紧张

资料来源：根据公开资料整理。

5.2.2.3 中—缅密松大坝项目案例分析

中电投企业投资缅甸建设密松水电站过程中面临的合规风险体现在由缅甸国内以及国际政治因素引起的"被动违规"风险。缅甸国内的政治情形非常复杂，并且政治环境不稳定。克钦地区被赋予"第二政府"的权力，对外直接投资企业势必会面临法律政策之间的认可度以及变动问题，极大地增加了中国企业的违规风险。在中美战略博弈背景下，密松水电站的建设还受到西方政治力量的影响。美国有意识推动缅甸民主化进程，并通过利用媒体散播负面消息和提供小额资金支持反华分子，阻挠中国建设密松水电站。缅甸政府与中国合作面临政治压力，缅甸政府决策往往会受到西方国家和民间社会的影响。政府态度立场的变化会对中国在缅甸投资企业带来巨大风险。另外，公众舆论作为一种社会力量能够形成政治体系的外部压力，从而迫使政府改变对公共项目的决策或者通过颁布相关法律进行限制。缅甸是以佛教为主的国家，缅甸的佛教僧侣不仅是传统意义上的宗教人士，还是具有广泛政治影响力的社会团体成员。一些佛教信徒经常使用极端的方法，不公平对待、边缘化和压迫非缅甸居民和非佛教信徒。在中电投建设施工过程中因宗教信仰差异经常产生纠纷，增加了当地民众的抵制情绪。缅甸民众认为密松水电站建成后将严重毁损该民族的传统和生活方式、破坏密松的自然景观以及威胁到当地的就业。缅甸时任总统吴登盛强调，目前的缅甸政府是民选政府，因此必须注意人民的意愿。当地民众抵制的态度以及缅甸政府对民众担心问题的考量将导致中电投建设密松水电站过程中受到有关缅甸民主、环保和劳工保护方面的严格监管及限制，面临较大的境外合规风险。因此，将表5-5中范畴化指标2a涉及多方政治主体易产生法律纠纷、4b外部国家影响、5a政府具有不稳定性、7b政策具有不稳定性归为政治合规风险；将3b国内民族宗教纠纷、6a内部冲突影响归为社会与法律合规风险；将3a面临环境保护相关法律问题归为环境资源合规风险。

缅甸人民的政治意识和文化观念非常复杂和多样，缅甸和中国在经济发展价值观方面存在很大差异，这直接影响着中国对缅甸投资的合法性基础。我国坚持"发展是执政兴国的第一要务，以经济建设为中心，不断提高人民的生活水平"，然而缅甸民众受佛教"出世"思想影响很深，认为应该舍弃世俗、情感、财产、权力和自我，追求与世无争、淡泊名利的思想，因此对中国的经济发展理念和中国的企业文化缺乏认同度，加之缅甸私营媒体如《十一新闻》制造矛盾，大肆宣扬"项目对当地文化遗产、居民生计和人身安全产生负面影响"，扩大密松电站的负面报道。部分非政府组织（NGO）、国际非政府组织（INGO）和社区组织（CBD）也公开宣传密松大坝负面消息；本地的环保组织散发抵制项目建设的传单，使中国企业在当地合法性较低。舆论对密松水电站上述可能产生的负面影响的发酵使得中国企业在缅甸的投资经营活动面临文化保护、劳动保护以及环境保护等方面的合规风险。因此，将表5-5中范畴化指标4a文化价值观念冲突、7a公众舆论压力归为对华关系合规风险。最终通过案例识别的合规风险如表5-9所示。

表5-9　　　　　　　　中—缅密松大坝项目合规风险

一级指标	范畴化指标	合规风险因素
政治合规风险	2a 涉及多方政治主体易产生法律纠纷	东道国具有多方政治主体
	4b 外部国家影响	外部冲突
	5a 政府具有不稳定性	东道国政府不稳定
	7b 政策具有不稳定性	东道国政策不稳定

续表

一级指标	范畴化指标	合规风险因素
社会与法律合规风险	3b 国内民族宗教纠纷	民族宗教纠纷
	6a 内部冲突影响	社会不稳定
对华关系合规风险	4a 文化价值观念冲突	文化距离
	7a 公众舆论压力	法律距离
环境资源合规风险	3a 面临环境保护相关法律问题	东道国环境政策

资料来源：根据公开资料整理。

5.2.2.4 中国华信能源有限公司行贿案例分析

中国华信能源有限公司行贿案中的境外合规风险主要是受美国"长臂管辖权"的域外滥用情况的影响。从 20 世纪后期开始，美国无视国家法中管辖权的一般原则，践踏他国的司法管辖主权，在司法实践中滥用"长臂管辖权"，最大化自身利益。近年来，美国将战略重心从宏观层面的中国"经济规模、军事实力和国际声誉"转向微观层面的"中国重点企业和机构"，并利用其"长臂管辖权"恶意打压中国企业，华为、中兴和中远海运都面临较高的境外合规风险。在中国华信能源有限公司行贿案中，美国以何志平在美国纽约银行转账为由行使"长臂管辖权"。因此，将表 5 - 6 中 1a、2a 归为政治合规风险。中国华信能源有限公司行贿案中涉及法律因素引起的境外合规风险主要来源于 1977 年美国国会通过的《反海外腐败法》。根据美国《反海外腐败法》的相关规定，美国对在美国领土内从事行贿行为的外国公司和个人适用地域管辖。司法部对地域管辖条款的适用范围进行了扩大解释，外国公司和个人无论直接还是通过其代理人促进贿赂款项的支付行为在美国境内发生，不管是否使用美国邮政或者其他洲际商业的手段，都要受到美国司法的管辖。因此，将表 5 - 6 中 3a 归为社会与法律合规风险。最后，通过案件识别的境外合规风险如表 5 - 10 所示。

表 5 - 10　　　　　　中国华信有限公司行贿案合规风险

一级指标	范畴化指标	合规风险因素
政治合规风险	1a 腐败问题	腐败
	2a 美国长臂管辖权	外部国家影响

续表

一级指标	范畴化指标	合规风险因素
社会与法律合规风险	3a 违反具体法律	《反海外腐败法》

资料来源：作者根据公开资料整理。

5.2.3　中国企业 OFDI 境外合规风险源清单

通过对上述四个典型案例编码分析识别出来的合规风险因素进行分类整理，对含义相近的合规风险统一表述，对同一类型的合规风险进行合并，最终得出通过案例识别的合规风险结果如表 5-11 所示。

表 5-11　基于案例分析的中国企业 OFDI 境外合规风险因素清单

境外合规风险	合规风险因素	二级指标
政治合规风险	东道国政府不稳定、东道国具有多方政治主体、东道国政策不稳定、骚乱事件、东道国政府持不信任态度、东道国政府对企业存在刻板印象、与第三方国家的外部冲突、腐败问题、民间组织权力大	政治稳定性 政府有效性 内部冲突 外部冲突 腐败 民主问责
经济合规风险	物价水平变动 东道国经济增长 经济环境稳定性	通货膨胀率 实际 GDP 增长率 预算平衡 人均 GDP 偿债能力
金融合规风险	东道国债务状况 汇率波动 金融环境稳定	外债总额占 GDP 比重 贸易自由度 投资自由度 汇率稳定性

续表

境外合规风险	合规风险因素	二级指标
社会与法律合规风险	民族宗教纠纷、劳资冲突、东道国签证政策、东道国知识产权法、东道国专利权法、东道国安全设备法、《反海外腐败法》等实施情况秩序与安全因素、法律环境稳定性	宗教局势 民族关系 劳动自由 产权保护 法律与秩序
对华关系合规风险	法律环境距离、国家安全审查严格、文化距离、语言障碍导致合同、沟通问题、母国和东道国关系紧张	双边制度距离 国家安全投资审查 双边文化距离 双边政治关系
环境资源合规风险	东道国环保政策 面临环境保护相关法律问题 中方环保意识薄弱	环境政策

资料来源：作者整理。

5.2.4 中国企业OFDI境外合规风险源进一步识别

考虑到企业的违规行为多是企业的机密，为了能够尽可能全面得出中国企业OFDI境外合规风险因素，本书在案例分析的基础上，采用结构式访谈进行补充完善。将文献库和案例库进行汇总整合，形成中国企业OFDI境外合规风险因素的基础信息数据库，将整合后基础信息数据送长期从事企业对外投资工作的3位业界专家和长期从事该领域研究有较大学术影响力的3位学界专家征求意见，并通过当面访谈的方式对这6位专家进行结构式访谈，在承诺不泄露任何企业机密和个人信息的前提下，将结构式访谈的结果用于补充优化案例分析和文献研究整合的信息数据库。通过结构式访谈收集、了解到的合规风险因素如表5-12所示。

表 5-12　　　　　　　　　结构式访谈专家意见汇总

专家		从事企业对外投资管理或研究的经验	访谈结果
业界专家	周某某	29 年	建议加入反映东道国的税收负担、教育和研发政策等指标
	崔某某	23 年	建议加入反映东道国合同风险、利润返还和付款延迟等方面的指标
	王某某	19 年	建议加入反映东道国失业状况、贫困程度、消费者信心等基本社会经济状况的指标
学界专家	王某某	35 年	建议加入反映对华投资限制的指标、双边签订 RTA 和 BIT 的指标
	孙某某	28 年	建议加入反映东道国环境资源的一些具体指标，如 CO_2 排放量、废水处理等
	王某某	22 年	建议加入反映东道国商业管制、双边贸易与投资关系的指标

资料来源：根据结构式访谈整理。

基于前述案例分析和结构式访谈专家意见，本书认为中国企业 OFDI 境外合规风险源大体包括政治合规风险、经济合规风险、金融合规风险、社会与法律合规风险、对华关系合规风险、环境资源合规风险 6 个维度。

5.3　中国企业 OFDI 境外合规风险评估指标体系构建

本部分在中国企业 OFDI 境外合规风险源识别的基础上，进一步梳理国内外各级风险评级结构和相关文献资料对风险评估的相关研究，对境外合规风险源涉及的各个维度进一步细化，选取相应二级指标系统构建中国企业 OFDI 境外合规风险评估指标体系。

5.3.1 各评级机构对国别风险的评估研究

国别风险评估在国际投资决策中扮演着关键角色,各评级机构和组织通过不同的方法对国家的风险进行评估。本节简要综述了中国社会科学院、国际国家风险指南(ICRG)、透明国际(TI)、标准普尔(S&P)、穆迪(Moody's)、惠誉(Fitch Ratings)、欧洲货币(Euromoney)和机构投资者(Institutional Investor)的对国别风险的评估方法,揭示了各方法的特点与应用。

中国社会科学院的《中国海外投资国家风险评级报告》,从中国企业和主权财富的海外投资视角出发,提供了一个综合性的国别风险评估框架(中国社会科学院,2023)。该报告从政治、经济、社会弹性、偿债能力和对华关系五个维度进行风险评估,其所选取的分项指标主要来源于ICRG、EFW等不同评估指标体系中的分项指标,涵盖了政治稳定性、经济增长、社会稳定、法律环境及知识产权保护等因素。通过对这些因素的综合评分,该报告为中国企业的海外投资决策提供了详细的风险评估参考。这套体系也是每年发布的以中国海外投资企业为主体对中国对外直接投资东道国风险因素进行系统全面评估的首套体系。

国际国家风险指南(International Country Risk Guide,ICRG)采用了综合性的评分方法,每月将与政治、经济和金融风险有关的多个分项指标数据编辑起来,计算出相应维度的风险指数和综合风险指数,它囊括了140多个国家的风险评估和预测分析数据。ICRG评估的主要领域包括政治稳定性、政府效率、经济增长率、通货膨胀、外汇储备以及国债水平等(PRS Group,2023)。通过评估计算这些因素的风险点,加权评分得出最终结果。ICRG为国家分配风险等级,提供了一个全面的风险分析框架,也是迄今为止国际公认的较为权威的一套国别风险评估体系,同时也被认为是"其他评级可以参考的标准",因此经常可以看到其各个维度的分项指标被纳入其他各种风险评估指标体系中。

透明国际(Transparency International,TI)主要通过每年公布的《全

球腐败指数》（Corruption Perceptions Index，CPI）来评估国别风险。TI 的评估方法以国家腐败程度为核心，利用专家评估和企业界的反馈来打分。该指数反映了对公共部门腐败的感知，其评分范围从 0（极度腐败）到 100（无腐败）。TI 的方法强调透明度和反腐败的重要性，对跨国投资者了解目标国的腐败风险尤为重要（Transparency International，2023）。

标准普尔（Standard & Poor's，S&P）主要通过主权信用评级来评估国别风险。S&P 的评级方法涉及经济状况、政治稳定性、市场开放性及外部环境等因素（S&P Global Ratings，2023）。经济实力如 GDP 增长、财政状况、债务水平以及政治环境的稳定性都是重要的评估指标。S&P 通过对这些因素的综合分析，给出从 AAA（最高等级）到 D（违约）的信用评级。

穆迪（Moody's）同样通过主权信用评级评估国别风险，其评价方法包括经济实力、财政状况、政治环境和外部债务等（Moody's Investors Service，2023）。穆迪特别关注经济增长、产业多样性、财政收入和支出以及债务偿还能力。其评级系统涵盖从 AAA（最高信用等级）到 C（最低信用等级）的范围，通过对宏观经济数据、政府政策及外部环境的综合分析，为国家评定信用等级。

惠誉（Fitch Ratings）的国别风险评估方法也基于主权信用评级，其评估体系包含经济发展水平、财政和债务管理、政治风险及外部经济环境等因素（Fitch Ratings，2023）。惠誉关注 GDP、财政赤字、债务水平以及外汇储备等关键指标，并通过综合评分为国家分配信用评级，评级从 AAA 到 D 不等。

欧洲货币（Euromoney）提供了《国家信用评级》（Country Credit Ratings）来评估国家风险。Euromoney 的评估方法侧重于经济和金融稳定性，包括国家的财政政策、货币政策、经济增长、外债负担以及金融市场的稳定性（Euromoney，2023）。其评级体系结合了专家意见和经济数据，通过对国家经济及金融环境的综合分析，为国家分配信用等级。

机构投资者（Institutional Investor）则通过《主权风险评级》（Sovereign Risk Ratings）对国家进行评估。机构投资者的评级方法考虑了国家的经济基本面、财政政策、政治风险及国际金融环境等方面（Institutional Investor，2023）。其评估过程包括对经济增长、财政赤字、外债水平、政治稳定性等因素的深入分析，并通过对这些因素的综合评分，为国家分配风险等级。

综上所述，各评级机构和组织在国别风险评估中采用了不同的方法和指标体系。透明国际侧重于腐败风险，ICRG结合政治、经济和金融指标，S&P、穆迪和惠誉则通过主权信用评级来评估风险。中国社会科学院提供了更为综合的聚集中国海外投资企业的风险评估视角，而Euromoney和机构投资者则强调经济和金融稳定性。了解这些评估方法的差异，有助于海外投资企业根据自身需求选择最合适的工具进行国别风险评估，以支持其国际市场进入方式选择和国际投资决策。虽然上述机构的评级方法已经比较成熟，但对中国企业OFDI境外合规风险的评估而言缺乏针对性，无法直接应用的原因是多方面的。首先，现有方法忽视了合规风险与国别风险的区别，大多混合了合规风险与国别风险的评估。企业OFDI合规风险关注的是企业在选择进入国际市场方式的决策过程中，对基于OFDI动机的拟投资行业的法律法规和行业标准方面合规情况的考量和东道国对华投资限制等情况，而并非像国别风险一样更多地强调国家层面的经济、政治和社会等基础营商环境因素。两者虽然相关但应有侧重点，以便更准确地识别和管理特定的合规风险。其次，现有的评估方法往往未专门聚焦于我国海外投资企业的特殊需求。大多数评估模型和数据源通常是以普遍适用的标准为基础，并未考虑中国企业在国际化过程中面临的特定挑战和风险，例如，中国所面临的东道国特有的投资政策、国际形象和外交关系等。虽然中国社会科学院的《中国海外投资国家风险评级报告》是针对中国海外投资企业的国别风险评估，但其指标体系中缺乏针对OFDI的分项指标，其四十多项分项指标中与OFDI及投资动机直接相关联的指标仅包括社会弹性维度下的其他投资风险、对华关系维度下的是否签订BIT、投资受阻程度和投资依存度四项，不足总指标数目的十分之一，仍是以经济基础、政治稳定和社会弹性等基础营商环境为主导。其分项指标计算所采用的离差标准化方法中适宜值的选取大多仍以经济指标的最值为准，且五大要素采用了相同的权重，并未侧重于 OFDI 的相关因素，这就导致其风险评估结果中发达国家占有绝对优势，未能识别出我国"走出去"战略激励的"一带一路"国家和东盟各国风险异质性。最后，现有的风险评估方法未能充分考虑环境因素和可持续发展问题。环境问题日益凸显的背景下，资源寻求型 OFDI 占很大比重，自然资源的开发利用必然导致环境污染问题，因此环境风险和可持续性已经成为东道国决定是否允许外资进入的重要参照。例如，企业在寻求稀缺资源的过程中可能面临环境法规的变化、生态破坏的法律责任以及对本地社区的环境影响、与当地法律和政策的不一致、资源开采权的争夺以及其他环保挑战。这些环境因素不仅影响企业的合规状况，还可能对企业的长期声誉和可持续性产生深远影响。因此，现有方法需要进一步整合环境因素和可持续发展考量，以提供更加全面的风险评估。

5.3.2 合规风险评估指标选取原则

在进行中国企业 OFDI 境外合规风险评价前，指标的选取至关重要。为了确保评估结果的准确性和有效性，必须遵循科学性、合理性、数据可得性和可信性这四项原则。以下从这四个角度对指标选取原则进行详细分析。

5.3.2.1 科学性原则

科学性是评估指标选取的核心原则，旨在确保指标的设计和应用建立在科学理论和实证数据的基础上。指标应基于国际公认的理论框架和模型，如风险管理理论、合规管理理论和国际业务理论。通过理论支持，可以确保评估框架的逻辑性和系统性。指标的选取应基于经过验证的实证数据，能够反映实际的风险状况。例如，经济风险可以通过 GDP 增长率、通货膨胀率等经济指标来量化，政治风险可以通过政治稳定性指数等来测量。以政治合规风险维度指标中政府稳定性和腐败两个分项指标为例，这两个分项指标在世界银行的世界治理指数（Worldwide Governance Indicators，WGI）数据库和 ICRG 指标体系中都存在类似指标。ICRG 是聚焦风险评估以风险点量化的数值，而 WGI 则主要以排序和标准差度量，更偏重于制度因素，因此在文中选用了 ICRG 的分项指标。

5.3.2.2 合理性原则

合理性原则强调指标的选择应符合实际情况，适应目标国家的具体环境，并与中国企业 OFDI 的实际需求相匹配。首先，指标应根据中国企业 OFDI 投资东道国的普遍特点和合规风险环境进行选择。例如，东道国的经济基础和政治稳定始终是企业选择 OFDI 目的国的前提考量因素，这涉及企业持续获利和资产安全问题，因此相关综合维度和细分维度应纳入对应指标。其次，选择的指标需与中国企业的投资动机和业务模式相匹配。例如，对于资源寻求型的投资，资源获取难度和环境保护法规应作为重点指标。最后，指标体系应具备一定的灵活性，以适应进入不同国家和地区的特定合规风险。例如，所选取的指标应该能够对中国企业 OFDI 所有东道国总体作出评估，同时也能在今后研究中针对某区域（如"一带一路"共建国家、东盟国家等）或某特定国家及国家组（如金砖国家、新兴经济体、美国等）的实际情况调整指标的权重和评估标准。

5.3.2.3 数据可得性原则

数据可得性原则确保选取的指标有足够的、可获取的数据支持，以保证评估的可操作性和可靠性。首先，指标所需的数据应来自可靠的、权威的来源，如国际评级机构、政府统计数据、行业报告和专家评估等。这些数据源需具有广泛的覆盖面和较高的准确性，本书中政治、经济、社会和法律等维度的指标主要是以目前较为权威的国家风险评测机构 ICRG 的多个分项指标为基础构建的。其次，保证数据的更新性。数据应保持实时性和更新性，以反映当前和未来可能的风险状况。例如，经济数据和政治事件的变化应能够及时反映在评估中。最后，数据完整性也至关重要。选择的指标应能够获得完整的数据，避免因数据缺失或不完整影响评估结果的准确性。

5.3.2.4 可信性原则

可信性原则确保指标体系和评估结果的公信力和权威性，以增强评估结果的有效性和接受度。首先，指标体系的设计和应用过程应具有透明性，使得评估过程和结果能够被外部审查和验证。评估方法的公开和解释有助于增强其可信度。其次，指标的选取和应用应保持一致性，避免因方法不一致导致的结果偏差。应使用标准化的评价方法和评估标准，以保证结果的可比性。因此，本书中拟采用标准、常规的几种评级指标体系的测度方法，然后取各种测度结果划分风险等级的均值以保证综合评估结果的可靠性。最后，确保反复验证和评估。评估结果应经过专家评审和验证，以确保其准确性和合理性。例如，可以通过案例分析和历史数据回溯验证指标的有效性。

综上所述，在中国企业OFDI境外合规风险评估中，指标的选取必须遵循科学性、合理性、数据可得性和可信性原则。科学性确保评估框架的理论支持和数据依据；合理性确保指标的实际适用性和针对性；数据可得性确保评估的可操作性和准确性；可信性则保证评估结果的公信力和权威性。只有综合考虑这些原则，才能构建出一个全面、可靠的合规风险评估体系，为中国企业在海外投资中的决策提供坚实的基础。

5.3.3 合规风险评估指标设计

随着全球不确定因素持续增加、全球投资环境日益复杂和国际政治经济形势日趋复杂，中国企业积极实施"走出去"战略，拓展海外市场，实现国际化经营面临新的挑战。中国企业在海外OFDI时面临诸多合规风险。这些风险包含了市场风险和非市场风险，不仅影响企业的运营和财务状况，还对企业的声誉和长期可持续发展产生深远影响。在全球追求可持续发展的背景下，企业的环境、社会和治理（ESG）成为衡量其可持续发展能力的重要标准。各国政府和国际组织不断加强对企业环保、社会责任和治理结构的监管力度，旨在推动全球经济的绿色转型和可持续发展，同时对外资进入也会形成一定程度的限制。中国企业在"走出去"的过程中，不仅要遵守东道国的法律法规，还需要符合国际通行的ESG标准，承担更多的社会责任和环境责任。这就要求企业在投资决策和运营管理中，全面考虑合规风险,并建立健全的合规管理体系。当前,中国对外开放进入高质量发展阶段,高质量对外直接投资对东道国投资风险防范提出了更高的要求,需要建立一整套全面、系统、客观和综合的企业 OFDI 合规风险评估指标体系。为了使构建的中国企业 OFDI 境外合规风险指标体系更符合企业风险管理、公司治理与合规、对外直接投资动机理论和可持续发展理论等基本理论,本书对中国企业 OFDI 境外合规分析案例深入剖析和风险源识别,借鉴国际风险评级指标体系构建实践经验,体现中国企业高质量OFDI 的基本要求,同时,遵循指标体系构建的科学性、合理性、数据可得性和可信性等基本原则,本书从境外合规风险源的视角切入,选择政治合规风险、社会与法律合规风险、经济合规风险、金融合规风险、对华关系合规风险、环境资源合规风险 6 个维度,构建中国企业 OFDI 境外合规风险指标体系。

5.3.3.1 政治合规风险

政治合规风险是指企业在进入东道国或在东道国跨国经营中,因东道国的政治力量发展改变或发生重大政治事件等而面临的由于政治因素导致的合规风险。中国企业在进行 OFDI 时,政治合规风险是一个相对重要的维度。这些风险可能源自政治稳定性、政府更迭、政府有效性和监管质量等方面。政治动荡、政权更迭或军事冲突等事件会对企业的运营环境造成重大影响,导致企业需要应对突发的政治风险。政权更迭可能导致政策急剧变化,尤其是当新政府与前任政府的政策取向存在显著差异时。比如,一些国家新政府上台后可能重新审视和修改前政府批准的外资项目,这给企业运营带来不确定性。外部冲突对企业的人员和资产安全构成严重威胁,可能导致企业中断运营甚至撤离。腐败行为在一些国家较为普遍,企业在运营过程中可能面临政府官员索贿的情况。企业所在东道国的政府有效性和监管质量也是政治合规的重要组成部分。良好的政府有效性和较高的监管质量有助于企业应对政治变动和政策变化,而不良的政府关系可能导致企业在政策执行中的不公平对待。对于中国企业海外投资来说,东道国政治状况是否稳定、政府治理效率和质量的高低都直接影响中国企业海外投资的安全与绩效。政治合规风险影响企业进入和退出东道国市场的难易程度。政治稳定的国家通常具有明确的市场准入和退出规定，有利于企业制定和执行投资策略。相反，政治不稳定或政策多变的国家，企业面临更高的不确定性，可能需要承担更高的合规成本和市场退出风险。同时，一国政治变化是一个持续的过程，因此中国OFDI企业应建立有效的持续风险监控和预警系统，追踪东道国及其亲密国的政治形势变化，尽早发现政治风险前兆，及时采取有效防范风险的措施，避免更大损失。

目前较为权威的政治风险指标是ICRG发布的政治风险指数及其分项指数，因此，本书充分参考了该指标库，选择对中国企业OFDI境外合规风险有较大影响且相互独立的指标，具体包括政府稳定性、外部冲突、腐败、军事政治、民主问责和官僚质量6个二级指标。同时，为了保证充分衡量政治合规风险，增加了WGI数据库中政府有效性和监管质量的2个分项指标，政府有效性和监管质量的高低在一定程度上反映了东道国的监管机构在实施和执行法规时的效率和能力，这会影响到企业的合规成本和运营风险。政治合规风险维度的分项指标都是正向指标，各项数值越高，表示中国OFDI企业进入东道国面临的政治合规风险越低，具体分项指标如表5-13所示。

表5-13　　　　　　　　政治合规风险子指标

政治合规风险子指标	取值范围	指标方向	数据来源
政府稳定性	0—12	正向	ICRG
外部冲突	0—12	正向	ICRG
腐败	0—6	正向	ICRG
军事政治	0—6	正向	ICRG
民主问责	0—6	正向	ICRG
官僚质量	0—4	正向	ICRG
政府有效性	-2.5—2.5	正向	WGI
监管质量	-2.5—2.5	正向	WGI

注：ICRG为PRS集团International Country Risk Guide，WGI为世界银行Worldwide Governance Indicators。

5.3.3.2 社会与法律合规风险

社会与法律合规风险是指中国企业在进行海外直接投资（OFDI）时，由于东道国的社会和法律环境的变化或不确定性，可能对企业的投资决策、运营活动和财务状况产生不利影响的风险。这种风险涉及东道国的社会条件（如社会稳定性、社会冲突等）和法律体系（如法律法规的透明度、公正性及执行力度），包括对社会规范、法律要求和司法制度的遵守。社会与法律合规风险要求企业在东道国运营时，必须严格遵循当地的法律法规和社会规范，以确保其经营活动的合法性和合规性。社会与法律合规风险涉及企业在东道国必须遵守的社会规范和法律法规，包括但不限于劳动法、知识产权法和反垄断法等。企业需要适应当地的法律环境，避免因法律不合规而导致的罚款和诉讼，同时也要履行社会责任，维护良好的社区关系。如果企业在履行社会责任方面表现不佳，可能会引发公众的不满和抗议，甚至影响企业的运营。中国跨国企业在进入东道国时，社会与法律合规风险是一个复杂且关键的维度。良好的社会环境和社会保障可以给外资企业创造一个良好的投资和发展环境。东道国的法律体系可能与中国存在显著差异，企业需要适应并遵守当地的法律法规。违反当地法律法规不仅会导致罚款和诉讼，还可能影响企业的声誉。同时，东道国的劳工法律法规可能规定了最低工资标准、工时限制和劳动条件等，企业需要确保在这些方面的合规性。其重要性体现在：第一，确保合法经营。社会与法律合规风险直接影响企业在东道国的合法经营能力。法律环境的复杂性和不确定性可能导致企业面临法律诉讼、处罚或运营限制。遵守东道国的法律法规对于避免法律纠纷、保护企业资产和维护企业合法权益至关重要。第二，影响投资决策和运营安全。东道国的社会条件，如社会稳定性和社会冲突，可能对企业的投资决策和运营安全产生重大影响。社会动荡或不稳定的社会环境可能导致企业的资产损失、生产中断或供应链中断。评估和管理社会与法律合规风险有助于企业在不稳定环境中做出更加稳健的投资决策。第三，增加合规成本。企业在东道国运营时，需要投入额外的资源来确保遵守当地的社会和法律要求。这包括合规审查、法律咨询、内部审计和员工培训等。社会与法律合规风险管理有助于企业控制这些合规成本，并减少因违规行为导致的额外开支。第四，保护企业声誉和品牌形象。企业在遵守东道国的社会和法律规范方面的表现直接影响其声誉和品牌形象。如果企业未能遵守社会规范或法律法规，可能导致负面舆论和社会压力，从而损害企业的声誉和市场竞争力。有效的社会与法律合规风险管理可以帮助企业维护良好的品牌形象和市场信任度。第五，确保企业长期可持续发展。社会与法律环境的稳定性对企业的长期可持续发展具有重要影响。遵循当地的法律和社会规范可以帮助企业建立良好的社会关系和法律基础，推动企业的长期可持续发展。在复杂的社会和法律环境中，具备强大的合规管理能力可以帮助企业适应和应对变化，维持业务的稳定性和可持续性。第六，增强危机应对能力。在面对法律或社会风险时，企业需要具备快速反应和危机处理能力。社会与法律合规风险管理不仅包括预防措施，还包括应急响应和危机管理策略。建立健全的合规管理体系有助于企业在危机发生时快速做出调整，确保业务的连续性和安全。

针对这类风险，本书选取了社会经济条件、其他投资风险、内部冲突、宗教局势、民族关系、法律与秩序、产权保护、劳动自由以及教育和研发政策9个分项指标。社会经济条件直接影响东道国的投资环境及企业的运营稳定性。这些条件包括失业率、消费者信心、贫穷，这些因素影响OFDI企业的市场需求和经营成本。其他投资风险是不包含在政治、经济和金融风险组成部分中的相关因素，具体包括合同可行性/征收、利润返还、付款延迟等。内部冲突、宗教局势和民族关系等都是影响社会稳定的因素，会在一定程度上影响外资进入和跨国企业的业务运营以及员工安全管理。法律与秩序风险涉及东道国的法律体系和执法环境。法律与秩序的稳定性对企业的运营有着重要影响，法律体系的稳定性和透明度影响企业的法律风险。如果东道国的法律体系不稳定或不透明，企业可能面临合规难题和法律诉讼风险。执法环境的公平性和有效性影响企业的运营安全。如果执法不严，企业可能需要应对不公平竞争和合规成本的增加。产权保护涉及企业对其投资资产和知识产权的保护情况。产权保护不力可能导致企业面临资产被侵占和知识产权被盗用的风险,如果产权法律不完善或执行不力,企业可能面临产权被侵犯的风险。同时对知识产权的保护程度影响企业的技术和品牌安全。企业在进入新市场时需要评估东道国的知识产权保护情况,以避免技术和品牌被盗用。劳动自由涉及东道国的劳动法律和员工权益保护。劳动自由的程度对企业的用工环境和劳动成本具有重要影响。严格的劳动法律可能提高企业的用工成本,但也能保障员工的基本权益;工会和集体谈判的制度影响企业与员工之间的关系,如果工会组织活跃,企业可能面临更多的集体谈判要求和劳动争议。教育和研发政策影响东道国的人力资源质量和创新能力。这些政策对企业的可持续发展具有重要意义。企业需要通过系统的风险评估和管理措施,深入了解东道国的社会与法律环境,以有效应对可能的合规风险。具体分项指标如表 5-14 所示。

表 5-14　　　　　　　　社会与法律合规风险子指标

社会与法律合规风险子指标	取值范围	指标方向	数据来源
社会经济条件(包含失业率、消费者信心、贫穷)	0—12	正向	ICRG
其他投资风险(合同可行性/征收、利润返还、付款延迟)	0—12	正向	ICRG
内部冲突	0—12	正向	ICRG
宗教局势	0—6	正向	ICRG
民族关系	0—6	正向	ICRG
法律与秩序	0—6	正向	ICRG
产权保护	0—100	正向	IEF
劳动自由	0—100	正向	IEF
教育和研发政策	1—10	正向	BTI

注:ICRG 为 PRS 集团 International Country Risk Guide,IEF 为《华尔街日报》和美国传统基金会发布的 Index of Economic Freedom,BTI 为 Transformation Index of the Bertelsmann Stiftung。

5.3.3.3　经济合规风险

经济合规风险是指企业在进行 OFDI 时,由于东道国经济环境的变化或经济政策的不确定性,可能对企业的投资决策、经营活动和财务状况产生负面影响的风险。这类风险涵盖了多方面的经济因素,包括但不限于通货膨胀、经济增长、财政政策、贸易和投资自由度以及整体市场环境等。经济合规风险要求企业在制定和执行其国际投资战略时，必须全面了解和遵守东道国的经济基础和政策，以确保投资的合法性和可持续性。经济合规风险也是一个关键且复杂的维度。其评估需要综合考虑多个因素，以确保投资的安全性和可持续性。其重要性体现在：第一，影响投资回报和财务稳定性。经济合规风险直接影响企业的投资回报和财务稳定性。东道国的经济政策、经济水平以及市场条件的变化，可能导致投资成本的增加或收益的减少。第二，确保运营的合法性和合规性。东道国的经济法规和政策对企业的运营活动有重要影响。经济合规风险管理要求企业遵守东道国的经济法律法规，避免因违法或不合规行为而遭受处罚或制裁。这有助于确保企业的经营活动在法律框架内进行，从而减少法律纠纷和潜在的法律风险。第三，增强市场竞争力。稳定和开放的经济环境有助于企业保持市场竞争力。经济合规风险管理能够帮助企业适应经济政策变化、优化运营策略，并在经济条件变化时做出迅速调整。通过有效的风险管理，企业可以更好地应对市场竞争，保持或提升其市场份额和竞争地位。第四，影响投资决策和战略规划。经济合规风险影响企业的投资决策和战略规划。东道国经济环境的稳定性和政策的可预见性是企业制定投资决策的重要依据。通过深入分析和管理经济合规风险，企业能够更准确地评估投资机会，制定切实可行的投资战略，并在不确定的经济环境中做出明智的决策。第五，确保业务的可持续发展。经济环境的变化可能对企业的长期发展产生深远影响。经济合规风险管理有助于企业在变化的经济环境中保持业务的可持续发展。企业通过评估和应对经济风险，能够在不确定的经济条件下保持运营的稳定性，支持长期的业务增长和发展。

本书选取以下 9 个维度来详细分析经济合规风险的来源和重要性：通货膨胀率、人均 GDP、实际 GDP 增长率、预算平衡占 GDP 比重、经常项目占 GDP 比重、商业自由度、贸易自由度、投资自由度和税收负担。通货膨胀率是衡量一个国家物价水平变化的重要指标。高通货膨胀率会增加企业的运营成本，降低投资回报，同时也可能引发社会动荡，影响企业的运营环境。人均 GDP 反映了一个国家的经济发展水平和居民的平均收入水平。较高的人均 GDP 通常意味着较高的消费能力和市场潜力，符合中国 OFDI 的市场寻求动机，有利于企业的发展。相反，较低的人均 GDP 可能意味着市场需求不足，限制企业的增长空间。因此，人均 GDP 是评估东道国市场潜力和消费能力的重要指标。实际 GDP 增长率显示了一个国家经济增长的速度。高增长率通常表明经济活力强，市场机会多，有利于企业扩展业务。然而，低增长率或负增长可能预示经济衰退，企业可能面临需求减少和收益下降的风险。实际 GDP 增长率是衡量经济活力和市场前景的重要指标。预算平衡占 GDP 比重反映了政府财政状况。持续的财政赤字可能导致政府债务积累，影响公共服务和基础设施投资，增加企业的运营成本和风险。因此，预算平衡占 GDP 比重是评估政府财政健康和经济政策稳定性的重要指标。经常项目占 GDP 比重显示了一个国家的国际收支状况。经常项目赤字过高可能导致外汇储备不足和货币贬值，影响企业的外汇交易和资金回流。经常项目占 GDP 比重是评估国家经济稳定性和外汇风险的重要指标。商业自由度衡量了一个国家的商业环境和市场准入门槛。高商业自由度意味着较少的市场准入障碍和较友好的商业环境，有利于企业进入和运营。相反，商业自由度低的国家可能存在复杂的行政审批程序和市场准入限制，增加企业的运营难度。因此，商业自由度是评估东道国商业环境的重要指标。贸易自由度反映了一个国家对国际贸易的开放程度。较高的贸易自由度通常意味着较少的贸易壁垒和关税，促进国际贸易流动和市场开放。贸易自由度低的国家可能通过高关税和严格的贸易限制保护本国市场，限制外资企业的市场进入。投资自由度衡量了一个国家对外国直接投资的限制程度。投资自由度高的国家通常对外资限制较少，提供较宽松的投资环境，吸引外国投资者。相反，投资自由度低的国家可能设置严格的行业准入限制和外资股权比例要求，影响企业的投资决策。税收负担反映了一个国家的税收政策和企业税负水平。不同国家的税务体系和税收政策存在差异，企业需要遵守当地的税收法规，避免因税务问题导致的法律风险和经济损失。较高的税收负担可能增加企业的运营成本，降低投资回报。相反,较低的税收负担有利于企业的盈利能力和投资意愿。

通过上述 9 个维度的详细分析,可以看出这些指标从不同角度全面覆盖了中国企业在境外投资时可能面临的经济合规风险。这些维度不仅反映了东道国的宏观经济稳定性和市场潜力,还考虑了商业环境和政策环境的友好程度。企业需要在投资前深入了解东道国的经济环境和政策,制定全面的经济合规策略,并在运营过程中不断进行风险监控和管理,通过科学选取和合理应用这些指标,企业能够更全面地评估和应对投资目的地的经济合规风险,从而确保投资的成功和持续增长。具体分项指标如表 5-15 所示。

表 5-15　　　　　　　　经济合规风险子指标

经济合规风险子指标	取值范围	指标方向	数据来源
通货膨胀率	0—10	正向	ICRG
人均 GDP	0—5	正向	ICRG
实际 GDP 增长率	0—10	正向	ICRG
预算平衡占 GDP 比重	0—10	正向	ICRG
经常项目占 GDP 比重	0—15	正向	ICRG
商业自由度	0—100	正向	IEF
贸易自由度	0—100	正向	IEF
投资自由度	0—100	正向	IEF
税收负担	0—100	正向	IEF

注:ICRG 为 PRS 集团 International Country Risk Guide,IEF 为《华尔街日报》和美国传统基金会发布的 Index of Economic Freedom。

5.3.3.4　金融合规风险

金融合规风险是指企业在进行海外直接投资时,由于东道国的金融环境变化或金融政策的不确定性,可能对企业的投资决策、财务状况和运营活动产生不利影响的风险。这种风险涉及多种金融因素,包括货币稳定性、外债水平、国际收支状况、金融市场的开放程度和政府的金融监管政策。金融合规风险要求企业在海外投资过程中,严格遵守东道国的金融法规和政策,以确保其投资行为的合法性和安全性。金融合规风险主要包括企业在资本流动、货币兑换和融资等方面面临的合规挑战。例如，一些国家对外资企业的资金进出有严格的限制，企业需要在合规的框架下进行资本运作，避免因违规操作而遭受经济损失。其影响体现在：第一，金融合规风险影响企业财务稳定性，直接关系到企业的财务健康状况。东道国的货币波动、汇率变化等因素，都会对企业的财务报表产生重大影响。例如，汇率大幅波动可能导致汇兑损失，影响企业的盈利能力和现金流。第二，金融合规风险决定融资成本和渠道。一个国家的金融自由度和监管政策会影响企业在当地获得融资的难易程度和成本。金融自由度高的国家通常提供更广泛的融资渠道和较低的融资成本，有助于企业获取必要的资金支持其运营和扩展计划。相反，金融自由度低或监管严格的国家可能增加企业的融资困难和成本。第三，金融合规风险会影响跨国企业投资回报率。如果东道国存在高外债、财政赤字或其他金融不稳定因素，企业在该国的投资回报可能受到不利影响。这些风险可能导致企业需要调整投资策略或进行额外的风险管理，从而增加了运营复杂性和成本。第四，金融合规能够确保合规运营和减少法律风险。遵守东道国的金融法规和政策是企业合规运营的基本要求。金融合规要求企业在投资前全面了解并遵守当地的金融法律法规，避免因违法违规而遭受处罚或声誉损失。这有助于企业建立良好的法律和合规基础，减少法律纠纷和潜在的罚款风险。第五，金融合规能够维持企业的市场竞争力。在金融环境稳定和政策透明的国家，企业能够更有效地进行市场预测和战略规划，保持竞争优势。相反，在金融环境不稳定或政策不透明的国家，企业可能需要投入更多资源进行风险管理，削弱其市场竞争力。

本书选取了外债水平、汇率波动、国际收支状况、金融市场自由度等方面的 7 个具体指标评估中国企业 OFDI 境外金融合规风险，要求企业在投资过程中严格遵守东道国的金融法规和政策，以确保投资的安全性和可持续性。外债总额占 GDP 比重是衡量一个国家外债负担的重要指标，反映了外债在国民经济中的占比。高外债总额占 GDP 比重可能导致国家面临偿债压力，影响其财政稳定性。企业在这样的环境中投资，可能面临政府削减支出、提高税收等不利政策。汇率稳定性指的是一个国家货币对其他货币汇率的波动程度。汇率波动较大的国家可能导致企业面临汇兑损失，影响财务报表的稳定性和投资回报。外债还本付息总额占出口的比重衡量的是一个国家用出口收入偿还外债本金和利息的负担。高比重表明外债负担重，国家可能需要采取紧缩政策，影响经济增长和投资环境。企业在这种情况下可能面临市场萎缩和营收下降的风险。经常账户余额占商品和服务出口的比重反映了一个国家国际收支的状况。经常账户赤字较大的国家可能面临外汇储备减少和货币贬值压力，影响企业的国际交易和资金回流。净国际流动性指的是一个国家在国际金融市场中的流动性状况，包括外汇储备和其他可用的国际金融资源。净国际流动性不足可能导致国家应对国际金融市场波动的能力下降，增加企业的融资难度和成本。金融自由度衡量的是一个国家金融市场的开放程度和监管的严格程度。金融自由度高的国家通常具有更开放和竞争的金融市场，有助于企业获得多样化的融资渠道和较低的融资成本。相反，金融自由度低的国家可能对外资企业设限，增加金融操作复杂性和成本。货币自由度衡量的是一个国家货币政策的稳定性和政府对金融市场的干预程度。货币自由度高的国家通常拥有更稳定的货币政策和较少的政府干预，有利于企业进行财务规划和资本运作。货币自由度低的国家可能存在高通胀和货币贬值风险，增加企业的财务不确定性。

上述 7 个关键指标从不同角度全面覆盖了中国企业在境外投资时可能面临的金融合规风险。这些维度不仅反映了东道国的金融市场稳定性和健康程度，还考虑了企业在东道国进行金融操作的便利性和安全性。通过科学选取和合理应用这些指标，企业能够更全面地评估和应对投资目的地的金融合规风险。具体分项指标如表 5 – 16 所示。

表 5 – 16　　　　　　　　金融合规风险子指标

金融合规风险子指标	取值范围	指标方向	数据来源
外债总额占 GDP 比重	0—10	正向	ICRG

续表

金融合规风险子指标	取值范围	指标方向	数据来源
汇率稳定性	0—10	正向	ICRG
外债还本付息总额占出口的比重	0—10	正向	ICRG
经常账户余额占商品和服务出口的比重	0—15	正向	ICRG
净国际流动性	0—5	正向	ICRG
金融自由度	0—100	正向	IEF
货币自由度	0—100	正向	IEF

注：ICRG 为 PRS 集团 International Country Risk Guide，IEF 为《华尔街日报》和美国传统基金会发布的 Index of Economic Freedom。

5.3.3.5 对华关系合规风险

对华关系合规风险是指中国企业在进行海外直接投资时，由于东道国与中国的双边政治、文化、经济、外交关系的变化或不确定性，可能对企业的投资决策、运营活动和财务状况产生不利影响的风险。这种风险涵盖了东道国对中国的政策态度、双边贸易和投资协议的稳定性以及两国之间政治或外交紧张局势对企业运营的潜在影响。中国 OFDI 企业可能因中国背景或与中国的关系在东道国面临的特殊风险。一些国家对中国企业的投资持警惕态度，尤其是在涉及国家安全或关键基础设施领域时，这种政治敏锐性可能导致合规风险增加。这些风险可能源于国际关系紧张局势、贸易摩擦以及反倾销和反补贴调查等，需要企业在这些方面做好合规准备，防止遭受不必要的经济制裁。其影响体现在：第一，影响投资环境的稳定性。例如，东道国如果与中国关系紧张，可能会对中国企业设置更多的投资限制或监管障碍，从而增加企业的投资成本和运营难度。第二，影响市场准入和运营自由度。东道国对中国企业的政策态度会影响中国企业在当地的市场准入和运营自由度。如果东道国对中国企业采取不友好政策，可能会通过提高行政审批门槛、增加合规要求等手段限制企业的发展空间，甚至可能导致项目被迫中止或撤资。第三，增加法律和合规风险。对华关系的不确定性可能导致东道国政府出台临时性或歧视性的法律法规，专门针对中国企业进行监管或处罚。这种情况下，企业需要投入更多资源进行合规管理和法律咨询,以确保自身运营的合法性和合规性,增加了运营成本和管理难度。第四,影响企业的声誉和品牌形象。东道国与中国关系的变化也可能影响当地民众对中国企业的态度。如果两国关系紧张,当地消费者和合作伙伴可能对中国企业产生负面看法,影响企业的市场销售和品牌形象。这种声誉风险难以通过短期措施解决,可能对企业的长期发展产生深远影响。第五,影响贸易和投资协议的稳定性。东道国与中国之间的双边贸易和投资协议的稳定性直接关系到企业的运营安全和经济利益。如果两国关系恶化,这些协议可能被重新谈判、暂停或终止,导致企业面临不确定的法律和商业环境,增加运营风险。第六,政治和外交风险的传导效应。对华关系的变化往往伴随着广泛的政治和外交影响。例如,如果东道国与中国在国际事务上存在重大分歧,这种政治和外交风险可能传导至经济领域,对中国企业的运营环境产生连锁反应。这需要企业具备较强的政治敏感度和风险应对能力,以提前预判和规避可能的风险。

在评估中国企业 OFDI 中的对华关系合规风险时,构建一个全面的指标体系是关键。这些指标有助于理解东道国与中国之间的关系,评估潜在的政治、经济、法律和文化障碍。以下将对选取的 10 个指标分别从政策协定、投资限制、经济依存度、制度距离、政治距离和文化距离等方面展开分析。政策协定方面包括是否签订 BIT(双边投资条约)、是否对华实施国家安全投资审查、对华投资限制情况和是否签订 RTA(区域贸易协议)4 项指标。BIT 是东道国与中国之间关于保护和促进双边投资的法律协议。BIT 通常提供投资保障,如公平待遇、国家保护、补偿措施等,有助于减少对华投资的法律和政策风险。如果东道国与中国签订了 BIT,企业在投资过程中通常会享有更多的法律保护和争端解决机制,从而降低合规风险。国家安全投资审查是指东道国政府对外国投资者,特别是对关键行业和重要基础设施投资的审查程序。国家安全审查投资审查的存在和严格程度会影响中国企业在该国的投资自由度和审批流程。如果东道国对中国企业实施严厉的国家安全投资审查,企业需要考虑可能的审批延迟或投资限制。东道国对中国企业的投资限制情况涉及特定行业或领域的投资限制,如国防、通信、能源等关键行业的限制。本书通过测算中国对特定东道国 OFDI 失败率得出这一指标。美国传统基金会的这些限制直接影响企业的投资机会和业务拓展能力。了解这些限制有助于企业在投资决策时评估风险和调整投资策略。RTA 是指东道国与中国之间关于贸易和投资的区域性协议，签订 RTA 通常会带来市场准入的优惠和关税减免，有助于提高投资的经济效益。评估是否签订 RTA 可以帮助企业了解投资环境的优惠政策和市场机会。双边签证互免协议允许两国公民在对方国家短期停留而不需要办理签证。虽然这一协议主要影响人员流动，但它也间接影响企业的业务交流和运营效率，也在一定程度上反映了双方政治关系是否融洽。同时签署双边签证互免协议可以简化企业员工的出入境手续，提高业务的灵活性和效率。对华经济依存度方面包括投资依存度和贸易依存度 2 项指标。投资依存度指东道国对中国投资的依赖程度，通过东道国与中国之间的双边投资占东道国双向投资总和的比重来衡量。高投资依存度表明东道国经济对中国投资的依赖较大，这可能使得该国在对华投资政策上相对宽松，以维持经济稳定。了解投资依存度有助于预测投资政策的稳定性和可能的政策变动。贸易依存度指东道国与中国之间的贸易往来的程度，通过东道国与中国双边双向贸易在东道国进口贸易总额中所占的比重衡量。高贸易依存度可能使得东道国更加关注与中国的经济关系，从而影响政策的制定和实施，同时国际贸易与直接投资的互补性有助于评估双边经济关系的紧密程度及其对投资政策的影响。双边距离因素包括双边制度距离、双边政治关系和双边文化距离 3 项指标。双边制度距离衡量两国在法律、政策和制度上的差异。制度距离较大的情况下，企业在适应东道国的法律和政策时可能会面临较大的挑战。了解双边制度距离可以帮助企业评估在法律和行政管理方面的适应难度，并制定相应的合规策略。双边政治距离指两国在政治体制、政策制定和政府稳定性上的差异。政治距离较大的情况下，可能存在较高的政治风险和不确定性，这对企业的投资决策和运营安全产生影响。评估双边政治距离有助于企业了解政治风险，并采取相应的风险管理措施。双边文化距离反映了两国在文化、价值观、商业习惯等方面的差异。文化距离较大的情况下，企业在与东道国的合作过程中可能面临文化适应和沟通障碍。这可能影响企业的运营效率和市场接受度。了解双边文化距离有助于企业制定有效的文化适应策略，并提高跨文化管理能力。

对华关系合规风险是中国企业在进行海外直接投资时必须认真对待的重要风险维度。上述细分维度指标帮助企业理解东道国的政策环境、对华经济依赖度、制度差异和文化障碍，从而优化投资决策，降低合规风险，并制定有效的策略以应对复杂的国际投资环境。具体分项指标如表 5 – 17 所示。

表 5 – 17　　　　　　　　对华关系合规风险子指标

对华关系合规风险指标	取值范围	指标方向	数据来源
是否签订 BIT	0，1	正向	UNCTAD、中国商务部
是否对华实施国家安全投资审查	0，1	负向	UNCTAD
对华投资限制情况	0—1	正向	CGIT
是否签订 RTA	0，1	正向	WB – DTA
是否与华签署双边签证互免协议	0，1	正向	中国领事服务网
对华投资依存度	– 1—1	正向	UNCTAD、中国对外直接投资统计公报
对华贸易依存度	0—1	正向	UN Comtrade
双边制度距离	0—1	负向	WGI
双边政治关系	0—1	负向	联合国大会投票
双边文化距离	0—1	负向	Hofsted 的文化距离 6 个维度

注：UNCTAD 为联合国贸发会议数据库，CGIT 为美国企业研究所和传统基金会的中国全球投资追踪（China Global Investment Tracker）数据库，WB – DTA 为世界银行的深度贸易协定数据库，UN Comtrade 为联合国商品贸易统计数据库，WGI 为世界银行 Worldwide Governance Indicators。

5.3.3.6　环境资源合规风险

环境资源合规风险是指中国企业在进行 OFDI 时，由于东道国环境保护法规、资源管理政策或环境条件的不确定性，可能对企业的投资决策、运营活动及其财务状况产生负面影响的风险。这种风险涉及东道国在环境保护和资源利用方面的法规和政策，如环保标准、资源开采限制、废物处理规定等。环境资源合规风险涉及企业在东道国因环境保护和资源利用而面临的合规挑战。企业需要遵守当地的环境法规,确保资源的可持续利用,同时履行环保责任,减少对环境的负面影响。企业在进行资源开采和利用时,需要遵守当地的资源管理政策,确保资源的可持续利用。例如,企业在矿产资源丰富的国家投资时,需要合规地进行资源开发,避免环境破坏和资源浪费。环境资源合规风险要求企业在东道国的投资和运营过程中,必须遵守当地的环境法规和资源管理政策,以确保投资活动的合法性和可持续性。其重要性体现在:第一,避免法律和财务处罚。遵守东道国的环境保护法规和资源管理政策是避免法律和财务处罚的关键。环境资源合规风险的管理可以帮助企业避免因违反环保规定或资源使用限制而遭受的罚款、制裁或法律诉讼。这不仅可以降低法律风险,还能避免因违规而造成的额外财务负担。第二,维护企业的社会责任和声誉。企业在东道国的环境和资源管理行为直接影响其社会责任和品牌声誉。未能遵守环保法规或资源管理政策的企业,可能会受到公众和媒体的负面评价,损害企业的社会形象。有效的环境资源合规风险管理能够帮助企业维护其社会责任,提升品牌信誉,并增强社会信任。第三,促进可持续发展和运营稳定性。遵循东道国的环境和资源管理政策有助于推动企业的可持续发展。环境资源合规风险管理不仅可以帮助企业减少对环境的负面影响,还可以确保企业在资源有限的情况下合理利用资源。这对于企业的长期运营稳定性和可持续发展至关重要。第四,影响投资决策和成本控制。环境资源合规风险对企业的投资决策和成本控制有直接影响。在高环保要求或严格资源管理的国家,企业可能需要投入更多的资源用于合规和环境保护措施。这可能增加投资成本和运营开支,因此有效的风险管理可以帮助企业在制定投资决策时更好地评估成本和收益。第五,确保项目的合法性和合规性。环境资源合规风险的管理是确保投资项目在法律框架内进行的关键。企业需要了解和遵守东道国的环保法律和资源利用政策,以确保其投资项目的合法性。这有助于防范项目实施过程中可能出现的合规问题,保障投资的顺利进行。第六,促进与利益相关者的良好关系。环境和资源管理的合规性对于维护企业与地方社区、政府及其他利益相关者的关系至关重要。积极遵守环保法规和资源管理政策,可以增强与地方政府和社区的合作关系,有助于获得项目批准和支持,减少社会阻力。

环境资源合规风险是中国企业在进行海外直接投资时必须重视的关键风险维度。在分析企业 OFDI 中的环境资源合规风险时,选取科学合理的指标体系是至关重要的。本书主要基于资源损耗和利用、环境政策和污染排放等方面详细剖析这一合规风险维度,具体选取以下 11 个指标进行量化分析。环境政策反映了投资东道国对环境议题的重视程度,即东道国政府在环保方面的政策导向和实施力度。政策的完善性和执行力度直接影响企业的环境合规成本和操作难度。例如,政府对环境议题的关注可能促使企业实施更严格的环保措施和遵守更多的环境法规。对环境政策的评估有助于企业预测未来政策变动带来的合规风险,并提前制定应对策略。自然资源损耗占国民总收入的比重指的是东道国经济活动中自然资源消耗的程度。高比重通常表明资源开采和使用过度,可能导致资源短缺或环境退化。这一指标有助于企业评估资源的可持续性和潜在的资源管理风险。一次能源的能源强度水平衡量了单位 GDP 所需的一次能源消耗量。高能源强度可能表明能源利用效率低,可能影响企业的能源成本和整体运营效率。评估这一指标可以帮助企业了解东道国能源使用的经济效益和环境影响。可再生能源消耗占最终能源消耗总量的比重反映了东道国在能源消费中对可再生能源的依赖程度。较高的比重表示东道国在推动绿色能源和减少对化石燃料的依赖方面取得了进展。这对企业来说意味着更高的环境友好度和可能的政策激励,同时也可能影响企业的能源供应和成本结构。人均甲烷排放量、人均一氧化碳排放量、人均二氧化碳排放量和 SO_2 排放量,这些指标可以帮助企业了解当地的污染水平和相关的环境监管要求以及东道国在控制温室气体排放方面的力度,有助于企业了解东道国的环境污染情况以及潜在的环境法规要求,以及是否可能导致企业面临更严格的排放限制和碳税等成本。PM2.5、受控固体废弃物、废水处理等同样表明东道国在空气污染和废物管理方面的要求是否严苛,企业需要考虑在东道国运营时可能面临的环保要求和社会压力,以避免违规风险,确保合规运营。这些指标能够全面反映东道国的环境政策、资源管理现状及环境污染情况，企业在投资前同样应深入了解东道国的环境法规和资源管理政策，制定全面的环境资源合规策略，从而帮助企业评估和管理环境资源合规风险，并在运营过程中持续监控和管理风险。具体分项指标如表 5-18 所示。

表 5-18　　　　　　　　　环境资源合规风险

环境合规风险子指标	取值范围	指标方向	数据来源
环境政策	1—10	负向	BTI
自然资源耗损占国民总收入的比重（%）	0—100	正向	WGI
一次能源的能源强度水平	≥ 0	正向	WGI
可再生能源消耗占最终能源消耗总量的比重（%）	0—100	负向	WGI
人均甲烷排放量（公吨/人）	≥ 0	正向	WGI
人均一氧化碳排放量（公吨/人）	≥ 0	正向	WGI
人均二氧化碳排放量（公吨/人）	≥ 0	正向	WGI
SO_2 排放量	≥ 0	负向	EPI
PM2.5	≥ 0	负向	EPI
受控固体废弃物	≥ 0	负向	EPI
废水处理	≥ 0	负向	EPI

资料来源：BTI 为 Transformation Index of the Bertelsmann Stiftung，WGI 为世界银行 Worldwide Governance Indicators，EPI 为美国耶鲁大学和哥伦比亚大学联合发布的环境绩效指数 Environmental Performance Index。

综上所述，本书根据指标数据可得性等原则，精选核心指标，构建了包括 6 个一级指标、54 个二级指标在内的中国企业 OFDI 境外合规风险评估指标体系。中国企业在进行 OFDI 时，必须充分考虑上述 6 大类合规风险。通过建立科学合理的风险评估指标体系，企业可以更好地识别和管理这些合规风险。接下来，本书将在下一章结合具体指标数据进行深入分析，以支持企业的合规风险管理实践。

第 6 章 中国企业 OFDI 境外合规风险评估

本章在前述中国企业 OFDI 境外合规风险源识别与评估指标体系构建的基础上，对中国企业 OFDI 境外合规风险进行评估。为了确保评估体系的有效性、可靠性、合理性及实践指导性，本书设计了完善的评估过程，综合运用采用熵值法、熵值—TOPSIS 法、熵值—模糊综合评价法和主成分分析法 4 种评估方法，在数据可得范围内尽可能选取更多的中国企业 OFDI 的东道国家和年份进行合规风险评估，以保证构建的指标体系能够真实反映合规风险及其变动情况，为中国企业 OFDI 区位选择提供有价值的决策参考。

6.1 境外合规风险评估过程

依据现有评估指标体系，本书的评估过程大致分为下面三个步骤：

6.1.1 选择参评对象国和年份

在评估构建的指标体系时，首先需要明确参评的范围。这包括确定哪些国家或地区作为评估对象，以及选择哪些企业进行评估。参评范围的选择是基于中国企业的实际 OFDI 情况和市场需求，确保能够涵盖中国历年所有可能面临合规风险的关键国家和地区。选择时还应考虑到地域差异、经济体量、政治稳定性等因素，以便全面反映各种环境下的合规风险。参照中国商务部、国家统计局和国家外汇管理局联合发布的《中国对外直接投资统计公报》的国别范围，且考虑到在 2005 年以前我国企业还未进行大规模对外直接投资,因此将2005年以后的年份作为研究样本区间,最终此次测评选取了2006—2022年5大区域共126个国家作为参评对象,其中,撒哈拉以南非洲地区有28个国家,欧洲地区有39个国家,亚太地区有18个国家,美洲地区有27个国家,中东和北非地区有14个国家,具体国家名称可参见后文合规风险评估结果中所列国家。

6.1.2 确定评估方法

评估方法的选择对评估结果的准确性和可信度至关重要。常见的评估方法包括定量分析、定性分析、混合方法等。在定量分析中,可以使用统计数据和模型进行风险量化;在定性分析中,可以通过专家评估和案例研究来补充定量数据的不足。混合方法结合了定量和定性分析的优点,有助于全面、客观地评估风险。选择评估方法时应考虑到数据的可得性、分析的复杂性以及评估的目标。上述54个合规风险维度的分项基础指标对中国企业OFDI境外合规风险的影响权重不同,而使用合规风险指标体系测算和评估东道国风险水平时最为关键的一环是要确定赋权方法。赋权是一个关键步骤,它直接影响到最终评估结果的准确性和可靠性。

目前,学者们提出了多种赋权方法,每种方法都有其优缺点。主观赋权法主要包括专家打分法和德尔菲法。专家打分法是通过领域专家对各指标的重要性进行打分来确定权重。这种方法依赖于专家的经验和知识,通常以问卷形式进行,将每个指标的重要性评分,然后通过统计计算确定权重。德尔菲法则通过多轮专家咨询,逐步收敛意见,以确定各指标的权重。专家在每轮中匿名回答问卷,之后会提供汇总反馈,以促使专家意见的趋同。主观赋权法可以充分利用领域专家的专业知识和经验,可以考虑到许多定性因素。但专家的个人判断可能带来偏差,影响权重的客观性,同时组织和管理专家咨询的全过程,复杂度较高,因此比较适用于需要广泛专家意见且不易获得客观数据的领域。客观赋权法主要包括熵值法、变异系数法和层次分析法(AHP)。熵值法基于信息论中的熵概念,通过计算各指标的信息熵来确定权重。信息熵越大，指标的信息量越大，权重越高。权重的计算基于数据的统计特性，减少了主观因素的干扰。其数据质量有很强的依赖性，数据的准确性和完整性直接影响权重的计算结果。变异系数法则主要通过计算各指标的变异系数（标准差与均值的比值）来确定权重。变异系数较大的指标权重较高，表明该指标在样本中具有较大变异性。其对数据波动非常敏感，变异系数可能受到极端值的影响，导致权重计算不稳定。AHP 通过构建层次结构模型，并利用对比矩阵对各指标进行成对比较，从而确定权重。AHP 方法结合了主观判断和数学计算，适合处理复杂的决策问题。其主观性依然存在，相对比较依赖专家的判断，主观因素不可避免。

本书指标体系构建的全过程中，指标的获取与选择大多是案例分析和数据导向的，综合了各个相关指标体系的分项指标数据，整理了大量的客观数据，因此从数据本身出发较为适合客观赋权的方法，因此根据本书的研究目标、数据可得性和评估需求综合考虑后，下文主要以熵值法的权重为基础对中国企业 OFDI 境外合规风险指标体系赋权。附表 2 为运用全局熵权法得出的各项指标的权重。

在构建和评估合规风险指标体系时，选择合适的评估方法同样至关重要。不同的评估方法在处理数据、计算风险分数以及提供决策支持方面具有各自的优缺点。目前较常用的以客观数据为基础的综合评估方法包括熵值法、熵值—TOPSIS 法、熵值—模糊综合评价方法和主成分分析法。这些方法具有其自身的优劣及适用情况。熵值法是基于信息论中的熵概念，用于衡量数据的不确定性或信息量。在指标体系中，熵值法通过计算每个指标的熵值，来衡量其信息量和权重。熵值越大，表示指标的信息量越大，对整体评估的贡献越大。其最大的优点是客观性强，熵值法通过统计数据的分布来计算权重，减少了人为主观因素的干扰。其适用性也很广，能够处理多种类型的数据，包括定量数据和定性数据。熵值法适用于需要从多个指标中提取关键信息和确定权重的场景，如环境风险评估和综合风险管理。熵值—TOPSIS 法结合了熵值法和排序逼近理想解法（TOPSIS）。首先使用熵值法确定各指标的权重，然后使用 TOPSIS 法对指标进行综合评估。TOPSIS 法通过比较各方案与理想解的距离来排序，熵值法则提供了客观的权重分配。其优点是综合性强，结合了熵值法的客观性和 TOPSIS 法的排序能力，能够提供全面的评估结果。熵值—TOPSIS 法适用于复杂的多指标决策问题，如企业投资决策和综合风险评估。熵值—模糊综合评价方法则结合了熵值法和模糊综合评价方法。熵值法用于确定各指标的权重，而模糊综合评价方法则通过模糊逻辑处理不确定性和主观判断，进行综合评估。模糊综合评价方法利用模糊矩阵对指标进行综合评估，适用于处理模糊和不确定的信息。其优点是更适合处理不确定性和模糊信息，适应复杂和不确定的环境。同时熵值法提供的权重计算更为科学，减少了主观因素的影响。其适用于需要处理复杂和不确定信息的场景，如风险评估和决策分析。主成分分析法（PCA）是一种降维技术，用于将多个相关的指标转换为少数几个主成分。这些主成分是原始指标的线性组合，能够最大限度地保留数据的变异性。PCA 通过提取主成分来简化数据结构，减少冗余，进行综合评估。其优点是能够将高维数据降维到少数主成分，简化数据结构，取的主成分通常能够解释大部分数据的变异性，便于理解和分析，但 PCA 对数据的标准化和线性假设有一定要求，不适用于所有数据类型。主成分分析法适用于高维数据的降维和综合评估，如金融风险分析和多变量数据处理。

熵值法、熵值—TOPSIS 法、熵值—模糊综合评价方法和主成分分析法各有优劣和适用场景。应根据具体的评估需求和数据特性，企业可以选择适合的方法，以提高合规风险评估的准确性和实用性。采用多种方法划分评级结果的均值作为最终评估结果是一种常见且合理的综合评估策略，特别是在处理复杂的多维度问题时。这种方法可以有效平衡单一方法的局限性，提升评估结果的可靠性和稳定性。综合考量后，本书决定应用这 4 种方法分别评估中国企业 OFDI 境外合规风险，为保证最终结果的稳健性和具有说服力和代表性，采用多种评估方法评估结果的均值作为评估基准结果。这样可以保证评估方法的多样性和互补性，通过综合多种方法的评估结果，可以充分发挥各方法的优点，弥补单一方法的不足。其优势如下：第一，提高评估结果的客观性和稳定性。不同方法从不同角度和侧重点进行分析，综合结果更加全面和客观。单一方法可能存在的偏差和不足可以通过多种方法的均值来平衡和减少。第二，提升结果的可信度和科学性。熵值法提供了客观的权重计算；TOPSIS法和模糊综合评价法提供了综合评估能力；PCA则提供了数据降维和结构简化。多种方法的结果相互验证，提高了评估结果的一致性和可信度。第三，适应复杂的合规风险评估需求。合规风险评估涉及多个维度和指标，单一方法难以全面覆盖，通过多种方法综合可以更全面地评估风险。不同方法在处理复杂性和不确定性方面具有互补性，适合于复杂的合规风险评估场景。这一方法在实际应用中具有较高的可行性和实践价值。

6.1.3 划分评级结果

在中国企业OFDI境外合规风险评估中，使用熵值法、熵值—TOPSIS法、熵值—模糊综合评价方法和主成分分析法4种方法得出的评分结果，通过分位数来划分风险等级，可以实现更加科学和合理的风险分级。这种方法能有效地体现不同风险水平间的差异，并且具有较强的可操作性和可解释性。用上述4种方法得出的每一年每一个测评对象的综合得分基础上，将总分转变为相应的风险等级。每种方法的总得分越高，代表风险水平越低，反之则相反。根据综合评分，按照分位数划分，将评分结果分成五个区间，每个区间对应一个风险等级。评级体系按照每种方法评估得分的分位数由低到高划分为5个风险等级，依次为A、B、C、D、E，分别对应低风险等级、中低风险等级、中风险等级、中高风险等级和高风险等级。具体如下：第一，低风险等级（A）。评分处于前20%的东道国，代表风险最低。其特征是政局稳定、法律法规健全、社会秩序良好、经济环境稳定，企业投资面临的合规风险最小。第二，中低风险等级（B）。评分处于20%—40%的东道国，代表风险较低。其特征是总体环境较为良好，但可能存在一些次要的合规风险因素，需要企业保持一定的关注和管理。第三，中风险等级（C）。评分处于中位数附近40%—60%的东道国，代表中风险。其特征是存在一定的合规风险，企业需要进行常规的风险管理和控制措施。第四，中高风险等级（D）。评分处于60%—80%的东道国，代表风险较高。其特征是合规风险因素较多，企业需要加强风险管理措施，密切关注和应对潜在的风险。第五，高风险等级（E）。评分处于最低分位数后20%的东道国，代表风险最高。其特征是面临显著的合规风险，企业需要采取积极的应对措施，可能需要重新评估投资决策。取4种方法划分风险等级的均值作为评估结果，当东道国处于中高风险或高风险等级，即评级为D或E时，就需要中国OFDI企业重点关注、追踪和监控东道国的各种风险因素。

6.2 境外合规风险总体结果评估

本节基于上述提及的4种方法建立4种中国企业OFDI境外合规风险评估模型，通过取4种评估结果划分风险等级的均值得出最终的评估结果，通过量化研究，论证本章中所提出的合规风险评估指标体系的科学合理性，且为后续章节中实证分析境外合规风险对中国企业OFDI的影响效应奠定基础。

6.2.1 熵值法评估过程

上述确定评估方法中提及，熵值法通过计算指标体系中每个指标的熵值，来衡量其信息量和权重。熵值越大，表示指标的信息量越大，对整体评估的贡献越大。按照此过程运用熵值法评估中国企业OFDI境外合规风险水平，首先假设参评对象共有 m 个国家，评估区间共有 t 年，指标体系中一级指标共有 p 个，每个一级指标下共有 k 个二级指标。中国企业OFDI境外合规风险评估指标体系 X 是由 p 个维度构成，即 $X=[X^1,X^2,X^3,\cdots,X^p]$，且 $X^p=[X^p_1,X^p_2,X^p_3,\cdots,X^p_k]$，则第 t 年第 m 个参评东道国的第 p 个维度的指标矩阵为：

$$X_{kt}^p = \begin{bmatrix} x_{11t}^p & \cdots & x_{k1t}^p \\ \vdots & \ddots & \vdots \\ x_{1mt}^p & \cdots & x_{kmt}^p \end{bmatrix}, p = 1, 2, \cdots, p \qquad (6-1)$$

6.2.1.1 数据标准化

为了消除不同指标量纲的影响，需要对原始数据进行标准化处理。采用极差标准化的方式：

正向指标：

$$z_{kmt}^p = \frac{x_{kmt}^p - \min(x_{kmt}^p)}{\max(x_{kmt}^p) - \min(x_{kmt}^p)} \qquad (6-2)$$

负向指标：

$$z_{kmt}^p = \frac{\max(x_{kmt}^p) - x_{kmt}^p}{\max(x_{kmt}^p) - \min(x_{kmt}^p)} \qquad (6-3)$$

6.2.1.2 计算指标的比重

对标准化后的数据进行归一化处理，计算每个指标的比重：

$$p_{kmt}^p = \frac{z_{kmt}^p}{\sum_{m=1}^{M} z_{kmt}^p} \qquad (6-4)$$

6.2.1.3 计算信息熵

根据信息论中的熵公式，计算第 k 个指标的信息熵：

$$e_{kt}^p = -f \sum_{m=1}^{M} p_{kmt}^p \ln(p_{kmt}^p) \qquad (6-5)$$

其中，$f = \frac{1}{\ln(m)}$。

6.2.1.4 计算信息熵的差异系数

信息熵的差异系数反映了指标的信息有效性：

$$d_{kt}^p = 1 - e_{kt}^p \qquad (6-6)$$

6.2.1.5 计算指标权重

根据差异系数分别计算二级指标在一级指标和所有指标中的权重：

$$w_{pkt}^p = \frac{d_{kt}^p}{\sum_{k=1}^{K} d_{kt}^p} \qquad (6-7)$$

第6章 中国企业 OFDI 境外合规风险评估

$$w_{kt}^p = \frac{d_{kt}^p}{\sum_{p=1}^{P}\sum_{k=1}^{K}d_{kt}^p} \tag{6-8}$$

6.2.1.6 计算综合得分

在熵值法中，经过指标权重计算后，分别计算各一级指标维度得分和综合得分，计算公式如下：

$$S_{mt}^p = \sum_{k=1}^{K} w_{kt}^p \times z_{kmt}^p \tag{6-9}$$

$$S_{mt} = \sum_{p=1}^{P} S_{mt}^p \tag{6-10}$$

S_{mt}^1、S_{mt}^2、S_{mt}^3、S_{mt}^4、S_{mt}^5、S_{mt}^6 和 S_{mt} 分别表示中国企业 OFDI 境外政治合规风险、社会与法律合规风险、经济合规风险、金融合规风险、对华关系合规风险、环境资源合规风险和总体合规风险熵值法评估得分。

6.2.1.7 风险等级划分

将所有样本的各维度得分 S_{mt}^p 和综合 S_{mt} 从高到低排序。根据综合得分的分位数，将样本划分为五个风险等级：得分位于前 20% 的样本归并为低风险等级（A）；综合得分位于 20%—40% 的样本归并为中低风险等级（B）；综合得分位于 40%—60% 的样本归并为中风险等级（C）；综合得分位于 60%—80% 的样本归并为中高风险等级（D）；综合得分位于后 20% 的样本归并为高风险等级（E）。熵值法综合评估风险等级划分结果如附表3所示。

6.2.2 熵值—TOPSIS 法评估过程

上述确定评估方法中提及，熵值—TOPSIS 法结合了熵值法和排序逼近理想解法（TOPSIS）。首先使用熵值法确定各指标的权重，然后使用 TOPSIS 法对指标进行综合评估，因此熵值—TOPSIS 评估过程是在上述熵值法得出权重基础上进一步采用 TOPSIS 评估得出的，即直接在上述熵值法评估过程 6.2.1.5 之后，进一步估计评价结果。

6.2.2.1 构建加权标准化与规范化矩阵

将矩阵 R_V 通过下列公式进行计算得到加权标准化矩阵：

$$v_{mjt} = w_{kt}^p z_{mkt}^p, \quad J = \sum_{p=1}^{P}\sum_{k=1}^{K} k \tag{6-11}$$

$$R_V = (v_{mjt})_{M \times J} = \begin{bmatrix} v_{11t} & v_{12t} & \cdots & v_{1Jt} \\ v_{21t} & v_{22t} & \cdots & v_{2Jt} \\ \vdots & \vdots & \ddots & \vdots \\ v_{M1t} & v_{M2t} & \cdots & v_{MJt} \end{bmatrix} \quad (6-12)$$

6.2.2.2 确定正理想解和负理想解

正理想解即第 t 年第 j 个指标在 m 个评估对象中的最大值,负理想解即第 t 年第 j 个指标在 m 个评估对象中的最小值,公式如下:

$$V_{jt}^+ = (\max(v_{mjt}) | j \in J) \quad (6-13)$$

$$V_{jt}^- = (\min(v_{mjt}) | j \in J) \quad (6-14)$$

6.2.2.3 计算与正负理想解的欧式距离

以各分项指标正负理想解为评估标准,计算各指标与正负理想解的距离:

$$d_{mt}^+ = \sqrt{\sum_{j=1}^{J} (v_{mjt} - V_{jt}^+)^2} \quad (6-15)$$

$$d_{mt}^- = \sqrt{\sum_{j=1}^{J} (v_{mjt} - V_{jt}^-)^2} \quad (6-16)$$

同理,对各维度即一级指标求和,可以得到各维度的正负理想解距离 d_{mt}^{p+} 和 d_{mt}^{p-}。

6.2.2.4 计算各参评东道国与最优对象国的相对接近度

依据下列公式计算相对接近度综合得分:

$$C_{mt} = \frac{d_{mt}^-}{d_{mt}^+ + d_{mt}^-} \quad (6-17)$$

$$C_{mt}^p = \frac{d_{mt}^{p-}}{d_{mt}^{p+} + d_{mt}^{p-}} \quad (6-18)$$

同理,运用各维度的正负理想解可以求解各一级指标的得分。

将所有样本的各维度得分 C_{mt}^p 和综合得分 C_{mt} 从高到低排序。根据综合得分的分位数,将样本划分为 5 个风险等级。熵值—TOPSIS 法综合评估风险等级划分结果如附表 4 所示。

6.2.3 熵值—模糊综合评价法评估过程

熵值—模糊综合评价法通过结合客观赋权和模糊评价的优点，能够有效处理东道国合规风险的复杂性和不确定性。这种方法不仅考虑了各个指标的相对重要性，还能够综合考虑不同指标的模糊性，从而提供更加全面和可靠的合规风险评估结果。通过将标准化数据、熵值法计算的权重以及模糊综合评价方法相结合，可以得到东道国的合规风险综合评分。首先使用熵值法确定每个指标的权重，即在熵值法评估过程 6.2.1.5 的基础上，然后将这些权重用于模糊综合评估，结合多指标评估的优势，进一步全面评估东道国的合规风险。

6.2.3.1 确定评估指标的模糊集合

模糊理论将各维度的风险指标分为不同的级别，然后计算每个指标在特定级别上的隶属度，从而建立每个被评估对象从风险评估指标到风险等级的模糊关系。本文在中国企业 OFDI 境外合规风险评估中确定了低风险等级（A）、中低风险等级（B）、中风险等级（C）、中高风险等级（D）和高风险等级（E）五个评估等级，通过运用梯形模糊分布函数计算隶属度关系。这里使用二级分项指标数据 x_{jt} 的 $p20$、$p40$、$p60$ 和 $p80$ 百分位数构造模糊梯形隶属度函数：

$$f_{jt}^A = \begin{cases} 0, & if\ x_{jt} < x_{p80} \\ 1, & if\ x_{jt} \geq x_{p80} \end{cases} \quad (6-19)$$

$$f_{jt}^B = \begin{cases} \dfrac{x_{jt} - x_{p40}}{x_{p60} - x_{p40}}, & if\ x_{p40} < x_{jt} < x_{p60} \\ 1, & if\ x_{p60} \leq x_{jt} \leq x_{p80} \\ 0, & if\ x_{jt} > x_{p80},\ x_{jt} \leq x_{p40} \end{cases} \quad (6-20)$$

$$f_{jt}^C = \begin{cases} \dfrac{x_{jt} - x_{p20}}{x_{p40} - x_{p20}}, & if\ x_{p20} < x_{jt} < x_{p40} \\ 1, & if\ x_{p40} \leq x_{jt} \leq x_{p60} \\ \dfrac{x_{p80} - x_{jt}}{x_{p80} - x_{p60}}, & if\ x_{p60} < x_{jt} < x_{p80} \\ 0, & if\ x_{jt} \geq x_{p80},\ x_{jt} \leq x_{p20} \end{cases} \quad (6-21)$$

$$f_{jt}^{D} = \begin{cases} 1, & if\ x_{p20} < x_{jt} < x_{p40} \\ \dfrac{x_{p60} - x_{jt}}{x_{p60} - x_{p40}}, & if\ x_{p40} < x_{jt} < x_{p60} \\ 0, & if\ x_{jt} \geq x_{p60},\ x_{jt} \leq x_{p20} \end{cases} \quad (6-22)$$

$$f_{jt}^{E} = \begin{cases} 1, & if\ x_{jt} < x_{p20} \\ 0, & if\ x_{jt} \geq x_{p20} \end{cases} \quad (6-23)$$

进一步地构建从境外合规风险评估指标到风险等级的模糊隶属度矩阵 A_t，其中矩阵元素 a_{jlt} 反映了第 t 年第 j 个指标在第 l 个风险等级上的频率分布，取值范围为 [0, 1]，且满足 $\sum_{j,l} a_{jlt} = 1$。

6.2.3.2 建立模糊综合评估矩阵

根据每个指标的模糊隶属度和对应的权重，计算综合评估矩阵 B_t：

$$B_t = A_t \times W_t \quad (6-24)$$

其中，A 是模糊隶属度矩阵，W 是指标权重向量。

6.2.3.3 确定综合评估结果

模糊综合评估矩阵 B_t 中的值表示每个东道国在综合评估中的得分。可以通过模糊加权平均方法将模糊评估结果转化为具体的评估值：

$$C_{mt} = \sum_{j=1}^{n} b_{mjt} \times w_j \quad (6-25)$$

其中，b_{mjt} 是第 m 个东道国第 t 年在第 j 个指标上的模糊评估值，w_j 是第 j 个指标的权重。综合评估结果反映了东道国的合规风险水平。根据综合得分，对东道国的风险等级进行排序和分类，以便进一步分析和决策。此处取模糊评估结果中的最大值所隶属的风险等级作为最终合规风险等级。该等级能够准确反映东道国在各个合规风险维度上的总体风险水平，为中国企业在 OFDI 决策中提供重要参考。熵值—模糊综合评价法风险等级划分结果如附表 5 所示。

6.2.4 主成分分析法评估过程

在评估东道国合规风险的方法中，主成分分析法（Principal Component

Analysis，PCA）是常用的一种降维技术，用于提取数据中的主要信息，简化复杂数据集的结构。这种方法在国际贸易和投资决策中的应用有助于揭示合规风险的主要驱动因素，优化东道国选择策略，并为企业制定风险管理方案提供数据支持。PCA 旨在通过将原始变量线性组合为少量的主成分（即新变量），从而解释数据集中的大部分方差。主成分按方差的大小依次排序，第一主成分解释最大方差，第二主成分解释次大方差，以此类推。通过这种方式，PCA 能够简化数据集，同时尽可能保留原始数据的主要信息。由于主成分分析对变量的尺度非常敏感，因此在进行 PCA 之前，需要对所有指标进行标准化处理。标准化过程将每个指标转化为零均值和单位方差，以消除不同量纲带来的影响。因此 PCA 评估过程在上述熵值法数据标准化 6.2.1.1 之后进一步估计评估结果。

6.2.4.1 计算主成分

在标准化后的数据基础上，计算协方差矩阵以描述各分项评价指标间的关系。协方差矩阵 $\sum_t$ 的每一个元素 σ_{ijt} 表示第 t 年分项指标 i 和 j 的协方差，具体计算公式如下：

$$\sum\nolimits_t = \frac{1}{n-1} X_t^T X_t \qquad (6-26)$$

其中，X_t 是第 t 年标准化后的评估指标矩阵，n 是样本数量。通过对协方差矩阵进行特征值分解，获得特征值和对应的特征向量。特征值表示主成分的方差大小，特征向量则表示主成分的方向。特征值分解的公式如下：

$$\sum\nolimits_t v = \lambda v \qquad (6-27)$$

其中，λ 是特征值，v 是对应的特征向量。根据特征值的大小选择前几个主成分。通常选择的主成分数目是那些累积解释方差比例达到一定阈值（如 80% 或 90%）的主成分。

6.2.4.2 计算主成分得分

主成分得分是每个样本在主成分上的投影。通过将标准化矩阵与主成分的特征向量相乘，可以得到每个样本在每个主成分上的得分：

$$PC_t = X_t \times W_t \qquad (6-28)$$

其中，PC 是主成分得分，W 是所选取主成分的特征向量矩阵。主成分得分反映了样本在主成分上的位置，该得分可以用于聚类分析、回归分析等进一步深入分析。

6.2.4.3 合规风险综合评分

根据主成分的权重（特征值），计算每个东道国的合规风险综合评分。通常选择前几个主成分来构建合规风险综合评分，这些主成分能够解释数据中大部分的方差。依据综合评分对东道国的合规风险进行排名、比较和划分风险等级。对于合规风险各分维度风险评估也是按照同样方法。东道国主成分分析综合评估风险等级划分结果如附表6所示。

6.3 境外合规风险评估结果及分析

本书分别采用熵值法、熵值—TOPSIS法、熵值—模糊综合评价法和主成分分析法对2006—2022年126个国家的中国企业OFDI境外合规风险进行了综合评估，并根据每种评估方法的结果划分了5个风险等级。综合这些方法的结果，通过计算4种方法得出的风险等级的均值，得出最终的中国企业OFDI境外合规风险评估结果如表6-1所示。

表6-1　　2006—2022年中国企业OFDI综合境外合规风险评级结果

编码	国家	2006年	2010年	2014年	2018年	2020年	2022年
1	塞浦路斯	A	B	B	C	C	C
2	智利	A	A	A	A	A	A
3	韩国	A	A	A	A	A	A
4	新加坡	A	A	A	A	A	A
5	哈萨克斯坦	A	A	B	B	B	B
6	匈牙利	A	B	B	C	C	C
7	卡塔尔	A	A	A	A	A	A
8	特立尼达和多巴哥	A	A	B	B	B	B
9	巴林	A	A	A	A	A	A
10	澳大利亚	A	B	B	A	A	A

续表

编码	国家	2006 年	2010 年	2014 年	2018 年	2020 年	2022 年
11	瑞士	B	B	A	A	A	A
12	印度尼西亚	B	B	B	B	B	B
13	波兰	B	B	B	C	C	C
14	日本	B	B	B	B	B	A
15	牙买加	B	B	C	C	C	C
16	科威特	B	B	A	B	B	B
17	芬兰	B	B	B	B	B	B
18	罗马尼亚	B	C	C	C	C	D
19	蒙古	B	B	A	A	A	A
20	约旦	B	B	B	C	C	C
21	越南	B	B	B	B	B	B
22	爱尔兰	B	B	B	A	A	A
23	卢森堡	B	B	B	A	A	A
24	立陶宛	B	C	B	C	C	C
25	印度	B	B	B	B	B	B
26	阿根廷	B	B	C	C	C	C
27	阿曼	B	A	A	A	A	A
28	阿尔巴尼亚	B	B	B	B	C	C
29	博茨瓦纳	B	B	C	B	B	B
30	德国	B	B	B	B	B	C
31	斯里兰卡	B	B	B	B	B	B
32	英国	B	A	A	B	B	B
33	墨西哥	B	B	C	D	D	D
34	马来西亚	B	A	A	A	A	A
35	冰岛	B	B	A	A	A	A
36	泰国	B	B	B	B	B	B
37	比利时	B	B	B	B	B	B
38	奥地利	B	B	B	B	B	B
39	土耳其	B	C	C	C	D	D
40	挪威	B	B	B	A	A	A
41	斯洛伐克	B	B	B	C	C	D
42	荷兰	B	B	B	A	B	B

续表

编码	国家	2006年	2010年	2014年	2018年	2020年	2022年
43	斯洛文尼亚	B	B	B	C	D	C
44	伊朗	B	C	C	C	C	C
45	沙特阿拉伯	B	B	B	B	B	B
46	俄罗斯联邦	B	B	C	C	C	C
47	瑞典	B	B	B	B	B	A
48	美国	B	B	B	B	C	B
49	突尼斯	B	B	C	D	D	D
50	爱沙尼亚	B	C	C	B	C	B
51	丹麦	B	B	B	A	A	B
52	克罗地亚	B	B	C	C	C	C
53	菲律宾	B	B	B	B	B	B
54	加拿大	B	B	B	A	B	B
55	阿塞拜疆	B	B	B	C	B	B
56	新西兰	B	A	A	A	A	A
57	阿联酋	B	B	A	A	A	A
58	朝鲜	C	D	D	D	D	D
59	摩尔多瓦	C	C	C	D	C	C
60	哥伦比亚	C	B	B	C	C	C
61	希腊	C	D	D	C	C	C
62	乌拉圭	C	C	B	B	B	B
63	巴西	C	B	C	D	C	C
64	拉脱维亚	C	D	C	C	D	D
65	以色列	C	C	C	B	B	B
66	巴哈马	C	C	A	B	B	B
67	加蓬	C	C	C	C	C	C
68	法国	C	C	C	C	C	C
69	坦桑尼亚	C	C	C	C	D	C
70	西班牙	C	C	C	C	C	C
71	意大利	C	C	D	C	C	C
72	厄瓜多尔	C	C	C	D	E	D
73	孟加拉国	C	C	C	C	C	B

续表

编码	国家	2006 年	2010 年	2014 年	2018 年	2020 年	2022 年
74	圭亚那	C	C	C	D	C	B
75	乌克兰	C	C	C	D	D	D
76	喀麦隆	C	D	D	C	D	C
77	保加利亚	C	D	C	B	B	C
78	白俄罗斯	C	C	C	C	D	D
79	玻利维亚	C	C	C	D	D	D
80	葡萄牙	C	C	D	C	C	C
81	巴基斯坦	C	C	C	C	C	C
82	秘鲁	C	B	B	B	B	B
83	捷克	C	C	C	B	B	B
84	阿尔及利亚	C	C	C	C	C	C
85	黎巴嫩	C	D	D	C	D	E
86	南非	C	B	B	C	D	C
87	纳米比亚	C	C	C	C	C	B
88	缅甸	C	C	C	C	C	C
89	马耳他	C	A	B	B	B	B
90	亚美尼亚	C	C	C	D	C	C
91	危地马拉	D	D	D	D	D	D
92	古巴	D	D	D	D	D	C
93	加纳	D	D	D	C	B	C
94	赞比亚	D	D	D	D	D	C
95	巴拉圭	D	D	D	D	D	C
96	哥斯达黎加	D	C	B	B	B	B
97	莫桑比克	D	D	D	D	D	D
98	多米尼加	D	D	D	D	D	C
99	委内瑞拉	D	D	C	D	E	E
100	埃塞俄比亚	D	D	D	D	D	D
101	刚果（布）	D	D	C	C	C	C
102	塞内加尔	D	D	D	E	E	D
103	马达加斯加	D	E	D	E	D	D
104	冈比亚	D	D	D	E	D	D

续表

编码	国家	2006年	2010年	2014年	2018年	2020年	2022年
105	尼加拉瓜	D	E	D	E	E	E
106	肯尼亚	D	D	C	C	C	C
107	洪都拉斯	D	E	D	D	D	D
108	安哥拉	D	D	D	C	C	C
109	萨尔瓦多	D	D	D	D	D	D
110	埃及	D	B	C	D	D	D
111	巴拿马	D	D	D	D	D	C
112	苏里南	D	D	D	D	D	D
113	乌干达	D	D	D	D	C	D
114	摩洛哥	D	C	B	C	C	C
115	几内亚	E	E	E	D	D	D
116	科特迪瓦	E	E	E	D	D	D
117	几内亚比绍	E	E	D	E	D	D
118	布基纳法索	E	D	E	E	E	D
119	马拉维	E	D	E	E	D	E
120	多哥	E	E	E	E	E	E
121	海地	E	E	E	E	E	E
122	马里	E	D	E	D	D	D
123	津巴布韦	E	E	D	E	D	D
124	尼日尔	E	E	E	E	E	E
125	尼日利亚	E	E	D	D	D	D
126	塞拉利昂	E	E	E	D	D	D

数据来源：根据评估结果整理。

6.3.1 国家角度的分析

以 2022 年 126 个东道国合规风险评估结果为例进行分析。评估发现，处于低风险级别的国家共 18 个（占比 14.3%），处于中低风险等级的国家共 31 个（占比 24.6%），处于中风险的国家共 40 个（占比 31.7%），处于中高风险等级的国家共 30 个（占比 23.8%），处于高风险等级的国家共

7个（占比5.6%）具体如图6－1所示。

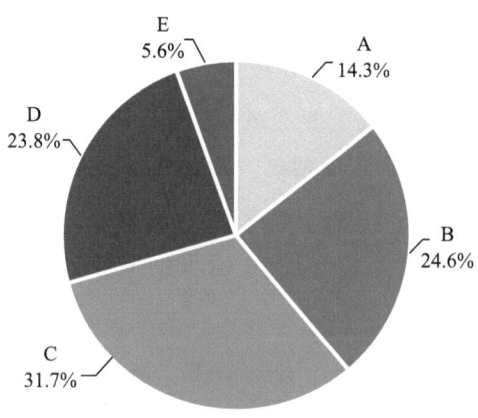

图6－1　2022年不同风险级别的国家数量

数据来源：根据评估结果整理。

从国家角度来看，新加坡、卢森堡、冰岛、日本、爱尔兰、瑞典、瑞士、新西兰、挪威、韩国、马来西亚等18个国家的境外合规风险等级为低风险A，中国OFDI企业在这些东道国的投资环境相对比较稳定，政治、法律、经济、社会等方面的合规风险最小。通常，这些国家或地区的法律法规健全、执行力度强，政府透明度高，政策稳定。对投资者而言，这类环境能够提供较高的安全性和确定性，有利于长期投资和发展。而多哥、委内瑞拉、尼加拉瓜、尼日尔、海地、马拉维和黎巴嫩7国的境外合规风险等级为最高风险等级E，这些国家或地区的合规风险最高，企业面临的挑战最为严峻。可能存在法规不完善、政策频繁变化、社会动荡、经济危机等问题。企业在进行投资决策时，需要进行全面的风险评估和深思熟虑，可能需要考虑是否值得冒如此高的风险进行投资。墨西哥、白俄罗斯、乌克兰、乌干达、几内亚、冈比亚、厄瓜多尔、玻利维亚、罗马尼亚、埃塞俄比亚、危地马拉、莫桑比克等30个国家的境外合规风险等级为中高风险D，这些东道国中的合规风险较高，企业需要加强风险管理措施，密切关注政策法规的变化和社会经济环境的动态。例如，某些国家可能存在政府腐败、政策执行不到位、经济不稳定等问题。企业需要制订详细的风险应对计划，并确保有足够的资源和能力来应对潜在风险。美国、英国、荷兰、芬兰、丹麦、泰国、越南、印度尼西亚、菲律宾、孟加拉国、印度等 31 个国家处于中低风险 B 级别，这些国家或地区的合规环境虽然总体较好，但可能存在一些次要的风险因素。例如，政策变动较大等。企业需要在日常运营中也需保持警惕，制定相应的风险管理策略。俄罗斯、阿根廷、意大利、德国、巴西、坦桑尼亚、伊朗、希腊、葡萄牙、西班牙40 国处于中风险 C 级别，中国 OFDI 企业在这些国家或地区进行投资时，需要面对较为平衡的风险环境。合规风险既不极端高，也不特别低，可能面临法规变化、政策不确定性、社会动荡、通胀过高或政府财政压力过大等问题。企业应保持常规的风险监控和管理，确保能够及时应对变化。

6.3.2 区域角度的分析

从区域角度来看（见图 6-2），撒哈拉以南非洲地区自然资源丰富，近年来该地区的投资吸引力正不断提高。《2023 年 Absa 非洲金融市场指数》报告指出，南非、毛里求斯和尼日利亚连续两年均为非洲地区投资吸引力前三的国家，该地区其他国家如肯尼亚、摩洛哥和乌干达等国也表现出了较高的投资吸引力。但该地区经济基础较为薄弱，基础设施不足等因素导致的整体合规风险较高，该地区半数以上的国家都是中高风险和高风险等级，评级为低风险的国家数为 0，等级为中低风险的国家数也仅为 2个。近年来，亚太地区成为中国企业 OFDI 选择的重点区域，该区域整体上合规风险水平较低，在该区域的 18 个国家中有 15 个国家的风险等级为低风险和中低风险。欧洲地区国家众多，且大部分国家都是发达国家，经济金融基础与政治社会稳定等表现都比较好，但在对华关系方面表现不一，环境资源等方面要求比较严苛，该区域大部分国家都处于中风险和中低风险级别，少数国家是低风险和中高风险。中东和北非区域参评国家数目较少，国家的合规风险等级较为离散，存在低风险级别的国家，也存在高风险的国家，整体的合规风险水平处于中等。美洲地区包含北美地区和拉美区域，北美区域的国家整体合规水平较低，拉美地区的国家合规风险水平较为离散，大部分国家处于中风险、中低风险和中高风险水平。

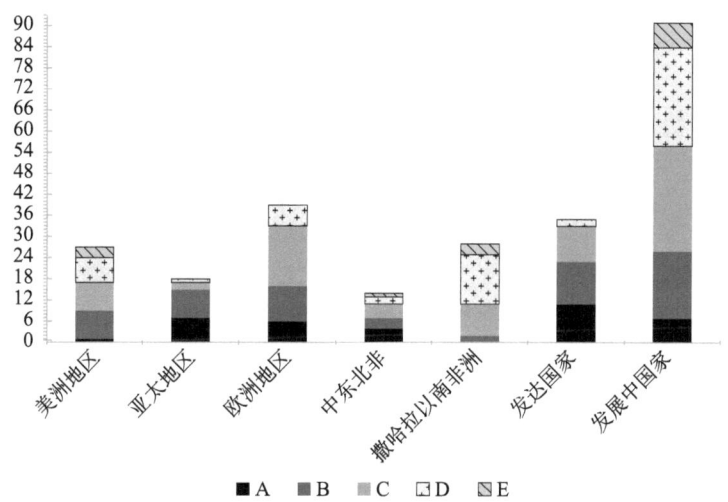

图6-2　2022年不同区域的各种风险等级国家数量

数据来源：根据评估结果整理。

从国家发展水平来看，总体而言，发达国家的合规风险评级结果普遍高于发展中国家，境外合规风险水平相对较低。发达国家的合规风险等级大多分布在低风险、中低风险和中风险级别，而发展中国家的合规风险等级大多为中高风险、中风险和中低风险。且发展中国家合规风险等级分布较为离散，存在合规风险等级为高风险的国家，同样有合规风险等级为低风险的国家如马来西亚、智利和卡塔尔等国家，这些国家虽然发展水平较低，但是其资源丰富，合规风险水平很低，投资环境相对比较稳定，也是我国OFDI企业在进行投资决策时可以重点考虑的国家。

6.3.3　动态变动分析

从2006—2022年参评国家合规风险动态变化来看，部分国家的合规风险等级较为稳定，历年的合规风险评级基本保持不变。其中，新加坡、韩国、卡塔尔、智利4个国家的合规风险等级始终处于低风险级别；印度尼西亚、芬兰、越南、印度、斯里兰卡、泰国、比利时、奥地利、沙特阿拉伯和菲律宾10个国家风险等级维持在中低风险水平未发生变化；加蓬、法国、西班牙、巴基斯坦、阿尔及利亚、缅甸则始终是中等合规风险国家；危地马拉、莫桑比克、埃塞俄比亚、萨尔瓦多和苏里南5个国家保持在中高风险等级；多哥、海地和尼日尔的政治局势不稳定，政权更迭频繁，贸易和投资政策变化较大，存在高通胀和低增长等经济不稳定因素，且交通、通信等基础设施严重不足，社会安全风险也较高，其合规风险等级为最高风险级别，不适合我国企业投资。

部分国家的合规风险等级变动很大，随着时间的推移，合规风险水平逐步变高。其中，塞浦路斯和匈牙利在2010年前合规风险等级为低风险，但之后年份逐步转变为中低风险，近年来更是被归为中风险等级；罗马尼亚、斯洛伐克、斯洛文尼亚、土耳其、墨西哥、突尼斯等的合规风险等级则逐步由B转变为C，之后年份的合规风险等级更提升为D，成为中高风险地区，不再适合中国企业投资；黎巴嫩的合规风险则逐步由C提升为D，再提升为E；哈萨克斯坦、特立尼达和多巴哥也由低风险等级提升到了中低风险级别。立陶宛、阿根廷、俄罗斯联邦、伊朗、克罗地亚合规风险等级则由B提升为C；白俄罗斯、玻利维亚、朝鲜、乌克兰、拉脱维亚的合规风险等级由C提升为D；委内瑞拉、尼加拉瓜的合规风险等级逐步由D提升为E。

部分国家的合规风险等级波动幅度较小。巴林、澳大利亚在年份区间中略有波动，中间部分年份的合规风险等级为B，之后又恢复到低风险等级，但总体而言风险等级较低；美国合规风险等级在多数年份是中低风险，但2018年之后有所提升，之后又恢复中低风险级别；丹麦、加拿大的合规风险等级则由B降低为A，之后又转变为B。

部分国家的合规风险等级则是随着时间的推移逐步变低。瑞士、日本、蒙古、爱尔兰、卢森堡、阿曼、马来西亚、冰岛、挪威、瑞典、新西兰、阿联酋的合规风险等级则逐步由B降低为A。这些东道国合规风险较低，更加适宜中国企业进入或扩大投资。乌拉圭、以色列、巴哈马、孟加拉国、秘鲁、捷克、纳米比亚的合规风险等级由C降低为B；古巴、赞比亚、巴拉圭、多米尼加、刚果（布）、肯尼亚、安哥拉、巴拿马的合规风险等级由 D 降低为 C；哥斯达黎加的合规风险等级由 D 降低为 C 再次降低为 B，由中高风险转变为中低风险；几内亚、科特迪瓦、尼日利亚、塞拉利昂的合规风险等级由 E 降低为 D。

根据《2022 年中国对外直接投资统计公报》选取中国 OFDI 存量排名前列的国家，除去中国香港、英属维尔京群岛、开曼群岛和中国澳门等中转地或"避税天堂"地区，对其余国家的合规风险动态评估结果作重点阐释。

美国多数年份是中低风险等级，但其风险等级在 2018 年之后有短暂提高，这一现象可以由以下原因解释：第一，在政治维度方面的政治不确定性、政策变化和对外国投资的审查加强。2018 年，特朗普政府推行了一系列与之前政策不同的改革，包括贸易政策、税收政策和移民政策。这些政策的快速变动和不确定性增加了投资环境的风险。例如，中美贸易战的加剧导致中资企业在美国面临更多的审查和限制。2018 年，美国通过了《外国投资风险审查现代化法案》（FIRRMA），大幅度加强了美国外国投资委员会（CFIUS）的审查权限和范围，特别是对涉及国家安全的投资进行更严格的审查。这使得中资企业在美投资面临更大的合规风险。第二，在法律因素方面的监管环境变化、数据隐私和安全法规。一方面，特朗普政府期间，监管政策经历了较大变化，特别是针对科技、能源和金融等关键行业的监管更加严格。不断变化的监管环境增加了企业的合规难度和成本。另一方面，随着数据隐私和网络安全问题日益严重，美国出台了更多的数据保护法规，如《加州消费者隐私法案》（CCPA），这对在美投资的外国企业提出了更高的合规要求。第三，在经济因素方面的经济波动、市场不确定性、关税和贸易壁垒。一方面，虽然美国经济在 2018 年之前表现强劲，但贸易战和全球经济增长放缓等因素引发的市场不确定性增加，使外资企业面临更高的财务风险。另一方面，由于中美贸易战的影响，美国对中国出口产品加征关税，同时中国也对美国产品加征关税。这些贸易壁垒直接影响了中资企业在美的运营成本和市场竞争力。第四，在社会因素方面的社会环境的变化、舆论和公众态度。美国的社会环境在近几年经历了显著变化，包括种族问题、移民问题和政治极化加剧。这些社会问题可能影响中资企业在美的声誉和社会接受度。由于政治和贸易紧张局势的加剧，美国公众对中国投资和中国企业的态度也变得更加负面。这种舆论环境可能增加企业的运营风险和公关成本。第五，在对华关系因素方面的美中关系恶化、投资限制和制裁。一方面，2018年之后，美中关系恶化对中国企业在美国的投资带来了显著影响。两国在贸易、科技、军事等领域的竞争和摩擦，使得中资企业在美国面临更多的政治和法律风险。另一方面，美国对某些中国企业实施制裁和限制，如华为、中兴等科技企业，进一步增加了在美投资的合规风险。

新加坡的合规风险等级始终保持在低风险，得益于其稳定的政治环境、健全的法律体系、良好的经济环境、高效的金融监管、友好的对华关系、和谐的社会与法律环境以及严格的环境与资源管理。第一，稳定的政治环境。一方面，新加坡拥有高度稳定的政治环境。自独立以来，人民行动党（PAP）一直执政，政府政策一致性强，避免了因政权更迭而导致的政策不确定性。另一方面，新加坡政府以其高效、透明和廉洁著称。政府机构的高效运作和反腐败措施确保了商业环境的透明和可预测性。第二，健全的法律体系。新加坡拥有完善且透明的法律体系，保护投资者利益。法律体系严格执行，司法独立性高，确保了商业合同的执行和产权保护。新加坡的法规和标准与国际接轨，特别是在金融监管、数据保护和反洗钱等领域。这使外国企业能够迅速适应并符合当地的合规要求。第三，良好的经济环境。新加坡经济增长稳定，宏观经济政策稳健。作为一个开放型经济体，新加坡积极参与全球贸易和投资，政策支持自由贸易和开放市场。新加坡被世界银行评为全球营商环境最好的国家之一。简单高效的税收制度、完善的基础设施和优越的地理位置吸引了大量外资企业。第四，高效的金融监管。新加坡金融管理局（MAS）是全球公认的高效金融监管机构。MAS的监管措施不仅确保了金融系统的稳定性，也保护了投资者和消费者的利益。新加坡对反洗钱和反恐怖融资采取了严格的监管措施，确保了金融体系的安全和透明。第五，友好的对华关系。新加坡与中国保持良好的外交关系和经贸合作。两国签署了多项双边投资协定和自由贸易协定,为中国企业在新加坡投资提供了有力的法律保障。新加坡作为中国在东南亚的重要经贸伙伴,对中国投资保持开放和友好的态度。这种积极的对华政策减少了中国企业在新加坡面临的合规风险。第六,和谐的社会与法律环境。新加坡拥有多元文化和谐共存的社会环境。政府在社会治理方面的成功经验减少了企业在运营中面临的社会风险。新加坡重视教育和科研,拥有高素质的劳动力和先进的技术基础设施。这为企业创新和发展提供了有力支持。第七,严格的环境和资源管理。新加坡重视环境保护,制定了严格的环境法规和政策,确保可持续发展。这种环境管理方式降低了企业在环境合规方面的风险。新加坡通过先进的科技和管理手段,实现了资源的高效利用和可持续发展,为企业提供了稳定的运营环境。这些因素共同构成了新加坡低风险的商业和投资环境,使其成为中国企业"走出去"的理想目的地。

澳大利亚作为中国企业 OFDI 的重要目的地,其合规风险大部分年份为低风险,尽管在 2010 年和 2014 年为中低风险,但依然吸引大量中国投资。这一现象可以从多个角度进行分析:第一,稳定的经济环境、丰富的自然资源和高水平的基础设施。澳大利亚拥有稳定和发达的经济体。尽管在 2010 年和 2014 年面临一定经济挑战,如全球金融危机后的经济调整和大宗商品价格波动,但总体经济表现仍较为稳健。澳大利亚拥有丰富的矿产资源,是全球重要的矿产品出口国。中国对铁矿石、煤炭等资源的巨大需求推动了其对澳大利亚资源类企业的投资。澳大利亚的基础设施水平高,交通、电力和通信等基础设施完备,为企业投资和运营提供了良好条件。第二,稳定的政治环境、健全的法律环境和高效的监管环境。澳大利亚政治稳定,政府政策具有连续性和可预测性。虽然在个别年份可能出现政策调整,但总体上对外国投资保持欢迎态度。澳大利亚的法律体系完善,能够保护投资者权益。严格的法律和透明的执法机制为企业提供了可靠的法律保障。澳大利亚的监管环境透明且高效。政府机构在金融、环境和劳动等方面的监管严格,但也为企业提供了明确的合规指引。第三,社会和文化因素。澳大利亚拥有高水平的生活质量和良好的社会福利，吸引了大量高技能劳动力。这为企业提供了优质的人力资源。澳大利亚是一个多元文化社会，社会和谐程度高。多样的文化背景有助于企业适应和融入当地市场。第四，与华有强劲的经贸关系、双边投资协定和政策支持。澳大利亚与中国保持紧密的经贸关系。两国签署了《中澳自由贸易协定》，促进了双边贸易和投资往来。尽管有时政治关系出现波动，但经贸合作总体上仍在深化。两国签署了双边投资保护协定，减少了投资风险。此外，澳大利亚政府对外国直接投资持开放态度，为中资企业提供了多种支持政策。第五，环境和资源管理。澳大利亚高度重视环境保护和可持续发展，制定了严格的环境法规。这种重视环境的政策虽然增加了合规成本，但也为企业提供了可持续发展的保障。澳大利亚 2010 年和 2014 年的合规风险波动的原因主要是：第一，2010 年的中低风险主要受到全球金融危机余波的影响，经济增长放缓及市场不确定性增加。然而，澳大利亚政府通过积极的财政和货币政策稳定了经济，使其仍然是有吸引力的投资目的地。第二，2014 年的风险增加可能与矿业繁荣的结束及大宗商品价格下跌有关。这对澳大利亚经济造成一定冲击，但政府采取了多项措施促进经济多元化，减缓了对整体投资环境的负面影响。

尽管印度尼西亚是发展中国家，且其合规风险稳定在中低风险，但其丰富的自然资源、快速增长的经济、稳定的政治环境、良好的对华关系以及积极的基础设施建设和地理优势，使其仍然是中国企业 OFDI 的重要目的地。以下是主要原因：第一，丰富的自然资源和快速增长的经济。印度尼西亚是一个资源丰富的国家，拥有大量的矿产资源（如煤炭、镍、锡）和丰富的石油、天然气储备。中国对这些资源有巨大的需求，这推动了中国企业在印度尼西亚的投资。印度尼西亚经济增长快速，是东南亚最大的经济体之一。其庞大的市场和不断增加的中产阶级为投资者提供了巨大的市场潜力。尽管面临一定的经济波动，但整体经济发展前景良好。第二，政治稳定和改革开放政策。尽管印度尼西亚在政治上有时会面临挑战，但整体政治环境相对稳定。政府对外资的态度积极，出台了一系列吸引外资的政策和措施。印度尼西亚政府推行的经济改革和开放政策，尤其是基础设施建设、制造业和能源等领域的开放，吸引了大量外资进入。这些政策为中国企业提供了更多的投资机会和便利条件。第三，劳动力资源、与中国的文化和历史联系。印度尼西亚拥有大量年轻且廉价的劳动力，这对需要大量人力资源的制造业和基础设施项目具有巨大吸引力。中国企业在印度尼西亚投资设厂可以大幅降低生产成本。中国和印度尼西亚两国有着深厚的文化和历史联系，印度尼西亚华人社区在印度尼西亚社会经济中扮演着重要角色，这有助于促进两国的经贸往来。第四，良好的双边关系和区域经济合作。中国和印度尼西亚之间的政治和经济关系良好。两国签署了一系列双边合作协议和投资保护协定，为中国企业在印度尼西亚的投资提供了法律保障和政策支持。印度尼西亚是东盟的重要成员国，中国与东盟的自由贸易协定（FTA）进一步促进了两国间的经贸合作。区域经济合作框架下的便利条件吸引了中国企业在印度尼西亚的投资。第五，基础设施和地理优势。印度尼西亚正在大力推进基础设施建设，包括公路、铁路、港口和电力设施等。这些基础设施项目需要大量投资，中国企业在这些领域具有技术和资金优势，因此成为印度尼西亚政府的重要合作伙伴。印度尼西亚地处东南亚的中心位置，是连接亚太地区的重要枢纽。其战略地理位置使其成为中国企业拓展东南亚市场的重要门户。第六，环境和可持续发展。尽管面临一定的环境挑战，但印度尼西亚政府对环境保护和可持续发展采取了积极措施。这些政策在一定程度上降低了企业在环境合规方面的风险。印度尼西亚政府大力发展可再生能源，如地热能和水能，为中国企业在新能源领域的投资提供了机会。

6.4　境外合规风险各维度评估结果与分析

下面进一步从政治合规风险、社会和法律合规风险、经济合规风险、金融合规风险、对华关系合规风险和环境资源合规风险6个分项测评维度对参评的126个国家的2022年的合规风险进行详细分析，各维度评估结果如表 6-2 所示。

表 6-2 2022 年中国企业 OFDI 各维度境外合规风险评级结果

编码	国家	综合	政治	社会与法律	经济	金融	对华关系	环境资源
1	阿联酋	A	A	A	A	B	B	B
2	澳大利亚	A	A	A	A	C	B	B
3	巴林	A	B	B	B	C	B	A
4	瑞士	A	B	A	A	A	B	D
5	智利	A	B	B	B	B	A	C
6	爱尔兰	A	A	A	A	D	C	C
7	冰岛	A	A	A	A	A	B	C
8	日本	A	B	A	A	A	B	D
9	韩国	A	B	A	A	A	A	C
10	卢森堡	A	A	A	A	C	C	D
11	蒙古	A	B	C	C	D	B	A
12	马来西亚	A	B	B	B	B	A	B
13	挪威	A	A	A	A	A	D	C
14	新西兰	A	A	A	A	C	B	B
15	阿曼	A	B	B	B	B	B	A
16	卡塔尔	A	A	A	A	A	B	A
17	新加坡	A	A	A	A	A	A	C
18	瑞典	A	B	A	A	B	C	D
19	奥地利	B	B	A	A	C	D	D
20	阿塞拜疆	B	C	C	C	B	B	B
21	比利时	B	A	A	A	D	C	D
22	孟加拉国	B	D	E	D	B	B	C
23	巴哈马	B	B	B	B	B	C	C
24	博茨瓦纳	B	B	B	C	A	B	B
25	加拿大	B	A	A	A	B	D	C
26	哥斯达黎加	B	C	B	C	C	B	D
27	捷克	B	B	A	B	A	D	D
28	丹麦	B	A	A	A	A	D	D
29	爱沙尼亚	B	B	B	A	C	C	D

续表

编码	国家	综合	政治	社会与法律	经济	金融	对华关系	环境资源
30	芬兰	B	A	A	A	C	D	D
31	英国	B	B	A	A	B	D	D
32	圭亚那	B	B	C	B	C	C	A
33	印度尼西亚	B	C	D	C	A	A	C
34	印度	B	C	C	D	A	B	B
35	以色列	B	B	B	A	A	D	D
36	哈萨克斯坦	B	A	C	C	B	B	A
37	科威特	B	B	B	B	A	B	A
38	斯里兰卡	B	D	D	D	E	B	C
39	马耳他	B	A	A	B	D	D	C
40	纳米比亚	B	B	C	C	B	C	B
41	荷兰	B	A	A	A	C	D	D
42	秘鲁	B	C	C	C	A	A	C
43	菲律宾	B	C	C	C	A	B	C
44	沙特阿拉伯	B	A	B	A	A	D	B
45	泰国	B	D	C	C	A	A	C
46	特立尼达和多巴哥	D	B	C	B	A	C	A
47	乌拉圭	B	B	B	B	B	C	B
48	美国	B	A	A	A	D	D	C
49	越南	B	C	C	C	C	A	C
50	安哥拉	C	C	D	D	C	C	B
51	阿尔巴尼亚	C	C	C	C	B	C	C
52	阿根廷	C	C	C	C	C	B	C
53	亚美尼亚	C	D	D	C	C	B	C
54	保加利亚	C	C	C	C	B	C	D
55	巴西	C	C	C	C	B	C	C
56	喀麦隆	C	D	E	E	C	C	B
57	刚果（布）	C	D	E	D	C	B	B
58	哥伦比亚	C	D	D	C	B	B	D
59	古巴	C	C	C	D	C	B	C
60	塞浦路斯	C	C	B	B	D	C	D

续表

编码	国家	综合	政治	社会与法律	经济	金融	对华关系	环境资源
61	德国	C	B	A	A	C	D	D
62	多米尼加	C	C	B	C	B	D	C
63	阿尔及利亚	C	D	D	D	B	B	B
64	西班牙	C	C	B	B	C	D	D
65	法国	C	B	B	A	D	D	D
66	加蓬	C	C	D	C	D	B	B
67	加纳	C	B	C	D	C	C	A
68	希腊	C	C	B	B	D	C	D
69	克罗地亚	C	C	B	B	B	C	D
70	匈牙利	C	B	B	B	D	D	C
71	伊朗	C	C	D	C	B	B	B
72	意大利	C	C	A	B	C	D	D
73	牙买加	C	C	B	C	C	D	C
74	约旦	C	C	D	C	B	B	D
75	肯尼亚	C	C	D	D	C	B	C
76	立陶宛	C	B	B	B	C	D	C
77	摩洛哥	C	C	C	D	B	B	C
78	摩尔多瓦	C	D	C	D	B	C	C
79	缅甸	C	D	E	E	C	B	B
80	巴基斯坦	C	D	E	E	E	B	C
81	巴拿马	C	C	C	B	C	C	D
82	波兰	C	C	B	B	B	D	C
83	葡萄牙	C	B	A	B	D	D	D
84	巴拉圭	C	D	C	C	B	D	B
85	俄罗斯联邦	C	C	C	C	A	C	B
86	斯洛文尼亚	C	B	B	B	D	D	D
87	坦桑尼亚	C	C	D	D	C	B	C
88	南非	C	C	D	C	B	C	C
89	赞比亚	C	C	D	E	D	C	B
90	布基纳法索	D	C	E	D	E	B	B
91	白俄罗斯	D	D	C	C	D	B	C

续表

编码	国家	综合	政治	社会与法律	经济	金融	对华关系	环境资源
92	玻利维亚	D	D	D	E	C	D	B
93	科特迪瓦	D	C	E	D	E	B	C
94	厄瓜多尔	D	C	D	C	C	C	C
95	埃及	D	D	D	D	D	B	C
96	埃塞俄比亚	D	D	D	E	E	B	B
97	几内亚	D	D	E	E	D	B	B
98	冈比亚	D	C	C	D	C	C	B
99	几内亚比绍	D	D	E	E	D	D	B
100	危地马拉	D	D	C	C	A	D	C
101	洪都拉斯	D	D	D	D	B	D	C
102	拉脱维亚	D	C	B	B	D	D	D
103	马达加斯加	D	D	E	D	C	C	B
104	墨西哥	D	C	D	C	C	D	C
105	马里	D	D	E	E	D	C	B
106	莫桑比克	D	D	D	D	C	C	B
107	尼日利亚	D	D	E	D	B	D	B
108	朝鲜	D	D	D	E	E	D	C
109	罗马尼亚	D	C	C	B	C	D	D
110	塞内加尔	D	C	D	D	E	D	B
111	塞拉利昂	D	D	E	E	E	C	B
112	萨尔瓦多	D	D	C	D	D	D	D
113	苏里南	D	C	C	D	D	D	B
114	斯洛伐克	D	C	B	B	D	D	D
115	突尼斯	D	D	C	D	D	B	D
116	土耳其	D	D	D	C	D	C	D
117	乌干达	D	D	E	E	C	C	B
118	乌克兰	D	D	C	D	D	C	C
119	津巴布韦	D	D	E	E	D	C	B
120	海地	E	D	E	E	C	E	C
121	黎巴嫩	E	E	E	E	D	D	C
122	马拉维	E	D	E	E	D	D	C

续表

编码	国家	综合	政治	社会与法律	经济	金融	对华关系	环境资源
123	尼日尔	E	D	E	E	E	C	C
124	尼加拉瓜	E	D	D	D	C	D	C
125	多哥	E	D	E	D	D	D	B
126	委内瑞拉	E	D	E	E	E	D	B

数据来源：根据评估结果整理。

6.4.1 政治合规风险

6.4.1.1 国家角度的分析

对政治合规风险的评估发现，处于低风险等级的国家共18个（占比14.29%），处于中低风险等级的国家共28个（占比22.22%），处于中风险等级的国家共41个（占比32.54%），处于中高风险等级的国家共38个（占比30.16%），处于高风险等级的国家共1个（占比0.79%），如图6-3所示。

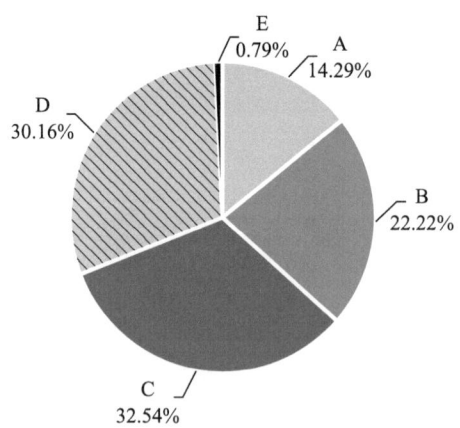

图6-3 2022年不同政治合规风险级别的国家数量

数据来源：根据评估结果整理。

（1）低风险国家。从国家来看，丹麦、冰岛、加拿大、卡塔尔、卢森堡、哈萨克斯坦、挪威、新加坡、新西兰、比利时、沙特阿拉伯、澳大利亚、爱尔兰、美国等18个国家的境外政治合规风险等级为低风险A，这些国家通常享有长期的政治稳定性和成熟的政治体系。政府制度和法律框架稳定，政治转变的风险较低，这为外国投资者提供了稳定的投资环境和法律保障。这些国家在国际关系中通常处于较为稳定的地位，与其他国家的关系稳定，不易受到外部地缘政治事件的影响。这种稳定的国际地位为其提供了良好信誉，增强了外国投资者的信心。显示出这些国家的政治环境相对稳定，对外国投资者具有较高的可预测性和保障性。

（2）中低风险国家。德国、日本、法国、瑞典、瑞士、英国、葡萄牙、韩国、马来西亚等28个国家的政治合规风险等级为中低风险，这些国家总体上享有较高的政治稳定性，然而，某些国家可能面临周期性的政治波动，如政府更迭、政策调整或地区性的政治紧张局势。这些波动可能不会立即导致严重的政治风险，但仍可能影响外国投资者的信心和决策。虽然这些国家的政策环境总体稳定，但某些国家可能会根据国内外形势的变化，调整对外资的政策。例如，部分国家可能会出台更为严格的外资审查规定，或者在某些行业施加新的限制措施，这会增加中国企业的投资不确定性。这表明这些国家在政治环境和政策框架方面具有一定的稳定性和透明度，但相比低风险国家，可能存在一些需要投资者关注的潜在风险。尽管这些国家的监管框架较为成熟，但在某些领域可能存在较高的监管复杂性，尤其是涉及外资的特殊行业或敏感领域。这可能会增加中国企业在这些国家开展业务的合规难度，进而影响投资决策。这些国家仍然是中国企业OFDI的重要目标地区，但投资决策需要更加谨慎，尤其是在涉及高敏感度行业或有复杂国际背景的投资项目时。

（3）中风险国家。印度、南非、印度尼西亚、巴西、意大利、菲律宾、越南、阿根廷、波兰、墨西哥、希腊等41个国家的政治合规风险为C级，表示这些国家的政治环境和政策框架存在一定的复杂性和不确定性，这些因素可能对外国投资者，特别是中国企业带来较大的合规挑战。这些国家通常面临较大的政治波动，包括政府频繁更迭、政策不连贯、腐败问题和执政党与反对派之间的激烈竞争等。这些政治不确定性使得投资环境变得复杂和难以预测，增加了外国企业的合规难度。这些国家可能频繁调整政策，特别是在外资审查和产业政策方面。例如，可能出台新的法规或政策以限制或审查外国投资，特别是在涉及国家安全、战略资源或敏感行业的领域。这种政策的不确定性和频繁变动会导致投资项目的执行面临风险。一些国家可能面临严重的腐败和治理问题。腐败不仅会直接影响企业的运营成本和合规性，还可能导致投资项目的执行效率降低。腐败问题的普遍存在会使企业在法律合规和商业操作中面临额外的挑战和风险。这些因素使得中国企业在这些国家开展 OFDI 时面临更高的政治合规难度，需要特别注意政治环境的变化，并加强风险管理和合规措施，以确保投资的安全和顺利进行。

（4）中高风险国家。乌克兰、亚美尼亚、埃塞俄比亚、巴基斯坦、缅甸、朝鲜、白俄罗斯、海地、委内瑞拉、孟加拉国等 38 个国家的政治合规风险为中高风险，这表明这些国家在政治环境方面存在显著的不稳定性和不确定性，这对中国企业在这些国家的投资带来了较大的合规挑战。这些国家中许多长期面临政治不稳定、内战、武装冲突或政变风险。例如，乌克兰的东部冲突、与俄罗斯的紧张关系，缅甸的军事政变，埃塞俄比亚的内战等，这些冲突不仅破坏了国家的政治稳定性，也增加了投资环境的风险。外国企业在这种动荡的环境中，可能面临财产损失、运营中断等风险，增加了合规经营的复杂性和不确定性。这些国家的政府更迭频繁，导致政策的不连续性和不确定性较高。例如，巴基斯坦和白俄罗斯等国家的政治权力更迭常常伴随着政策的重大转变，这可能会直接影响外国投资者的既有利益，并对新的投资决策产生重大影响。政府政策的突然改变可能增加企业在适应新政策方面的难度，从而影响其合规性。这些国家往往处于地缘政治冲突或紧张局势的中心地带，例如，乌克兰与俄罗斯的对抗、朝鲜的国际孤立和核武器问题、巴基斯坦与印度的长期争端。这些地缘政治紧张局势会导致政策的不确定性增加，并可能引发外部经济制裁或其他国际干预措施，直接影响中国企业在这些国家的投资环境。这些国家的政府通常面临治理能力薄弱的问题，具体表现为政府对国内形势的控制能力有限，政策执行力度不够，且难以有效应对突发事件。这种治理能力的不足导致政策执行的不可预见性,增加了企业在这些国家合规经营的难度。例如,埃塞俄比亚和缅甸的政府在处理内部冲突和社会动荡时表现出的控制力不足,使得投资环境更加复杂和不可预测。在这些国家中,政治极端化或民族主义情绪高涨可能导致政策的排外性或不友好性。这种政治气氛可能导致对外国企业,尤其是来自特定国家的企业采取更为严格的监管措施或歧视性政策。朝鲜和缅甸的政治极端化与民族主义情绪就是典型例子,外国企业在这样的环境中,可能会面临更高的政治压力和合规挑战。这些国家中部分因内政问题或地缘政治原因,受到外部力量的干预或国际制裁,如朝鲜因核问题长期受制裁,白俄罗斯因人权和选举问题受到欧盟和美国的制裁。这种外部干预使得投资环境更加复杂和不确定,企业在进行投资时必须额外考虑这些外部因素对业务合规的影响。外国企业,尤其是中国企业在这些国家进行 OFDI 时,需要谨慎评估政治风险,强化合规管理,做好应对突发政治事件的准备。

(5)高风险国家。黎巴嫩的政治合规风险等级为高风险 E,黎巴嫩长期以来陷入政治不稳定的困境,其政治体系深受宗派分裂的影响。政府往往难以形成有效的执政联盟,导致政策制定和执行效率低下。频繁的政府更迭和执政危机,使得投资者难以预测政策方向,增加了合规风险。其政治体系建立在宗教和宗派基础上,各主要宗教派别之间的权力分配复杂且敏感,时常引发政治僵局和社会冲突。这种宗派分裂不仅加剧了政治的不确定性,还可能导致政府政策朝向某一宗派利益,排斥其他群体和外资企业,进而增加合规难度。黎巴嫩位于中东地区,长期受到外部大国的干预与影响,尤其是来自叙利亚、伊朗、沙特阿拉伯等国的地缘政治压力。这些外部力量在黎巴嫩国内有着强大的影响力,导致其内政复杂且充满变数,进一步加剧了投资环境的不确定性。近年来,黎巴嫩经历了严重的经济危机,货币大幅贬值,通货膨胀高企,社会动荡频发。经济困境进一步削弱了政府的治理能力,社会对政府的不满情绪高涨,频繁的抗议活动和暴力事件增加了外国企业在黎巴嫩经营的风险。这种环境不仅影响企业的日常运营,还可能引发政策的急剧变化,增加合规挑战。黎巴嫩的腐败问题极为严重,政府和公共机构中普遍存在贪污腐败现象。这种腐败环境使企业在获取必要的许可证、合同和政府支持时面临巨大的不确定性和潜在的法律风险。外国企业可能不得不应对复杂的官僚程序和不透明的法律规定,增加了在当地遵守合规要求的难度。这些因素使得在黎巴嫩进行投资的中国企业面临显著的政治挑战和合规风险。

6.4.1.2 区域角度的分析

(1) 撒哈拉以南非洲地区。撒哈拉以南非洲地区的政治合规风险主要集中在中风险(C)和中高风险(D)两个等级(见图6-4),这反映了该地区的政治环境对外国投资者,特别是中国企业,存在一定的挑战和不确定性。以下是对撒哈拉以南非洲地区政治合规风险处于中等和中高风险的主要原因分析:第一,政治稳定性不足。撒哈拉以南非洲许多国家长期面临政治动荡、政权更迭频繁、政府治理能力薄弱等问题。尽管有些国家在向民主化转型,但政治体系仍然不够成熟,导致政治稳定性不足。例如,政变和政治暴力在该地区较为常见,尤其是在西非和中非地区,频繁的政治动荡增加了企业的政治合规风险。第二,该地区部分国家长期陷入外部或武装冲突。这些冲突不仅破坏了国家的基本治理结构,还造成了大规模的人道主义危机,进一步加剧了政治环境的不确定性和复杂性。企业在这些国家进行投资时,面临着高风险的政治干预、财产损失和业务中断。第三,政府治理能力薄弱。许多撒哈拉以南非洲国家政府治理能力有限,政策执行效率低,公共管理体系不健全。这种治理能力的薄弱表现为腐败普遍、法律制度不健全、行政效率低下等问题,直接影响了企业的合规运营。企业在这些国家可能面临复杂的行政审批程序、不透明的法律规定和难以预测的政策变动,增加了合规管理的难度。第四,腐败与不透明性。腐败问题在撒哈拉以南非洲地区十分普遍,尤其是在一些资源丰富但治理能力较差的国家。腐败导致公共资源分配不公、司法不独立以及官员滥用职权,增加了企业合规运营的难度。外国企业在进入这些国家市场时,可能不得不面对复杂的贿赂和寻租行为,从而增加了法律和合规风险。第五,外部干预与地缘政治。撒哈拉以南非洲地区部分国家受到外部势力的干预和影响,特别是由于大国在非洲的资源争夺和地缘政治博弈,这些外部因素加剧了该地区的政治不确定性。外部干预可能导致政策的不稳定,增加企业的合规风险。

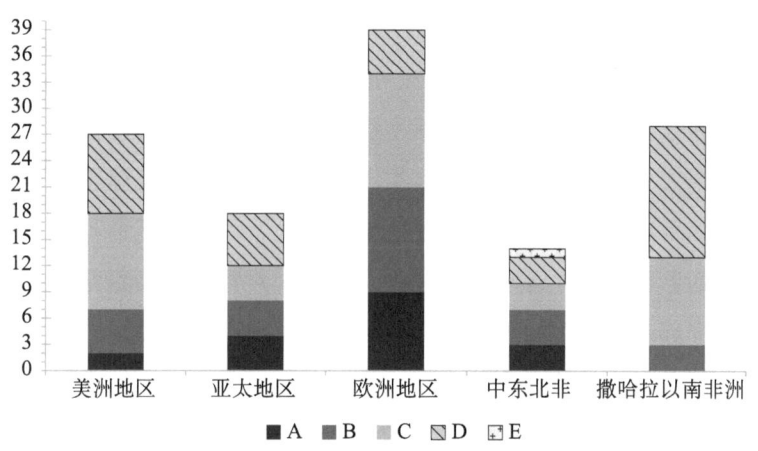

图 6-4　2022 年不同区域的政治合规风险等级国家数量
数据来源:根据评估结果整理。

(2)欧洲地区。欧洲地区的政治合规风险主要集中在低风险 A、中低风险 B 和中风险 C 三个等级,这反映出欧洲整体政治环境相对稳定,但不同国家之间仍存在一定的差异。以下是对欧洲地区政治合规风险的详细分析:第一,政治稳定性。欧洲地区大多数国家拥有长期稳定的政治体系,政府权力和平过渡,政策制定和执行相对透明且可预测。例如,北欧国家及德国、法国等西欧国家由于政治体系成熟、社会福利完善,政治合规风险非常低。第二,欧盟的影响。欧盟作为一个超国家的政治与经济实体,对成员国的政治、经济和法律框架有着深远的影响。欧盟的统一法规、政治一体化和共同的市场政策,有助于降低成员国之间的政治和法律合规风险。因此,许多欧盟成员国的政治合规风险被评为低风险或中低风险,反映了欧盟的稳定性和法治原则在降低政治风险方面的重要作用。第三,中东欧国家的转型与挑战。中东欧国家在经历了从计划经济向市场经济的转型后,政治体系逐步走向成熟,但部分国家仍在调整中,政治体系的健全性尚未完全达到西欧标准。这些国家的政治合规风险通常被评为中低风险或中风险。例如，波兰、匈牙利等国家在民主化进程中面临的挑战和政治制度的不确定性，使得其政治合规风险略高于西欧国家。第四，区域内部的政治多样性。欧洲内部的政治多样性也导致了合规风险评估的差异。一些南欧国家如意大利、希腊等，由于经济压力和偶发的政治不稳定性，其政治合规风险可能被评为中风险 C。这些国家虽然整体政治框架稳定，但经济压力和社会动荡可能导致政策不稳定，增加企业在这些国家的政治合规风险。第五，地区性冲突与分离主义运动。尽管欧洲总体上稳定，但少数地区存在分离主义运动和地区性冲突的风险，如西班牙的加泰罗尼亚问题、英国的苏格兰独立运动等。这些问题虽未对整体政治稳定造成严重威胁，但在局部地区仍可能影响投资者的政治合规风险评估。

（3）美洲地区。在美洲地区，政治合规风险分布呈现出明显的梯度差异。政治合规风险被评为低风险 A 的国家数量为 2 个。这些国家通常具有高度稳定的政治体系、健全的法律框架以及高效的政府治理能力，确保了企业在此类国家运营时面临较少的政治干扰和合规挑战。例如，加拿大和美国是这类国家的典型代表。尽管美国近年来政治环境有所变化，但总体上仍被视为政治合规风险较低的国家。美洲地区有 5 个国家的政治合规风险被评为中低风险 B。这些国家的政治环境相对稳定，尽管偶尔会出现政策波动或政治不确定性，但总体风险仍在可控范围内。此类国家包括智利、乌拉圭等，它们拥有较为成熟的政治制度和法治体系，但在某些特定领域可能存在中度风险，尤其是在政治变革或选举期间。美洲地区有 11 个国家的政治合规风险被评为中风险 C。这些国家通常面临一定的政治不稳定性，例如频繁的政府更迭、较高的腐败水平或政策执行的不确定性。尽管如此，这些国家的政治风险尚未达到严重影响企业运营的程度，但仍需要投资者特别关注。例如，巴西、墨西哥和哥伦比亚属于此类国家，它们政治体系中存在一定的不确定性和挑战。美洲地区有 9 个国家的政治合规风险被评为中高风险 D。这些国家往往面临较为严峻的政治挑战，如高水平的政治腐败或政治体制不健全，这些因素显著增加了企业在这些国家的合规风险。委内瑞拉、尼加拉瓜等国家是此类风险的代表，企业在这些国家进行投资时需要高度警惕政治环境的变化。美洲地区的政治合规风险分布呈现出多层次的特点，整体上涵盖了从低风险到中高风险的广泛范围。投资者在选择投资目的地时，应根据具体国家的政治合规风险等级，制定相应的风险管理策略，特别是对那些被评为中高风险的国家，需进行更加严格的风险评估和合规管理。

（4）亚太地区。在亚太地区，政治合规风险分布呈现出较为多样化的特点。以下是对该地区政治合规风险的详细分析：亚太地区共有4个国家的政治合规风险被评为低风险A。这些国家通常拥有高度稳定的政治环境以及成熟的政府治理机制，能够有效地维护社会稳定和商业环境的可预见性。这类国家包括新西兰、新加坡和澳大利亚等，它们在全球范围内都以政治稳定和法制健全著称，是中国企业进行海外直接投资时的优选目标。有4个亚太国家的政治合规风险被评为中低风险B。这些国家的政治环境相对稳定，虽然偶尔会出现政策波动或社会动荡，但整体风险水平仍然较低，企业在这些国家运营的政治风险可控。此类国家可能是马来西亚、韩国等，它们虽然面临一些地区性的政治挑战或社会问题，但总体上仍然具有良好的投资环境。亚太地区有4个国家的政治合规风险被评为中风险C。这些国家通常在政治环境上存在一定的不确定性，例如，政治体系的不成熟、频繁的政策变化或局部地区的社会不稳定。尽管如此，这些国家仍然具有一定的投资吸引力，但投资者需特别关注政治风险管理。这些国家包括印度、菲律宾、越南和印度尼西亚，它们在快速发展的同时，也面临着复杂的政治挑战。亚太地区有6个国家的政治合规风险被评为中高风险D。这些国家的政治环境相对不稳定，可能面临较高的腐败风险、政策不确定性或地区性冲突，这些因素增加了企业在这些国家的合规管理难度。此类国家可能包括缅甸、巴基斯坦和泰国等，虽然这些国家在经济发展上具备潜力，但其政治环境的复杂性要求投资者在进入市场前进行深入的风险评估和管理。亚太地区的政治合规风险分布显示出显著的区域差异，从低风险到中高风险的国家都有分布。对于中国企业而言，在该地区进行OFDI时，应根据目标国家的政治合规风险等级，制定相应的投资策略和风险管理方案。特别是在中高风险国家,企业需要更加谨慎,确保在复杂的政治环境中保持合规运营的能力。

(5) 中东北非地区。在中东北非地区,政治合规风险分布呈现出较大的差异性。部分国家具备较为稳定的政治环境和高效的政府治理,使企业在这些国家运营时面临的政治风险较小。如阿联酋等以政治稳定著称,并且在吸引外资方面有良好的记录。有 4 个中东北非国家的政治合规风险被评为中低风险。这些国家的政治环境虽然较为稳定,但存在一定的政策波动,可能对企业的合规运营带来一定程度的影响。然而,整体上风险仍处于可控范围内。此类国家可能包括科威特和阿曼等,它们在中东地区相对稳定,但仍需关注一些政策变动或地区性政治事件对投资环境的潜在影响。部分国家政府政策的不稳定和较高的腐败水平。尽管这些国家仍有投资潜力,但投资者需要在进入市场前进行谨慎的风险评估。还有少数国家的政治合规风险为中高风险和高风险,这些国家的政治环境相对不稳定,可能受到频繁的政策变动、高腐败风险或冲突影响,这显著增加了企业在这些国家的合规风险管理难度。这些国家的政治动荡和安全局势不稳,使得在当地投资充满挑战。中东北非地区的政治合规风险分布显著,从低风险到高风险的国家均有分布。中国企业在这一地区进行 OFDI 时,需要特别重视各国的政治环境差异,根据具体的政治合规风险等级,制定相应的投资和风险管理策略。特别是在中高风险和高风险国家,投资者需要更加谨慎,确保有足够的应对措施来管理复杂的政治风险。

6.4.2 社会和法律合规风险

6.4.2.1 国家角度的分析

对社会与法律合规风险的评估发现,处于低风险等级的国家共 26 个(占比 20.63%),处于中低风险等级的国家共 25 个(占比 19.84%),处于中风险等级的国家共 30 个(占比 23.81%),处于中高风险等级的国家共 24 个(占比 19.05%),处于高风险等级的国家共 21 个(占比 16.67%),如图 6-5 所示。

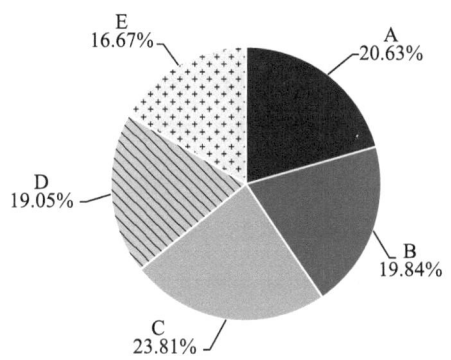

图 6-5　2022 年不同社会与法律合规风险级别的国家数量

数据来源：根据评估结果整理。

（1）低风险国家。从国家来看，丹麦、冰岛、加拿大、卡塔尔、卢森堡、德国、意大利、挪威、新加坡、日本、美国、英国、韩国等 26 个国家的合规风险等级为低风险，这些国家普遍拥有完善的法律体系和高度透明的法律执行机制，保障企业在当地的法律合规性。这些国家的法治水平较高，法律条文明确且可操作性强，企业能够在清晰的法律框架下运营，减少了因法律不确定性导致的合规风险。这些国家的社会环境相对稳定，犯罪率低，社会冲突少，政府对社会问题的管控能力较强。这为企业的经营活动提供了一个安全、可预见的社会环境，减少了因社会动荡或内部冲突带来的经营中断风险。在这些国家，劳动法和工会制度较为健全，劳动者权益得到充分保护。这些国家的企业往往在劳动合规方面面临较高的要求，但同时也受益于稳定的劳动力市场和较低的劳资纠纷风险。这些国家普遍重视知识产权保护和投资者权益，拥有健全的产权保护机制。这为跨国企业提供了一个安全的投资环境，确保其在东道国的资产和知识产权不受非法侵害。对于中国企业而言，选择这些低风险国家进行 OFDI，不仅能够在社会与法律合规方面获得较大的安全性和稳定性，还能够在较为成熟的法律环境中提升企业的国际化经营能力。这些国家提供了较为优越的投资环境，企业可以将更多精力投入到业务扩展和创新上，而非应对复杂的法律合规问题。这些国家在社会与法律合规风险方面的低风险评级，表明它们为企业提供了一个高度稳定且受法律保护的运营环境。这些特征使得这些国家成为中国企业 OFDI 的理想目的地，特别是在需要确保合规性的高端技术、金融服务和其他受法规高度监管的行业中。

（2）中低风险国家。克罗地亚、匈牙利、智利、沙特阿拉伯、希腊、法国、波兰、西班牙、马来西亚等 25 个国家的社会与法律合规风险处于中低风险等级，表明它们在法律和社会环境方面虽然存在一些挑战，但总体上风险较为可控。虽然这些国家拥有相对成熟的法律体系，但可能存在某些领域的法律不够完善或执行不够严格的情况。例如，法律法规在特定行业或地区的执行力度不足，可能导致企业在某些方面面临合规挑战。这些国家的社会环境总体稳定，但偶尔可能出现一些社会动荡事件，影响到企业的经营环境。例如，劳动争议的增加或社会问题的突发，都可能对企业产生一定的影响。尽管这些国家在劳动保护方面有较为严格的法律规定，但执行的均匀性可能存在差异。企业在劳动用工和人力资源管理方面需要遵守严格的法律要求，但在实际操作中可能面临一定的合规风险。这些国家在知识产权和投资者权益保护方面的法律体系相对完善，但实际的保护水平可能因执行力度和监管环境的不同而有所差异。企业在进行知识产权管理和资产保护时，需要关注当地的法律实施情况。对于中国企业而言，尽管这些国家的社会与法律合规风险被评为中低风险，但仍需在进入市场前进行充分的风险评估。企业在这些国家的投资环境较为稳定，但仍需关注具体的法律和社会问题，制定相应的合规策略，以降低潜在的法律和社会风险。中国企业在选择这些国家作为 OFDI 目的地时，可以在较为稳定的法律环境中进行投资，但仍需保持警惕，关注特定领域和地区的风险，以确保投资的合规性和安全性。

（3）中风险国家。俄罗斯联邦、印度、巴西、泰国、菲律宾、越南、阿根廷、巴拿马、哈萨克斯坦等 30 个国家的社会与法律合规风险被评为中风险，虽然整体上存在一定的法律和社会风险，但风险水平尚可接受。这些国家通常拥有相对成熟的法律体系，但在实际执行过程中可能存在不一致或不均匀的情况。法律的实施和司法公正可能受到地方政府或司法系统能力的影响,导致部分法律规定未能有效贯彻。这些国家社会稳定性较好但存在一定的风险因素。这些国家可能经历过社会动荡或频繁的政策变动,企业需要在经营过程中适应这些潜在的社会变动。这些国家有劳动保护法律,但执行力度和覆盖范围可能存在差异。企业在劳动用工管理中可能面临法规执行不严或劳动争议的问题。这些国家的产权保护法律体系虽然存在,但实际执行可能存在不足。企业需要特别关注知识产权的管理和保护,以防止潜在的侵权问题。对于中国企业而言,在这些国家进行 OFDI 时需要特别注意社会与法律合规风险。尽管这些国家的总体风险等级为中等,但企业在投资过程中仍需进行详细的风险评估,特别是在法律执行和社会稳定方面。企业应制定灵活的合规策略,并准备应对可能出现的法律和社会挑战。中国企业在选择这些国家作为 OFDI 目的地时,应充分了解当地的法律和社会环境,采取必要的风险管理措施,以确保投资过程中的合规性和安全性。特别是在法律执行和社会稳定方面的挑战,需要企业采取有效的应对策略。

(4) 中高风险国家。伊朗、南非、印度尼西亚、墨西哥、朝鲜、肯尼亚、埃塞俄比亚、阿尔及利亚等 24 个国家的社会与法律合规风险等级较高为中高等级 D,表明它们的法律和社会环境相对较为复杂和不稳定。这些国家的法律体系可能存在一定程度的缺陷,如法律条款的不完善或法律制度的不健全。同时,法律的执行力度不足,导致法律法规在实际操作中的有效性较低。这种情况可能导致法律的不确定性和不一致性,增加企业的合规风险。在这些国家中,社会不稳定性较高,频繁的社会动荡、政治不稳定或内乱可能影响企业的运营环境。例如,暴力冲突、抗议活动或政治动荡等都可能对企业的正常经营活动造成干扰和风险。尽管这些国家有相应的劳动法律法规,但其执行力度和覆盖范围可能不足。劳动争议较多,劳动法规的执行可能存在漏洞或执行不力,从而对企业的用工管理带来较高的风险。在这些国家中,产权保护法律体系可能不够完善,对知识产权和投资者权益的保护水平较低。这可能导致企业在知识产权管理和资产保护方面面临较大的风险,如知识产权侵权、资产被征用或法律保护不足等问题。这些国家的社会发展水平可能存在较大差距，导致社会和法律环境的复杂性增加。例如，发展不均衡或贫富差距较大可能对法律和社会环境造成负面影响。在这些国家中，政策和法规的频繁变动可能加大企业面临的合规风险。政策的不确定性和法规的快速变化使企业在适应新的法律要求和政策时面临较高的难度和风险。对于中国企业而言，选择这些国家作为 OFDI 目的地时，需要特别关注社会与法律合规风险。由于这些国家社会和法律环境相对不稳定或存在较高的风险，企业在进入市场前应对其进行深入的风险评估，并制定详细的合规策略。企业需要采取有效的风险管理措施，以应对法律和社会方面的挑战，确保投资的合规性和安全性。

（5）高风险国家。乌干达、刚果（布）、委内瑞拉、巴基斯坦、孟加拉国、缅甸、黎巴嫩等 21 个国家的社会与法律合规风险等级为高风险 E，这些国家的高风险给中国企业海外直接投资带来了诸多挑战。这些国家的法律体系通常存在严重缺陷，包括法律条款的缺乏、法律体系的不健全以及司法系统的弱化。法律的不完善可能导致法律实施的有效性大打折扣，使企业在遵守法律时面临巨大的不确定性。这些国家常常面临极端的社会不稳定情况，如频繁的暴力冲突、政治动荡、内战或广泛的社会不满情绪。社会动荡不仅威胁到企业的安全，还可能影响供应链的稳定和业务运营的连续性。即使这些国家制定了法律法规，其执行力度往往极其不足。法律的执行可能受到腐败、地方保护主义或官僚主义的影响，使得法律和规则无法有效地贯彻实施。在这些国家，劳动法律的执行可能存在严重的问题，如劳动争议频发、工人权益得不到保障以及劳动条件恶劣。这些问题可能对企业的用工管理带来极大的风险。这些国家的产权保护体系通常相当薄弱，知识产权和企业资产的保护程度低。企业在知识产权保护和资产安全方面可能面临严重的风险，如知识产权被侵权或资产被非法征用。社会发展的极度不平衡使得这些国家的法律和社会环境非常复杂。严重的贫富差距和社会服务不足可能加剧法律和社会环境的风险。政策的频繁变动和法规的不确定性增加了企业的适应难度，可能导致企业在遵守法规方面遇到重大挑战。多民族、多宗教的社会结构导致了频繁的社会冲突和紧张的民族局势。中国企业在选择这些国家作为 OFDI 目的地时，需要特别关注这些极端风险因素，采取极为严谨的风险管理策略，以降低投资过程中的合规风险。这可能包括加强对当地法律和社会环境的深度了解，制定详尽的合规管理计划，以及准备应对可能的法律和社会挑战。

6.4.2.2 区域角度的分析

（1）撒哈拉以南非洲地区。从区域来看，撒哈拉以南非洲地区国家的社会与法律合规风险等级主要为高风险和中高风险（见图 6-6）。第一，社会经济条件较差。撒哈拉以南非洲地区许多国家面临高失业率、低收入水平和经济增长缓慢的问题。经济脆弱性使得社会结构不稳定，增加了社会不满情绪和动荡的风险。高贫困率和收入不平等加剧了社会不安定因素，导致社会矛盾和冲突频发。社会经济条件恶化会导致社会动荡和不安，增加企业投资的风险和不确定性。第二，内部冲突严重。许多撒哈拉以南非洲国家经历了内战、部落冲突和政治动荡。内部冲突严重影响了国家的稳定性和法律实施。武装冲突和暴力活动使得社会环境极度不稳定，企业的运营和安全受到威胁。内部冲突不仅影响社会稳定，也可能直接威胁企业资产和人员的安全，增加投资风险。第三，宗教局势紧张。一些国家存在宗教冲突和宗教极端主义，导致宗教分裂和社会不安。宗教背景影响社会的包容性和多样性，增加了对非本宗教群体的歧视和冲突风险。宗教局势的不稳定会加剧社会分裂和冲突，对投资环境产生负面影响。第四，民族关系紧张。民族关系紧张和民族分裂问题在一些国家比较突出，民族矛盾和冲突频繁。民族政策不完善，导致不同民族群体间的矛盾和冲突未得到有效解决。民族关系问题使得社会环境不稳定，企业在处理投资和运营时面临更高的社会风险。第五，法律与秩序不完善。法律体系往往不完善，法律实施不力，司法系统不独立，法律保护水平低。法律实施中的腐败问题和执法不公现象严重，导致法律保护机制失效。法律和秩序问题使企业在遵守法律和保护自身权益方面面临较大挑战，增加了合规风险。第六，产权保护不足。在一些国家，知识产权和企业资产的保护机制非常薄弱，产权纠纷和盗版现象普遍。产权保护机制薄弱，知识产权盗用和资产纠纷问题严重。资源和土地的产权不明确,导致企业面临产权争议和使用权问题。产权保护不足使企业资产面临更高的风险,影响投资的安全性和长期收益。第七,劳动权益保障不足和劳工条件差。劳动法实施不到位,工人权益保障差,劳动争议频繁。劳工条件恶劣,工资待遇不公,劳动环境差,这些因素影响了劳动者的积极性和生产力。劳动权益保障不足增加了劳动纠纷和社会不满,影响企业的稳定运营。第八,教育资源不足和研发支持不足。教育投资不足,导致劳动力素质低,影响了国家的创新能力和技术水平。政府对研发和创新的支持有限,限制了技术进步和产业发展。教育和研发政策的不完善影响了人才培养和技术发展,增加了投资的不确定性和长期风险。上述原因显示了该地区的多重挑战和复杂环境,这些因素共同作用导致社会与法律合规风险等级普遍较高。对于中国企业来说,了解和评估这些风险因素是确保投资成功和降低风险的关键步骤。

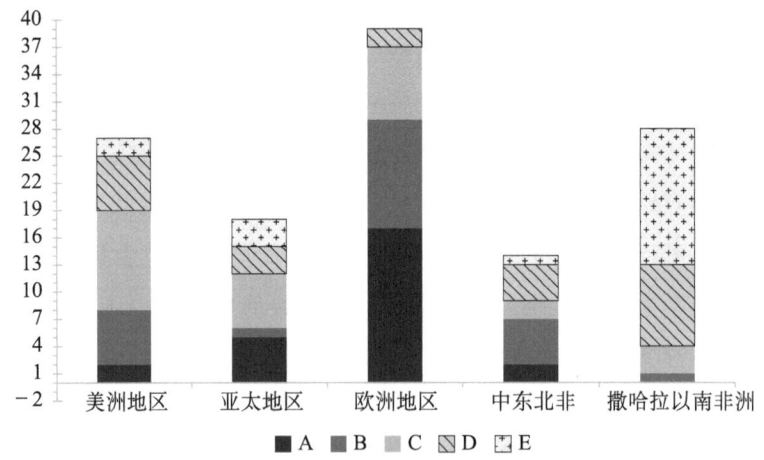

图 6-6 2022 年不同区域的社会与法律合规风险等级国家数量

数据来源:根据评估结果整理。

(2)欧洲地区。欧洲地区国家的社会与法律合规风险等级主要集中在低风险 A 和中低风险 B,这是因为:第一,经济繁荣和完善的社会保障体系。欧洲多数国家拥有较高的人均 GDP 和经济稳定性。经济的发展带来了更高的生活水平和社会福利，减少了社会不稳定因素。欧洲国家普遍拥有完善的社会保障体系，包括医疗保险、养老保险和失业救济等，降低了社会不安和贫困的发生率。经济繁荣和社会保障系统的完善有助于维持社会稳定，减少社会动荡和不满情绪，从而降低社会与法律合规风险。第二，稳定的政治环境。欧洲大部分国家拥有稳定的民主政治体系，政治权力交替有序，政府治理能力强。法治环境良好，法律体系成熟且执行有效，法律和秩序能够有效维护社会稳定。稳定的政治环境和高效的法律体系降低了法律与秩序方面的风险，提高了合规性，进而减少了社会与法律合规风险。第三，良好的法律与秩序。欧洲国家普遍拥有独立的司法系统，确保法律公正和透明。法律实施有效，法律保护机制健全，社会成员的权利能够得到保障。有效的法律和秩序系统保障了社会的稳定和公平，降低了因法律问题引发的合规风险。第四，良好的社会基础设施。欧洲国家对教育和科研的投入相对较高，教育水平普遍较高，创新能力强。劳动法规完备，劳动者的权益得到有效保护，劳动环境良好。高水平的教育和研发支持以及良好的劳动权益保护促进了社会和谐，降低了社会与法律合规风险。第五，产权保护有保障。欧洲国家普遍拥有完善的产权保护法律框架。这些法律涵盖了从知识产权到不动产产权的各个方面，确保产权的有效保障。产权保护法律在欧洲国家中通常具有较高的透明性和稳定性。法律条款明确，产权的法律保障和相关程序清晰，减少了法律风险。完善且稳定的产权保护法律体系有效减少了产权争议和侵权行为的发生，从而降低了社会与法律合规风险。企业和投资者在这种环境中能够更好地保护自己的合法权益，确保投资的安全性。这些因素共同作用，促使欧洲国家在社会与法律合规风险方面表现良好，为中国企业在该地区的投资提供了较为稳定和安全的环境。

（3）美洲地区。在分析美洲地区的社会与法律合规风险时，数据显示该地区的国家在风险等级上分布为：低风险 2 个国家、中低风险 6 个国家、中风险 11 个国家、中高风险 6 个国家，以及高风险 2 个国家，这一分布极为对称。这一分布反映了美洲地区在社会与法律合规方面的多样性和复杂性。美洲地区社会与法律合规风险等级的分布情况表明，该地区在社会与法律合规方面存在显著的差异。这种多样性反映了美洲国家在经济发展、法律体系完善程度以及社会稳定性等方面的不同特点。对于中国企业来说，在美洲地区投资时，需要根据不同国家的风险等级进行精细化管理，制定相应的策略以应对不同的社会和法律风险。

（4）亚太地区。在亚太地区，社会与法律合规风险的等级分布为：低风险5个国家，中低风险1个国家，中风险6个国家，中高风险3个国家和高风险3个国家。亚太地区的社会与法律合规风险等级的分布情况展示了该地区在社会稳定性和法律保障方面的多样性。从低风险到高风险的国家分布反映出不同国家在经济发展、社会稳定和法律执行上的差异。对于中国企业而言，在亚太地区的投资策略应根据不同国家的风险等级进行调整。低风险国家提供了稳定的投资环境，而高风险国家则要求企业采取特别的风险管理措施。中国企业在亚太地区的投资应综合考虑社会与法律合规风险，通过系统的风险评估和管理，保持合规经营，并积极履行社会责任。合理的政策适应与调整、风险分散策略以及本地化运营可以帮助企业在多样化的社会与法律环境中顺利开展业务，并实现可持续发展。通过这些措施，企业能够有效应对亚太地区的复杂环境，降低投资风险，确保投资的长期成功。

（5）中东北非地区。在中东北非地区的社会与法律合规风险分布中，该地区呈现出明显的多样性和不确定性。具体来说，社会与法律合规风险等级为低风险的国家仅有2个，中低风险的国家为5个，中风险的国家为2个，中高风险的国家达到4个，而高风险的国家为1个。这一分布反映出中东北非地区社会与法律环境的复杂性及其对中国企业的不同投资风险。对于中国企业在该地区的投资，建议应结合不同风险等级的特征采取相应策略。企业在中东北非地区的投资需要系统的风险评估和管理，通过灵活的投资策略、强化法律合规及履行社会责任等措施，能够有效应对该地区的社会与法律合规风险。

6.4.3 经济合规风险

6.4.3.1 国家角度的分析

对经济合规风险的评估发现,处于低风险级别的国家共26个(占比20.63%),处于中低风险等级的国家共25个(占比19.84%),处于中风险的国家共30个(占比23.81%),处于中高风险等级的国家共27个(占比21.43%),处于高风险等级的国家共18个(占比14.29%),如图6-7所示。

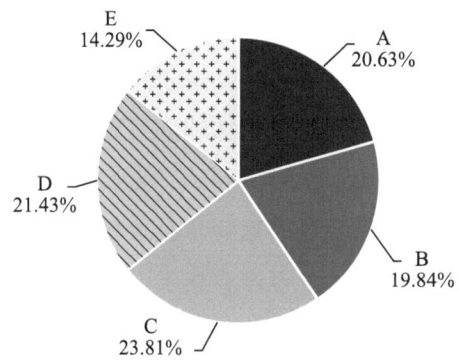

图6-7 2022年不同经济合规风险级别的国家数量
数据来源:根据评估结果整理。

(1)低风险国家。从国家来看,丹麦、冰岛、加拿大、卢森堡、德国、新加坡、日本、法国、美国、英国、荷兰、韩国等26个国家的经济合规风险是低风险,这一风险等级反映了这些国家在经济合规方面的高度稳定性和可靠性,主要表现在以下几个方面:首先,这些国家通常拥有健全的经济体制,使得投资者能够在一个稳定且透明的经济环境中运营。健全的经济体制包括严格的市场监管和良好的投资保护机制,这些都是降低经济合规风险的关键因素。其次,这些国家普遍具备高水平的经济自由度,包括商业自由、贸易自由和投资自由等,这使企业在这些国家能够更加顺畅地进行跨国投资与经营。同时,这些国家通常拥有较低的税收负担和稳健的财政政策,这为企业提供了更加可预测的经济环境。最后,这些国家在经济政策的执行上透明度高,政策变化少且可预见,降低了政策不确定性对企业投资决策的影响。例如，税制的稳定性和财政预算的平衡有助于减少企业在经营中的经济压力和不确定性。综合来看，这些国家因其稳定的经济环境、完善的法律框架和高水平的经济自由度，被认为是中国企业进行 OFDI 的优选目的地。投资者在这些国家进行投资时，面临的经济合规风险相对较低，能够在一个可靠和透明的市场环境中开展业务，从而提升投资成功的概率和效率。

（2）中低风险国家。在对中国企业 OFDI 境外经济合规风险的评估中，乌拉圭、克罗地亚、希腊、意大利、智利、波兰、葡萄牙、西班牙、马来西亚等 25 个国家被评为中低风险国家，这些国家的中低风险评级表明，它们在经济合规方面相对稳定，但仍存在一定的不确定性。具体分析如下：首先，这些国家一般拥有相对完善的法律和监管体系，能够提供一定程度的经济稳定性。然而，与低风险国家相比，它们的经济政策和市场环境可能存在较小的波动性和不确定性，这要求企业在投资决策时需要额外的风险管理措施。其次，这些国家在经济自由度、商业环境和税收政策上表现出一定的中等水平。例如，虽然它们支持商业和投资自由，但可能存在某些限制或政策不确定性，这需要企业在运营过程中保持灵活应对。最后，这些国家的经济环境相对较为复杂，可能面临一定的经济挑战，如经济增长缓慢或市场波动。虽然这些挑战不会完全阻碍投资，但它们可能对企业的长期规划和运营产生一定影响。此外，一些中低风险国家在政策执行方面可能存在差异，企业需要特别注意政策的变化以及可能的监管挑战。这些国家的经济环境虽然相对稳定，但不如低风险国家那样完全透明和稳定。尽管这些国家的经济合规风险被评为中低风险，但中国企业在这些国家进行 OFDI 时仍需谨慎，特别是在制定投资策略和风险管理计划时。企业应密切关注这些市场的经济动态，做好应对潜在政策和市场变化的准备，以保障投资的顺利进行和长期成功。

（3）中风险国家。伊朗、俄罗斯联邦、南非、印度尼西亚、土耳其、墨西哥、巴西、泰国、菲律宾、蒙古、越南、阿根廷等 30 个国家被评为中风险国家。这些国家的中风险评级反映了它们在经济合规方面的稳定性与挑战并存的状态。以下是对这些国家经济合规风险的详细分析：首先，这些国家的经济环境通常具有一定的稳定性，但也面临一些挑战。尽管这些国家拥有相对完善的市场机制和法律法规，但经济波动、政策变动以及外部经济冲击可能导致不确定性。例如，货币汇率波动、财政政策调整以及市场供求变化可能对企业的投资环境产生影响。其次，这些国家的经济自由度和市场开放程度存在差异。在某些国家，尽管政府支持商业和投资自由，但仍可能存在一定的监管限制或政策不确定性，这会影响企业的投资决策和运营成本。例如，税收政策的变化或行政审批程序的复杂性可能增加企业的合规负担。最后，部分中风险国家的经济环境可能受到政治和社会因素的影响。这些因素包括政治不稳定、社会冲突、政策的不确定性等，虽然这些国家在法律和市场环境方面相对较为成熟，但这些因素可能导致市场风险上升。企业在这些国家投资时，需要加强风险评估和应对措施，以减少潜在的不确定性。总的来说，尽管这些国家在经济合规方面被评为中风险，但这并不意味着它们不具备投资潜力。中国企业在这些国家进行 OFDI 时，应加强对经济环境和政策变化的监测，采取灵活的投资策略和风险管理措施，以应对可能的经济和市场挑战，实现长期的投资成功。

（4）中高风险国家。乌克兰、印度、古巴、埃及、孟加拉国、尼日利亚、摩洛哥、肯尼亚等 27 个国家是中高风险等级，这些国家的中高风险评级表明，它们在经济合规方面面临较为显著的挑战。以下是对这些国家经济合规风险的详细分析：首先，这些国家的经济稳定性和政策环境常常受到较大影响。中高风险国家可能面临显著的政治和经济不确定性，包括政策变动、财政和货币不稳定以及外部经济冲击。这些不确定性因素会影响市场的可预见性和投资环境的稳定性，使企业在这些国家进行投资时面临更高的风险。其次，这些国家的经济自由度和市场开放程度通常较低。尽管它们可能支持一定程度的商业和投资自由，但实际操作中可能会遇到较多的监管限制和政策障碍。例如，复杂的行政程序、频繁的政策调整以及较高的税收负担都可能增加企业的合规成本和运营风险。最后，某些中高风险国家还可能面临严重的基础设施问题，这影响了经济活动的效率和可靠性。基础设施不完善可能导致运营成本上升，同时增加了物流和供应链管理的难度。尽管这些中高风险国家可能具有一定的市场潜力和投资机会，但中国企业在这些国家进行OFDI时，需要特别谨慎。企业应加强对经济和政治环境的监控，制定详细的风险管理策略，确保能够应对潜在的合规和市场挑战，从而实现投资目标。

（5）高风险国家。乌干达、委内瑞拉、埃塞俄比亚、巴基斯坦、朝鲜、缅甸、海地、黎巴嫩等18个国家的经济合规风险是高风险，这些国家的高风险评级表明它们在经济合规方面存在极为显著的挑战。以下是对这些国家经济合规风险的详细分析：首先，这些国家通常面临严重的经济不稳定性。例如，极高的通货膨胀率和货币贬值等现象显著影响了经济的稳定性。经济不稳定不仅降低了投资回报率，还增加了投资者面临的财务风险。其次，这些国家可能经历严重的财政问题，包括高财政赤字和公共债务。财政赤字的扩大和公共债务的增加通常导致政府对经济的干预加剧，影响了市场的正常运作和投资环境的可预测性。再者，这些国家的经济自由度通常较低。例如，市场准入限制、外汇管制以及严格的资本流动限制都会限制企业的经营活动。有限的经济自由度增加了企业运营的复杂性和不确定性，从而提高了经济合规风险。此外，这些国家可能面临较高的税收负担和复杂的税制结构。税收政策的不透明和频繁的调整都会增加企业的合规成本，并影响企业的盈利能力和投资决策。基础设施不足也是这些高风险国家的一个显著问题。基础设施的不完善（如交通、能源和通信设施）直接影响了企业的运营效率，增加了运营成本，并可能导致供应链和物流的困难。最后，外部经济环境的脆弱性也是这些国家的一个重要风险因素。外部经济冲击（如国际市场的波动或全球经济增长放缓）会加剧这些国家经济的不稳定，进一步影响企业的投资安全性。中国企业在这些高风险国家进行OFDI时，应特别注意经济合规风险。建议企业在投资前进行深入的经济风险评估，并采取相应的风险管理措施，如加强对市场和经济环境的研究，考虑财务和税务的影响，并做好应对市场波动的预案，以降低投资风险并实现长期投资目标。

6.4.3.2 区域角度的分析

（1）撒哈拉以南非洲地区。从区域分布来看，在撒哈拉以南非洲地区，经济合规风险主要集中在高风险和中高风险等级（见图6-8）。这一状况反映了中国企业在该区域投资时在经济合规风险管理上的严峻挑战。首先，在撒哈拉以南非洲，多个国家面临着高通货膨胀率的问题，这不仅影响了经济的可预测性，还对企业运营成本造成了压力。高通货膨胀往往伴随货币贬值，这进一步增加了投资的不确定性。其次，尽管部分国家在实际GDP增长率上表现出一定的增长潜力，但人均GDP水平较低反映了经济增长的收益并未能广泛惠及民众，这表明该区域经济增长的质量和包容性仍有待提高。许多撒哈拉以南非洲国家面临预算赤字问题，这表明公共财政管理不善，可能会引发进一步的经济不稳定。这种财政不稳定性可能导致政府债务的持续增加，从而影响国家的经济合规风险。高经常账户赤字通常与资金流出和外汇短缺有关，这进一步加剧了经济的不稳定性，并增加了对外部经济冲击的敏感度。最后，撒哈拉以南非洲地区在这些方面的表现较差，尤其是在投资自由和税收负担方面受到的限制较多。这种低经济自由度导致了对企业运营的更多限制，同时增加了合规成本和复杂性。因此，中国企业在考虑进入该地区市场时，需要充分评估这些经济合规风险，制定适应性强的策略，以减轻潜在的经济波动和风险带来的负面影响。

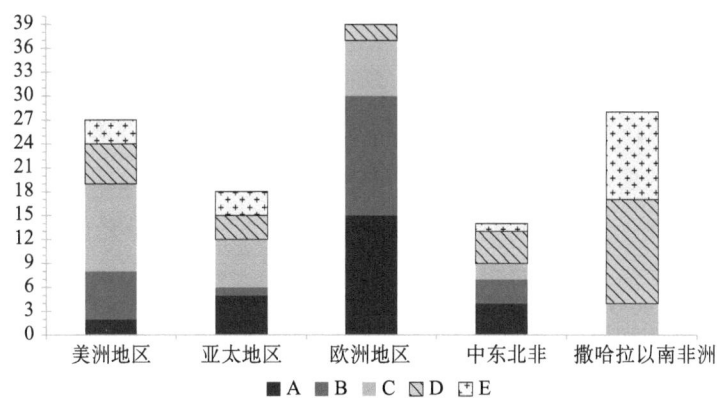

图6-8　2022年不同区域的经济合规风险等级国家数量

数据来源：根据评估结果整理。

（2）欧洲地区。在欧洲地区，经济合规风险主要集中在低风险和中低风险等级，这一情况体现了欧洲国家在经济稳定性和合规管理上的较高水平。首先，通货膨胀率在欧洲地区普遍较低。低通货膨胀率表明国家经济稳定，货币价值保持稳定，从而为企业提供了一个较为可预测的投资环境。这种经济稳定性有助于减少由于价格波动而导致的财务风险。在欧洲地区，许多国家的人均GDP较高，这表明经济的总体繁荣水平较高。实际GDP增长率在中低风险国家中通常也保持在一个稳定的水平，显示出健康的经济增长趋势。这些因素共同表明，欧洲国家在经济发展方面拥有良好的基础，能够支撑较低的经济合规风险。欧洲国家在这方面表现相对较好。多数欧洲国家拥有较为稳健的财政管理体系，预算赤字控制在合理范围内，从而减少了经济波动的风险。这种财政稳定性有助于维护经济的长期可持续发展，进一步降低了经济合规风险。经常项目占GDP比重在许多欧洲国家中也表现稳定。较低的经常账户赤字通常与健康的国际贸易和资本流动有关，这减少了外部经济冲击对国家经济的影响。最后，商业自由、贸易自由、投资自由和税收负担在欧洲国家中普遍表现较好。高经济自由度表明这些国家在商业环境、市场准入和投资活动方面的政策相对宽松，从而降低了企业的合规成本和复杂性。对于中国企业而言，进入欧洲市场通常面临较低的经济合规风险，但仍需关注各国具体的经济政策和法规差异，以确保业务运营的顺利进行。

（3）美洲地区。在美洲地区，经济合规风险主要集中在中风险等级。这一状况反映了该区域国家在经济稳定性、政策环境和市场条件方面存在一定的挑战，但总体上仍处于相对可控的范围内。美洲地区国家的通货膨胀率普遍存在一定的波动。高通货膨胀率可能导致货币贬值和购买力下降，这对企业的成本管理和收益预期构成风险。然而，大多数国家能够通过货币政策和财政手段进行调控，维持相对稳定的通货膨胀水平。人均GDP和实际GDP增长率指标在美洲地区表现出一定的分化。虽然部分国家具有较高的人均GDP和稳定的经济增长，但也有一些国家面临经济增长缓慢和收入不平等的问题。这种不均衡的经济表现影响了整体经济的稳定性和投资吸引力。预算赤字在一些美洲国家中相对较高，影响了国家的财政健康。这种情况可能导致外部债务增加和财政压力，从而对经济稳定性造成影响。美洲地区国家的经常账户赤字在某些情况下较高，反映了对外经济依赖和国际市场波动的敏感性。经常账户的不平衡可能导致外汇储备减少，增加经济不稳定性。经济自由度在美洲地区存在较大的差异。一些国家拥有较高的商业自由和投资自由，而另一些国家则面临较高的税收负担和行政障碍。这种差异影响了企业的投资决策和经营环境。中国企业在进入该区域时，应关注经济政策的稳定性，了解各国的经济政策和财政状况，以评估潜在的经济风险。尽管这些地区经济增长较快，但企业应关注收入不平等和经济增长的不均衡性，评估市场机会与风险。根据经济自由度的差异调整投资策略，特别是在行政管理和税收方面，确保合规并优化运营效率。

（4）亚太地区。在亚太地区，经济合规风险的分布情况较为多样，涵盖了从低风险到高风险的多个等级。具体分布为：低风险5个国家、中低风险1个国家、中风险6个国家、中高风险3个国家、高风险3个国家。在亚太地区的投资中，中国企业应根据不同国家的风险等级调整其投资策略。对于低风险国家，企业可以进行较为直接的投资，但需要关注市场饱和和竞争压力。对于中低风险和中风险国家，企业应进行详细的市场和政策分析，以便制订适应性的投资计划。对于中高风险和高风险国家，建议企业加强风险控制措施，可能包括多元化投资和与本地合作伙伴的合作，以降低潜在风险并保障投资回报。

（5）中东北非地区。在中东北非地区，经济合规风险的分布情况较为多样。具体分布为：低风险4个国家、中低风险3个国家、中风险2个国家、中高风险4个国家、高风险1个国家。在中东北非地区，中国企业应特别注意经济政策的变化和市场环境的波动。对于低风险和中低风险国家，可以较为稳定地进行投资，但仍需关注市场的变化和政策动向。对于中风险和中高风险国家，建议企业加强对风险的管理和预防，例如，实施动态的风险监测和调整投资策略。对于高风险国家，企业应谨慎决策，采取全面的风险控制措施,并考虑通过合作伙伴和本地资源来分散风险,确保投资的稳定性和安全性。

6.4.4 金融合规风险

6.4.4.1 国家角度的分析

对金融合规风险的评估发现,处于低风险等级的国家共21个(占比16.67%),处于中低风险等级的国家共29个(占比23.02%),处于中风险等级的国家共36个(占比28.57%),处于中高风险等级的国家共28个(占比22.22%),处于高风险等级的国家共12个(占比9.52%),如图6-9所示。

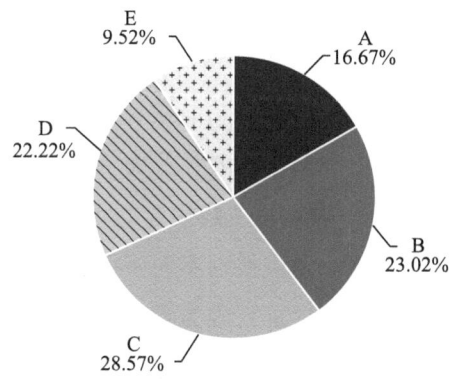

图6-9 2022年不同金融合规风险级别的国家数量

数据来源:根据评估结果整理。

(1)低风险国家。从国家来看,丹麦、俄罗斯联邦、冰岛、印度、印度尼西亚、新加坡、日本、泰国、菲律宾、韩国等21个国家的金融合规风险是低风险,这些国家的低风险评级表明它们在金融合规方面具有较为稳定和安全的投资环境。以下是对这些国家金融合规风险的详细分析:第一,这些国家普遍拥有相对稳定和成熟的金融市场。例如,丹麦和冰岛在金融监管和市场稳定性方面表现良好,而新加坡和日本则拥有高度发达的金融市场和稳健的金融体系。金融市场稳定会减少投资者面临的市场波动风险,提供一个安全的投资环境。第二,这些国家通常具备健全的金融监管体系，能够有效地监管金融机构和市场活动。以新加坡和韩国为例，它们拥有严格的金融监管框架和良好的监管执行力，这降低了金融违法行为的发生率，减少了企业的合规风险。第三，低风险国家通常具有较为宽松的外汇管制和资本流动政策。例如，印度和新加坡在外汇管制方面相对宽松，允许资本的自由流动，减少了企业在进行国际投资时的外汇风险和资本流动限制。第四，金融政策的透明度对减少金融合规风险至关重要。这些国家通常在金融政策制定和实施方面具有较高的透明度和规范性。例如，日本和韩国的金融政策和法规透明，便于企业理解和遵守，从而降低了政策变动带来的风险。第五，金融机构的健康状况直接影响金融合规风险。低风险国家的金融机构普遍保持良好的资本充足率和财务健康状况。例如，丹麦和冰岛的银行系统经历了监管部门的严格审查，保持了较高的稳定性。第六，这些国家的经济政策相对稳定，减少了政策变动带来的金融风险。以印度尼西亚和菲律宾为例，它们在宏观经济政策方面保持了较为稳定的态势，这有助于营造一个稳定的金融环境。这些因素共同作用，减少了企业在这些国家进行投资时所面临的金融合规风险。中国企业在这些国家进行OFDI时，可以较为放心地操作，但仍需关注个别国家的特定风险和政策变动。

（2）中低风险国家。加拿大、南非、巴西、智利、波兰、瑞典、约旦、英国、阿联酋、马来西亚等29个国家的金融合规风险为中低风险，这些国家的金融合规风险评估结果反映了其在金融稳定性和合规性方面的相对表现。以下是对这些国家金融合规风险的详细分析：第一，这些国家普遍拥有较为稳定的金融市场。加拿大和瑞典作为高收入经济体，其金融市场的成熟度和稳定性较高。然而，尽管市场稳定，全球经济波动仍可能对这些国家的金融系统产生一定的影响。相比之下，南非和巴西的金融市场虽具备一定的稳定性，但可能会受到区域性经济不确定性和市场波动的影响。第二，在金融监管方面，这些国家通常具有相对健全的框架。例如，英国和马来西亚在金融监管方面具有较强的制度化保障，能够有效管理和监督金融市场。然而，监管执行的效果在不同国家之间存在差异，可能受到资源配置和监管效率的影响。特别是在新兴市场国家，如阿联酋和约旦，尽管存在一定的监管框架，但在实际执行中可能面临挑战。第三，这些国家在外汇和资本流动政策上较为宽松。例如，阿联酋和约旦的外汇管制相对宽松，资本流动相对自由。然而，在某些情况下，外汇政策的松动或资本流动的限制可能会带来一定的不确定性，尤其是在经济动荡时期。第四，中低风险国家通常具有较高的金融政策透明度，但在实际操作中，信息的不对称性仍可能对企业投资决策产生影响。例如，波兰和智利的金融政策虽然较为透明，但政策调整的频率和方向可能会影响投资者的预期和决策。第五，这些国家的金融机构整体上较为健康。加拿大和瑞典的金融机构普遍表现良好，而南非和巴西的金融机构则面临一些管理和财务挑战。金融机构的稳定性直接影响到金融风险的整体水平，企业应关注金融机构的健康状况，以避免潜在的风险。第六，中低风险国家的经济政策稳定性较高，但全球经济波动仍对这些国家的金融环境产生影响。例如，南非和巴西的经济政策在国际市场的变化中可能面临一定的挑战，这可能影响到金融合规风险的评估。这些国家在金融合规方面的稳定性和透明度为中国企业 OFDI 提供了相对有利的投资环境。然而，中国企业在进行海外直接投资时，仍需关注这些国家可能面临的金融政策变化和市场波动，采取适当的风险管理策略，以确保投资的安全性和可持续性。

（3）中风险国家。在对中国企业 OFDI 境外金融合规风险的评估中，乌干达、卢森堡、古巴、墨西哥、德国、意大利、新西兰、澳大利亚、缅甸、荷兰、西班牙、越南、阿根廷等 36 个国家被评为中风险国家，这些国家的金融合规风险评估结果反映了它们在金融稳定性、监管框架、外汇与资本流动政策、金融政策透明度、金融机构的稳定性以及宏观经济环境方面的综合表现。这些国家的金融市场表现出不同程度的稳定性。例如，德国、澳大利亚和新西兰拥有相对成熟的金融市场，其市场稳定性较高。然而，像乌干达和缅甸这样的国家，其金融市场相对不成熟，面临较高的波动性和不确定性，这影响了整体的金融风险评估。中风险国家在金融监管方面的框架一般较为完善，但监管执行的效果存在差异。德国和荷兰等国家拥有较强的金融监管机制,能够有效防范金融风险。相比之下,墨西哥和古巴的金融监管体系虽然存在一定的框架,但在实际操作中可能面临监管执行力度不足的问题。这些国家的外汇和资本流动政策多样化。一些国家,如澳大利亚和新西兰在外汇政策上较为宽松,资本流动较为自由。而在其他国家,如乌干达和越南,虽然存在一定的外汇管制,但整体政策相对稳定,资本流动性较好。金融政策的透明度对投资环境有重要影响。德国和荷兰的金融政策透明度较高,为投资者提供了明确的政策指引。相比之下,古巴和缅甸的金融政策透明度较低,可能导致投资者面临信息不对称的问题。中风险国家的金融机构稳定性存在差异。德国、意大利和澳大利亚的金融机构普遍稳健,但一些国家如乌干达和缅甸的金融机构可能面临财务和管理挑战,这对金融合规风险的评估产生影响。这些国家的经济政策和宏观经济环境对金融合规风险有显著影响。例如,德国和西班牙的经济政策相对稳定,宏观经济环境较为健康。而阿根廷和越南的经济政策可能受到外部经济波动的影响,导致金融风险评估结果为中风险。这些国家的风险特征要求企业在投资决策过程中综合考虑金融风险因素,并在投资策略中留出足够的风险应对预案。

(4)中高风险国家。乌克兰、匈牙利、土耳其、埃及、希腊、比利时、法国、爱尔兰、美国、葡萄牙、蒙古、黎巴嫩等28个国家的金融合规风险为中高风险,以下是对这些国家金融合规风险的详细分析:第一,这些国家的金融市场在稳定性方面表现不一。美国和法国拥有较为成熟的金融市场体系,但在2022年面临了一些挑战,如市场波动和不确定性增加。相比之下,乌克兰、土耳其和蒙古等国家的金融市场相对不稳定,容易受到外部经济冲击的影响。第二,在这些国家中,金融监管框架的有效性和执行力度存在差异。比利时和爱尔兰的金融监管体系相对完善,能够较好地应对金融风险。然而,土耳其和埃及的金融监管体系可能存在执行不力的问题,这对金融稳定性构成了威胁。第三,这些国家在外汇和资本流动政策上的表现也有所不同。美国和法国的外汇政策较为宽松,资本流动自由度较高。相对而言,希腊和葡萄牙虽然政策较为稳定,但在经济危机期间面临资本流动的压力。乌克兰和土耳其在外汇政策方面可能存在更多限制,影响了资本的流动性。第四,金融政策的透明度对于投资者信心至关重要。法国和比利时在金融政策透明度方面表现较好,为投资者提供了明确的指引。相对而言,埃及和黎巴嫩的金融政策透明度较低,可能导致投资者对政策的不确定性增加。在这些国家中,金融机构的稳定性表现出较大的差异。美国和法国的金融机构总体稳健,但面临市场波动风险。相比之下,乌克兰和黎巴嫩的金融机构稳定性较差,可能受到经济和政治不稳定的影响。第五,中高风险评级的国家往往在经济政策和宏观经济环境方面存在一定的压力。比利时和法国的宏观经济环境总体稳定,但面临全球经济不确定性。土耳其和埃及在经济政策方面可能存在不确定性和波动,影响了金融合规风险的评估。中国企业在投资这些国家时,需特别注意金融市场的波动性和监管的不确定性,制定周密的风险管理策略,并保持灵活的应对措施,以减轻潜在的金融风险对投资的影响。

(5) 高风险国家。埃塞俄比亚、委内瑞拉、巴基斯坦、朝鲜、斯里兰卡、科特迪瓦、尼日尔等12个国家的金融合规风险为高风险等级,这些国家在金融合规风险评估中呈现出显著的高风险特征,详细分析如下:第一,这些国家的金融市场普遍不稳定,金融体系受到内外部冲击的影响较大。委内瑞拉和朝鲜的金融市场由于长期的政治和经济动荡,市场稳定性极为脆弱。埃塞俄比亚和科特迪瓦的金融市场同样面临着较大的不确定性,主要受限于经济基础薄弱和政治动荡。第二,金融监管框架的建设和执行普遍存在问题。巴基斯坦和斯里兰卡的金融监管体系可能存在监管不力、执行不严格的问题,使得金融市场风险难以有效控制。朝鲜的金融监管体系不透明,对投资者的保护机制不足,导致金融合规风险显著增加。第三,这些国家在外汇和资本流动政策上的表现较差,通常面临严格的资本管制和外汇限制。委内瑞拉和朝鲜的外汇政策高度控制,资本流动受到严重限制,影响了金融市场的流动性。埃塞俄比亚和尼日尔的外汇政策虽然有一定的自由度,但由于经济状况不稳,外汇市场仍然脆弱。第四,在高风险国家中,政策透明度通常较低,投资者难以获取清晰的政策指引。

斯里兰卡和科特迪瓦的金融政策透明度不足，导致投资者对政策环境的不确定性增加，影响了投资决策。第五，金融机构的稳定性在这些国家中普遍较差。尼日尔和科特迪瓦的金融机构由于资金不足和管理不善，面临较高的破产风险。朝鲜的金融机构几乎没有国际认可的稳定性，导致其在国际投资者中信任度极低。第六，经济政策和宏观经济环境通常存在较大的不确定性。委内瑞拉和巴基斯坦的经济政策波动较大，宏观经济环境不稳定，影响了金融市场的健康运行。斯里兰卡和埃塞俄比亚也面临类似的挑战，宏观经济的不稳定性增加了金融风险。中国企业在这些国家进行投资时，需要特别谨慎，评估金融市场的不确定性，采取有效的风险管理策略，并密切关注这些国家金融政策的变化，以减少潜在的金融风险对投资的影响。

6.4.4.2 区域角度的分析

（1）欧洲地区。在对欧洲地区金融合规风险的评估中，数据显示，该地区的金融合规风险等级主要集中在中风险和中高风险（见图6-10）。这种分布情况反映了欧洲在金融监管和市场环境方面的复杂性和挑战性。中风险国家在欧洲地区占据了显著份额，这表明这些国家的金融环境虽然具有一定的稳定性，但仍存在不确定性。例如，一些中风险国家可能面临较高的监管要求，或者在金融市场操作中存在一定的复杂性，这对企业的合规性和风险管理提出了更高的要求。此外，这些国家的金融政策和市场动态可能会受到国内外经济变动的影响，从而增加了金融风险的不可预测性。中高风险国家在金融监管和市场环境中存在较高的不确定性和挑战。这些国家可能面临较为严格的监管措施，或在金融市场中存在较高的波动性和风险。这种风险水平可能源于不稳定的经济环境、复杂的金融法规或较高的政治风险，这些因素共同影响了金融合规的稳定性和可预测性。对于计划在欧洲地区开展投资的中国企业，应采取以下策略以有效应对金融合规风险。首先，企业应深入了解目标国家的金融监管环境和市场规则，以确保符合当地法规和政策要求。其次，建立健全的内部合规管理体系，并与专业的法律和金融顾问合作，以便及时应对可能的合规挑战。此外，企业应密切关注金融市场的动态变化，制定灵活的风险应对措施，以保障投资的稳定性和长期回报。通过这些措施，中国企业能够更好地在欧洲地区应对金融合规风险，实现稳健的投资运营。

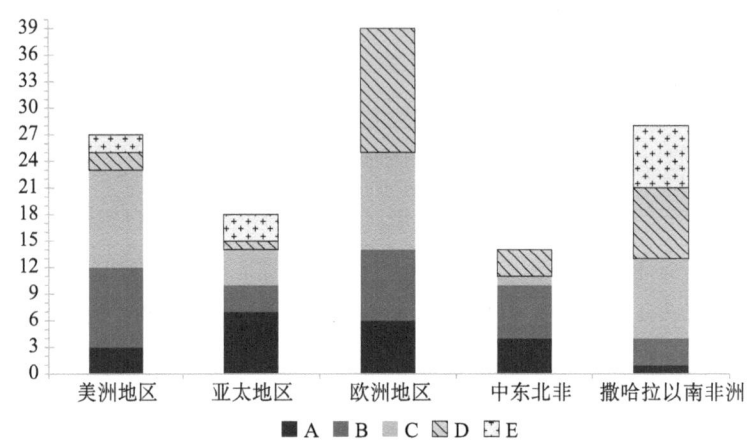

图 6-10　2022 年不同区域的金融合规风险等级国家数量
数据来源：根据评估结果整理。

（2）美洲地区。美洲地区的金融合规风险等级主要集中在中风险和中低风险，反映了美洲各国金融市场的多样性及其监管环境的复杂性。中风险国家在美洲地区占据了一定比例，这类国家通常存在较为复杂的金融监管框架，可能面临较高的市场波动性和较大的合规要求。例如，阿根廷等国家，其金融市场可能会受到宏观经济波动、政策不确定性和金融制度改革的影响，这些因素共同增加了金融合规风险。因此，中国企业在这些国家投资时，需要特别注意市场动态和政策变动，并采取相应的风险管理措施，以确保合规性和减少潜在的财务损失。中低风险国家表现出相对较为稳定的金融环境，金融监管体系较为成熟且透明。国家如加拿大等在金融合规方面提供了相对较好的环境，虽然存在一定的合规要求和市场风险，但总体风险较低。这些国家通常具备较为稳定的经济环境和成熟的金融市场，使得中国企业在这些国家投资时相对较少面临复杂的合规问题。对于计划在美洲地区投资的中国企业，首先，应深入了解目标国家的金融监管政策和市场环境，尤其是在中风险国家，关注宏观经济走势和政策变化。

其次，建立健全的内部合规管理体系，并与当地法律和金融顾问合作，以确保符合所有相关的金融法规。最后，企业应根据所在国的风险等级调整投资策略和风险管理措施，以实现投资的长期稳定性和可持续性。

（3）撒哈拉以南非洲地区。在撒哈拉以南非洲地区，金融合规风险的等级主要集中在中风险、中高风险和高风险，反映了该地区金融市场面临的挑战和复杂性，以及在金融合规方面的不稳定性和不确定性。中风险国家在撒哈拉以南非洲地区较为常见，这些国家的金融市场虽然存在一定的稳定性，但通常面临较大的经济波动和金融监管的不确定性。中国企业在这些国家投资时，需要关注金融市场的变化和政策的调整，特别是在经济动荡和政策改革时期，采取灵活的风险管理措施。中高风险和高风险国家在该地区相对较多，这些国家通常面临更大的金融不稳定性、监管不足和高水平的经济风险。中国企业在这些国家投资时，应特别注意金融系统的健康状况和政策环境的变化，实施严格的风险控制措施，并在决策前进行详细的风险评估。中国企业在该地区投资，应深入了解所在国家的金融法规和市场环境，积极与当地金融和法律专家合作，并高度关注金融稳定性和政策变化，确保适时调整投资策略，以确保金融合规性。

（4）亚太地区和中东北非地区。在亚太地区，金融合规风险的分布情况为：低风险7个国家、中低风险3个国家、中风险4个国家、中高风险1个国家以及高风险3个国家。在中东北非地区，金融合规风险的分布情况为：低风险4个国家、中低风险6个国家、中风险1个国家、中高风险3个国家。该分布反映了金融合规风险的分布显示出该区域在金融稳定性、透明度及监管方面的显著差异。整体上，该区域的金融合规风险呈现以下特点：第一，低风险国家通常具备较为稳定的金融市场和高度的透明度，这表现在完善的金融监管框架和高效的市场机制上。中低风险国家则可能存在一定的市场波动性和透明度不足的问题，但整体金融环境相对可控。中风险国家的金融稳定性和透明度较低，市场可能面临较大的波动和监管挑战。中高风险和高风险国家则表现出较大的金融不稳定性和监管缺陷，投资环境的不确定性较高。第二，在低风险国家，金融监管体系较为完善，合规要求明确且执行有效。中低风险国家的金融监管虽然存在一定的漏洞，但总体上能够维持一定的监管效力。中风险国家的金融监管体系可能不够健全，存在较多的不确定因素。中高风险和高风险国家的金融监管往往存在严重不足，可能导致合规要求的执行难度加大，市场环境的不确定性较高。在考虑投资于亚太地区和中东北非地区时，中国企业应充分理解区域内金融合规风险的分布情况。对低风险和中低风险国家，企业可以相对安心地进行投资，但仍需关注市场的细微波动和政策变化。对中风险以及中高风险和高风险国家的投资，则需要特别谨慎，实施严格的风险管理措施，确保投资决策的稳健性和合规性。同时，企业应当加强对这些区域金融环境的动态监控，及时调整投资策略，以应对可能出现的金融不稳定性和合规挑战。亚太地区展现出较为多样化的风险等级，要求投资者在决策时需进行细致的风险评估。而中东北非地区的金融合规风险主要集中在中低风险到中高风险之间，整体风险较为可控。对于中国企业而言，在这些地区投资时，需根据具体的风险等级和市场环境，制定相应的投资策略和风险管理措施。

6.4.5　对华关系合规风险

6.4.5.1　国家角度的分析

对华关系合规风险的评估发现，处于低风险级别的国家共 8 个（占比 6.35%），处于中低风险等级的国家共 40 个（占比 31.75%），处于中风险的国家共 35 个（占比 27.78%），处于中高风险等级的国家共 42 个（占比 33.33%），处于高风险等级的国家共 1 个（占比 0.79%），见图 6-11。

（1）低风险国家。从国家来看，印度尼西亚、新加坡、泰国、智利、马来西亚等 8 个国家的对华关系合规风险是低风险等级，表明这些国家与中国的双边关系稳固，对中国投资保持开放和欢迎的态度。这些国家的对华关系在多个方面表现出稳定和积极的特征，使得对华关系合规风险处于较低水平。原因分析如下：第一，双边关系稳固。这些国家与中国在政治、经济、文化等领域长期保持友好与合作的关系。例如，新加坡与中国

第 6 章　中国企业 OFDI 境外合规风险评估 | 203

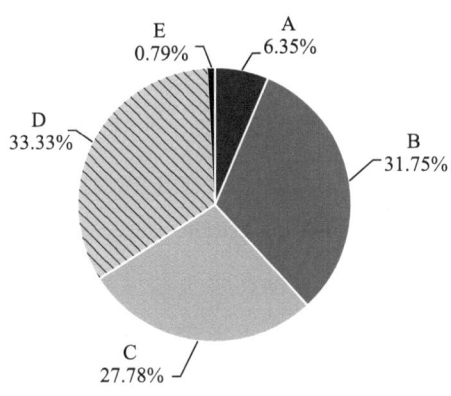

图 6-11　2022 年不同对华关系风险级别的国家数量

数据来源：根据评估结果整理。

有着密切的经济合作，双边贸易和投资关系稳固。此外，泰国和马来西亚与中国在区域合作机制中的互动频繁，双边关系高度互信。第二，签订双边投资协定（BIT）。这些国家大多与中国签订了双边投资协定（BIT），为中国企业在当地的投资提供了法律保障，降低了投资的不确定性。例如，智利与中国的自贸协定不仅促进了双边贸易，还为双边投资提供了更加透明和稳定的法律框架。第三，较少的对华投资限制。在这些国家中，对中国企业的投资限制较少，对华实施的国家安全审查相对宽松。马来西亚和印度尼西亚在吸引中国投资方面采取了开放政策，减少了行政壁垒和限制性措施，增强了投资便利性。第四，高水平的贸易和投资依存度。这些国家与中国的贸易和投资依存度较高。新加坡作为中国在东南亚地区的重要贸易伙伴，双边经济联系密切，这种高度依存的经济关系进一步降低了合规风险。印度尼西亚和泰国也因其对中国市场的高度依赖，促使政府在政策制定中保持对华关系的稳定性。第五，双边政治与文化距离较小。这些国家与中国在政治和文化方面的距离较小，减少了政策和文化上的冲突风险。例如，东南亚国家与中国在文化上有较多的相似之处，政治关系相对稳定，使企业在这些国家的经营更容易适应当地环境，降低了合规风险。这些因素使中国企业在这些国家的对华关系合规风险较低，为企业的海外投资提供了良好的环境和机遇。

（2）中低风险国家。在对中国企业 OFDI 境外对华关系合规风险的评估中，冰岛、哈萨克斯坦、埃及、印度、日本、澳大利亚、瑞士、白俄罗斯、缅甸、菲律宾、阿根廷、阿联酋等40个国家被评为中低风险，这些国家的对华关系虽然总体上较为稳定，但在某些特定领域存在一定的不确定性和潜在风险，导致其合规风险处于中低水平。第一，双边关系较为稳定但存在不确定性。这些国家与中国在多个领域保持了良好的合作关系，但部分国家的国内或区域性政治变动可能带来一定的不确定性。例如，埃及和阿根廷在国内政治局势上时有波动，这可能对其与中国的投资和合作带来一定的合规风险。此外，印度与中国之间存在一定的地缘政治紧张局势，虽然总体合作关系稳定，但风险因素仍需谨慎评估。第二，政策环境较为开放但存在潜在审查。大多数国家对中国投资的政策环境总体较为开放，但在某些敏感领域可能存在潜在的投资审查。例如，日本和澳大利亚虽然与中国保持着密切的经济关系，但在国家安全和关键基础设施领域，对中国投资可能进行更严格的审查。这些审查可能增加中国企业在这些国家的合规风险。第三，签署 BIT 或 RTA，但实施效果存在差异。这些国家大多与中国签署了双边投资协定（BIT）或区域贸易协定（RTA），为双边投资提供了法律框架，但在实际执行中，某些国家可能面临法律执行力不足或政策调整的挑战。例如，白俄罗斯和缅甸与中国签订了多项经济合作协议，但由于当地法律执行的透明度和一致性不足，可能导致实际投资中遇到合规风险。第四，贸易与投资依存度适中。这些国家与中国的贸易和投资依存度较高，但并非完全依赖中国市场。例如，瑞士和阿联酋虽然与中国有着广泛的经济联系，但其经济结构较为多元化，对中国市场的依赖相对适中。这种适中的依存度可能使这些国家在某些政策调整或国际关系变化中，面临一定的合规风险。第五，政治和文化距离较大。这些国家与中国在政治和文化方面的距离相对较大，导致在跨文化管理和政策协调方面存在一定的挑战。例如，印度和菲律宾在政治制度、文化习俗等方面与中国存在较大差异，这种差异可能导致中国企业在当地运营时面临更高的合规风险，特别是在处理与政府和社会相关事务时。中国企业在这些国家投资时，需要特别关注政策环境的动态变化，加强对潜在风险的识别和应对，确保投资的顺利进行。

（3）中风险国家。乌克兰、俄罗斯联邦、南非、卢森堡、巴西、希腊、比利时、爱尔兰、瑞典、土耳其等35个国家被评为中风险，这些国家与中国的双边关系相对复杂，虽然整体上存在合作机会，但也面临一定程度的政策和外交不确定性，这可能给中国企业带来一定的合规挑战。第一，双边外交关系的波动。这些国家与中国的外交关系可能并不完全稳定。比如，乌克兰和俄罗斯由于地缘政治冲突，对中国的外交政策可能出现波动，影响双边合作的顺利进行。此外，南非和巴西等国的政府更替频繁，新政府的对华政策可能存在变数，给企业的投资环境带来不确定性。第二，对华投资限制和审查。部分国家对中国投资设有特殊限制或较为严格的审查制度。例如，欧洲国家如爱尔兰、比利时和瑞典等，虽然对外资整体友好，但在涉及关键技术或战略性行业时，对中国企业的投资可能采取更谨慎的态度，导致合规要求提高。土耳其则在某些敏感领域对外国投资者，包括中国企业，实施严格的国家安全审查。第三，文化与政治制度差异。这些国家与中国在政治和文化上的显著差异可能对双边关系造成影响。例如，俄罗斯和土耳其的政治文化与中国有较大差别，中国企业在这些国家的投资需要适应当地的政治环境，同时避免因文化误解引发的合规风险。第四，双边制度和法律距离。这些国家的法律体系与中国存在较大差异，这种制度性距离可能增加中国企业在当地的合规难度。特别是卢森堡、瑞典等国家，其法律体系高度复杂，中国企业在这些国家开展业务时，需要深入理解和遵守当地的法律法规，避免法律风险。第五，双边贸易和投资依存度。这些国家与中国的贸易和投资联系虽然紧密，但依存度相对较低。这意味着在出现双边关系波动时，企业可能更容易受到影响。相对较低的依存度也意味着双边关系的稳定性不足，增加了投资的不确定性。中国企业在这些国家投资时，需特别关注当地的政治动态、法律环境以及双边关系的变化，以制定有效的合规策略，降低投资风险。同时，还应重视文化差异和制度距离，积极开展本地化运营，提升合规能力，确保投资的顺利推进。

（4）中高风险国家。丹麦、以色列、加拿大、墨西哥、德国、意大利、委内瑞拉、法国、波兰、美国、芬兰、英国、葡萄牙、西班牙等42个国家的对华关系合规风险是中高风险，这表明这些国家在与中国的双边关系中存在较高的不确定性，可能对中国企业的投资带来更大的合规挑战。第一，双边关系的复杂性。这些国家与中国的双边关系虽然在经济、科技等领域存在合作，但政治、军事和人权等方面的分歧较为显著。例如，美国和加拿大与中国在贸易、技术和外交政策方面的摩擦频繁，导致对华投资审查趋严。此外，欧洲一些国家如德国、法国、英国等，对中国的战略性投资抱有较大警惕，尤其在涉及高科技和基础设施领域时，合规要求日益严格。第二，投资限制与国家安全审查。很多中高风险国家对外资，特别是对中国企业的投资采取了严格的审查措施。以色列在高科技领域拥有较高的国际地位，对外国投资有较为严格的监管制度。美国更是通过《外国投资风险评估现代化法案》（FIRRMA）大幅加强了对外国投资的国家安全审查，尤其针对中国企业。第三，政治制度差异与文化距离。在政治制度和文化方面，这些国家与中国存在显著差异。例如，委内瑞拉和中国在政治经济模式上有较大差异，导致中国企业在当地投资时可能面临更高的政治和文化障碍。芬兰和丹麦等北欧国家在文化价值观和政治理念上与中国存在差异，可能对中国企业的文化适应性提出更高要求。第四，双边贸易与投资关系的脆弱性。一些国家与中国的贸易和投资关系并不稳固，易受国际局势变化的影响。例如，墨西哥作为美国的邻国，其对华政策可能受到美中关系的影响；波兰在欧洲联盟内的政策导向也可能对与中国的关系产生间接影响。这种双边关系的脆弱性使得中国企业在这些国家的投资存在较高的不确定性。第五，对华政策的动态变化。随着国际形势的变化，一些国家的对华政策可能出现较大波动。例如，近年来美国对中国的政策逐渐趋于强硬，直接影响了美国对华投资的监管环境。欧洲部分国家如意大利、法国等，也在一定程度上随着欧盟对华政策整体进行调整，中国投资的合规风险增加。对于中国企业而言，在这些国家进行OFDI时，需特别关注双边关系的变化，重视投资的政治风险和法律风险，制定灵活的应对策略，并在投资前做好充分的风险评估与准备，以降低潜在的合规风险。

（5）高风险国家。海地的对华关系合规风险被评为高风险，这意味着中国企业在海地开展投资时，将面临极高的合规风险，尤其在对华关系方面。以下是造成这一高风险评级的主要原因分析：第一，缺乏外交关系。海地与中国没有正式的外交关系。海地是少数与中国台湾保持"邦交"的国家之一，这导致其与中国大陆在政治上存在严重的对立。没有正式的外交关系意味着中国企业在海地投资无法获得中国政府的直接支持和保护，增加了在当地的政治和法律风险。第二，对华投资限制。由于与中国台湾的外交关系，海地对来自中国大陆的投资可能采取不友好或排斥态度。这种敌对关系使得中国企业在海地进行投资时，可能面临额外的限制和障碍，甚至可能遭遇不公平的待遇或恶意政策。第三，不稳定的政治局势。海地的政治局势长期不稳定，政局频繁变动，且存在严重的腐败问题。这样的环境进一步加剧了中国企业在当地开展业务的风险。缺乏稳定的政治环境，中国企业在海地很难进行长期的投资规划和经营。第四，文化和法律体系差异。海地的法律体系和文化背景与中国差异巨大。在一个没有正式外交关系的国家，这些差异会被进一步放大，使得中国企业难以适应当地的法律要求和社会规范，增加了合规的难度。第五，国际孤立与援助依赖。海地经济高度依赖国际援助，且在国际社会中相对孤立。这种孤立状态使海地对外资特别是中国投资的态度可能不稳定。由于国际援助的政治附带条件，海地在处理与中国的经济关系时，可能受到其他大国（如美国）的影响，导致对中国投资的政策更加不确定。对于中国企业来说，在海地开展 OFDI 面临极高的政治和合规风险，需谨慎评估当地环境，充分考虑潜在的政治和法律挑战，并在投资前做好全面的风险预防措施。

6.4.5.2　区域角度的分析

（1）欧洲地区和美洲地区。在对华关系合规风险的评估中，欧洲地区和美洲地区的国家整体表现为中风险和中高风险（见图 6-12）。对这一情况进行深入分析：第一，投资审查和国家安全审查角度。这些地区普遍对中国企业的投资实施了严格的国家安全审查和投资审查程序。许多国家对外国特别是中国的投资在关键领域，如技术和基础设施，设置了较高的门槛。这种审查制度增加了中国企业在这些地区投资的复杂性和风险。第二，部分国家对中国投资存在一定的限制，包括对特定行业的投资限制或需要额外的审批程序。这些投资限制通常涉及国家安全、战略产业或敏感技术领域，限制了中国企业的市场进入和业务扩展，有些限制最终导致了中国在该地区的投资失败。第三，一些国家与中国之间的双边协议和政策经常变动。这些变化可能影响投资环境的稳定性，从而对中国企业的长期投资决策产生不利影响。第四，文化和政治距离也在一定程度上影响了对华关系的合规风险。在这些地区，文化差异和政治关系的紧张可能导致对中国企业的非正式障碍，增加了投资的不确定性。第五，双边贸易和经济依存度。经济依存度较高的国家通常会面临更多的政治和经济压力，这些国家可能对中国企业的投资持谨慎态度，增加了投资的风险。中国企业在这些区域内投资时应关注合规要求、建立本地合作关系、灵活调整策略、强化跨文化沟通，并建立风险预警和管理机制。这些措施将有助于帮助企业提高对当地市场和政策环境的适应能力，并在复杂的投资环境中降低风险，实现可持续发展。

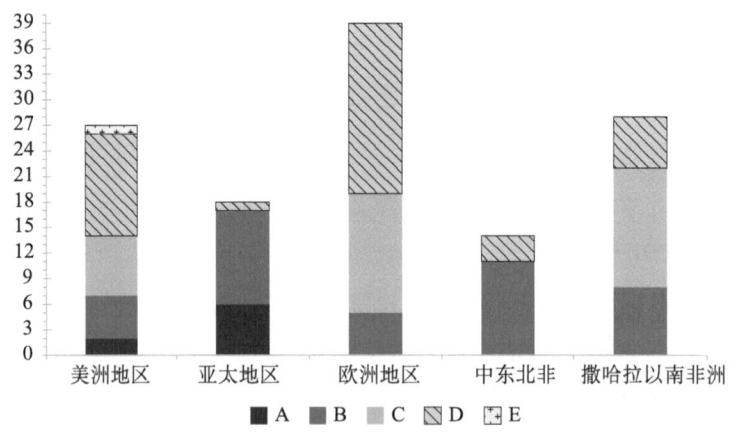

图 6-12　2022 年不同区域的对华关系合规风险等级国家数量

数据来源：根据评估结果整理。

（2）亚太地区和中东北非地区。亚太地区和中东北非地区国家的对华关系合规风险主要是中低风险。这种风险分布主要反映了几个关键的区域性特点和因素。这些地区相较于其他区域，通常与中国的经济和政治联系较为密切，使得对华投资的限制较少，投资环境相对宽松。区域内多数国家对中国的投资审查程序较为宽松，国家安全审查要求相对低，投资审批的透明度和效率较高。此外，这些国家在对华双边关系中通常保持较为积极的合作态度，促进了双边投资的便利性。亚太地区的中低风险状况部分源于该地区国家对中国市场的高度依赖和经济互补性。许多国家在与中国的经济合作中受益匪浅，因此保持相对开放的投资环境。同时，文化和政治距离相对较小，有利于中国企业的顺利进入和运营。中东北非地区的中低风险情况也体现了该区域对中国的积极合作态度。虽然部分国家的政策环境较为复杂，但总体上这些国家愿意通过经济合作来促进双边关系的发展，降低了对华投资的整体风险。针对这些区域的投资环境，中国企业可以采取以下策略以优化投资效果和降低风险：首先，继续利用和深化与当地政府和合作伙伴的关系，确保对政策变化和市场趋势的及时了解。其次，利用相对宽松的投资环境优势，加快市场进入步伐，争取在竞争激烈的市场中占据有利地位。同时，注重文化适应和本地化运营策略，以提高企业在本地市场的接受度和竞争力。最后，建立健全的风险管理体系，监测和评估潜在风险，以便在投资过程中及时调整策略，保障投资的稳定性和持续性。通过这些措施，中国企业可以在亚太地区和中东北非地区的中低风险环境中实现长期的稳健发展。

（3）撒哈拉以南非洲地区。在撒哈拉以南非洲地区的对华关系合规风险评估中，该地区国家的风险等级主要集中在中低风险、中风险和中高风险，其中中低风险 8 个国家，中风险 14 个国家，中高风险 6 个国家，未见低风险或高风险国家。这一分布特征揭示了该地区在对华关系合规风险方面的独特状况。首先，中低风险国家在撒哈拉以南非洲地区主要体现了这些国家在对华投资审查方面相对宽松和合作的态度。这些国家通常对中国的投资持开放态度，审查程序相对简便，且较少涉及复杂的国家安全或政治干预因素。这种宽松的政策环境使得中国企业在这些国家的投资活动较为顺利,并有助于推动双边经济合作的深化。其次,中风险国家占据了撒哈拉以南非洲地区的主要份额,这反映了这些国家在对华投资政策上的不确定性和多变性。虽然这些国家对中国的投资相对开放,但仍可能存在一定的政策风险和管理挑战。例如,部分国家可能在投资审批过程中要求较高的透明度或设有额外的审查程序,这对中国企业的投资决策和运营产生一定的影响。最后,中高风险国家的存在则揭示了这些地区投资环境中潜在的较高风险。这些国家可能对中国的投资实施较为严格的审查程序,或存在较高的政治和经济不确定性,可能影响投资的稳定性和预期回报。在这些国家,可能需要更多的风险缓解措施和更强的本地化运营策略,以应对可能的挑战。综合来看,撒哈拉以南非洲地区的对华关系合规风险状况提示中国企业在该地区的投资决策应更加谨慎。中国企业在进入这些国家市场时,特别是中风险和中高风险国家,务必深入了解当地的投资政策和市场环境,建立完善的风险管理体系。同时,加强与当地政府和业务合作伙伴的关系,确保对政策变动的及时响应,并采取灵活的投资策略以应对可能的风险。此外,应关注和评估潜在的政治和经济风险,以保障投资的稳定性和长期回报。

6.4.6 环境资源合规风险

6.4.6.1 国家角度的分析

对环境资源合规风险的评估发现,处于低风险等级的国家共 9 个(占比 7.14%),处于中低风险等级的国家共 37 个(占比 29.37%),处于中风险等级的国家共 47 个(占比 37.30%),处于中高风险等级的国家共 33 个(占比 26.19%),没有处于高风险等级的国家,如图 6-13 所示。

(1)低风险国家。从国家来看,加纳、哈萨克斯坦、卡塔尔、科威特、蒙古、阿曼、巴林、圭亚那等 9 个国家的环境资源合规风险是低风险,表明这些国家在环境政策和资源管理方面存在宽松态度,较低的环境保护标准,以及相对较高的资源消耗和污染物排放容忍度。其详细分析如下:

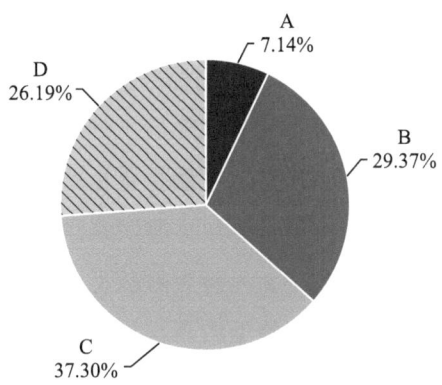

图 6-13　2022 年不同环境资源合规风险级别的国家数量

数据来源：根据评估结果整理。

第一，环境政策宽松。这些国家对环境保护的重视程度较低，导致环境政策相对宽松。对于外资企业来说，这意味着在这些国家进行投资时，面临的环境合规要求较少，降低了企业因不符合环境标准而受到处罚的风险。例如，一些资源型经济体如哈萨克斯坦和蒙古，可能对矿产和资源开发有较少的限制，以促进经济增长，从而导致环境资源合规风险降低。第二，自然资源损耗较高。这些国家可能存在较高的自然资源消耗，对资源开发的监管较少，企业在资源开发过程中面临的环境审查和限制较少。因此，中国企业在这些国家进行资源开发时，合规风险相对较低。例如，科威特和卡塔尔等国家，作为主要的石油生产国，对石油开采的环境监管可能相对宽松，减少了合规负担。第三，一次能源强度和温室气体排放较高。高能源强度和温室气体排放通常与低效的能源使用和较宽松的环保政策有关。在这些国家，企业进行高能源消耗的工业活动时，可能不需要承担过多的环境责任和成本，降低了合规风险。卡塔尔和科威特等国可能在石油和天然气行业的高排放标准上有所放宽，从而降低了相关企业的合规难度。第四，废水处理和固体废弃物管理不完善。这些国家可能在废水处理和固体废弃物管理方面的标准不高，对企业在这些方面的合规要求较少。例如，蒙古和圭亚那等国在工业废水处理和固体废弃物管理上的要求可能不如环境标准较高的国家严格，因此在这些国家开展相关业务时，企业所面临的合规风险较低。第五，PM2.5等污染物标准较宽松。这些国家对空气质量，特别是PM2.5等污染物的控制标准较为宽松，企业在进行工业生产时可能无需承担严格的环保责任，这降低了环境合规风险。巴林和阿曼等国可能对工业排放的监管不严格，导致企业在这些国家进行投资时面临的环保合规压力较小。这使中国企业在这些国家进行投资时面临的环境资源合规要求较低，合规成本较小，风险相对较低。对于中国企业而言，这些国家可能是适合进行高资源依赖型或高排放型行业投资的地区，但也需注重长期的环境和社会影响。

（2）中低风险国家。在对中国企业OFDI境外环境资源合规风险的评估中，伊朗、俄罗斯联邦、印度、新西兰、澳大利亚、缅甸、阿联酋、马来西亚等37个国家被评为中低风险，主要是因为这些国家虽然在一定程度上重视环境保护，但在实践中对环境的监管和政策执行可能并不严格。其详细分析如下：第一，相对宽松的环境政策。虽然这些国家在环境保护上可能并非最宽松，但相对较为宽松的环境政策仍使企业在环保合规方面面临的压力较小。比如，俄罗斯和印度等国虽然在国际上有一定的环保承诺，但其国内的环境监管实施力度相对较弱，尤其在资源开采和重工业领域，导致企业的环境资源合规风险处于中低水平。第二，资源消耗和能源使用强度较高。这些国家可能在资源开发和能源使用方面的强度较高，但没有严格的限制和监管。例如，伊朗和阿联酋依赖石油和天然气的生产和出口，这些行业的高资源消耗在这些国家的环境政策中受到较少约束，因此外资企业在进行类似投资时，合规风险相对较低。第三，污染物排放控制较松。这些国家在温室气体排放、废水处理和固体废弃物管理等方面的标准并不高，企业在这些领域的合规负担较轻。例如，缅甸和马来西亚可能对工业污染物排放的监管并不严格，这意味着相关企业能够以较低的成本进行运营，从而减少了合规风险。第四，经济发展优先于环境保护。这些国家在发展经济的过程中，往往优先考虑经济增长，而非环境保护。因此，环境标准的执行可能并不严格，特别是在涉及重大经济利益的项目上。例如，印度和澳大利亚等国在矿业和农业等行业对环境保护的要求相对较低，这降低了企业的合规负担。第五，区域特性与地理环境影响。新西兰和澳大利亚等国地广人稀，生态系统相对自我恢复能力强，导致这些国家在某些环境方面的政策实施较为宽松。这种环境背景下，企业的环境合规压力较小，也促使这些国家的合规风险评估处于中低水平。对于中国企业在这些国家的投资，虽然需要关注一定的环境合规要求，但整体合规风险相对较低，且有可能获得更多的政策宽松和环境标准豁免。因此，这些国家在投资领域仍具备一定的吸引力，特别是在涉及资源开发和高能耗产业时，但同时也要平衡短期经济利益与长期环境可持续性的关系。

（3）中风险国家。冰岛、加拿大、南非、印度尼西亚、墨西哥、巴西、新加坡、智利、波兰、泰国、美国、菲律宾、越南、韩国等47个国家的环境资源合规风险被评为中风险，这一评级反映了这些国家在环境政策、资源消耗、污染控制等方面的表现处于中间水平，即合规压力和投资环境相对平衡。表明这些国家在环境政策、资源管理和污染控制等方面维持了一定的标准，但并未严格执行或强制落实。这意味着企业在这些国家的投资活动既要遵守一定的环境法规，同时也能在一些领域获得政策的灵活性和运营上的适度宽松。其详细分析如下：第一，这些国家通常具有较为平衡的环境政策，即在环保与经济发展之间寻求妥协。例如，美国和加拿大虽然对环境保护有严格的法律规定，但在某些行业（如能源和农业）会提供一定的政策灵活性，使企业在环境合规方面的压力适中。第二，这些国家在资源消耗和能源使用方面实行相对合理的管理。这些国家可能有一定的资源开发政策和能源强度管理，但并不如高风险国家严格。例如，巴西和南非在矿产和农业方面的资源消耗较高，但有相应的环保措施来控制其环境影响，从而使合规风险维持在中等水平。第三，虽然这些国家在控制工业废弃物和污染物排放方面有一定的规定，但执法力度可能存在地区性差异，导致环境资源合规风险处于中等水平。例如，墨西哥和泰国虽然在污染物排放方面有一定的法规，但执行和监管可能并不完全到位，使企业面临中等水平的合规要求。第四，许多中风险国家在国际上承受着环境保护的压力，同时国内也有一定的环保意识，但在政策实施时会考虑经济发展的需要。例如，韩国和新加坡在国际环保标准上表现积极，但在一些关键经济领域可能会放宽部分环境要求，导致整体合规风险适中。第五，这些国家通常具有多样化的经济结构和地理环境，这意味着环保政策和资源管理的执行可能因地区差异而异。例如，智利和菲律宾的自然资源丰富，但对资源开发的管理政策可能因区域发展优先级不同而存在差异，这导致环境资源合规风险在国家层面上表现为中等。因此，对于在这些国家投资的中国企业，尽管需要认真评估和遵守当地的环境法规，但合规成本和风险相对可控，且可能存在一定的政策空间，可以通过适当的合规管理来实现可持续发展目标。

（4）中高风险国家。丹麦、卢森堡、希腊、德国、意大利、日本、比利时、法国、瑞士、芬兰、英国、荷兰、西班牙、葡萄牙等33个国家的环境资源合规风险等级为中高风险，说明这些国家在环境政策、资源管理、污染控制等方面存在较高的合规要求。这种高风险评级反映了它们在保护环境的同时，也给企业带来了显著的合规挑战，中国OFDI企业在这些国家投资将在环境资源管理方面面临着较高的合规挑战。原因如下：第一，严格的环境法规与合规要求。中高风险国家通常拥有严格的环境法规和高标准的合规要求。例如，德国和法国在废物处理、污染控制以及资源利用效率方面有着严格的法律要求，虽然这些法规旨在保护环境，但也给企业带来了较高的合规负担。第二，这些国家普遍对环境保护具有较高的意识，并积极推行环境保护政策。这种高度关注环境保护的政策，虽然对环境产生了积极影响，但也可能导致较高的合规风险。例如，瑞士和芬兰在环境政策方面非常积极，但这也意味着企业需要遵守更为复杂和严格的合规要求。第三，资源管理与污染控制挑战。尽管这些国家在资源管理和污染控制方面已有一系列政策，但由于其工业化水平和经济活动密集，环境资源的消耗和污染依然存在一定的问题。例如，意大利和西班牙的资源开发和工业活动对环境造成了一定压力，导致合规风险较高。第四，区域差异与实施不均。即使在环境保护法规较为完善的国家，由于区域之间在实施和执行上的差异，某些地区可能面临更高的合规风险。例如，比利时和荷兰在不同省份或城市的环境政策实施力度可能不同，这会影响整体的环境资源合规风险。第五，在这些国家，经济活动和环境保护之间的平衡问题可能导致较高的合规压力。例如，英国和荷兰作为发达经济体，其经济活动规模和复杂性可能带来更高的环境管理和合规挑战。对于中国企业而言，在这些国家进行投资时，需要高度重视环境法规，进行严格的合规管理，并准备应对较高的环境合规成本，以确保业务的可持续发展和符合法规要求。

6.4.6.2 区域角度的分析

（1）撒哈拉以南非洲地区。从区域来看，撒哈拉以南非洲地区国家的环境资源合规风险等级主要是中低风险 B（见图 6-14），这一现象可以从以下几个方面进行分析：第一，撒哈拉以南非洲地区许多国家的环境保护政策和法规尚处于发展阶段，相对于全球标准，其环境法规的覆盖面和严格程度可能较低。这种情况下，虽然这些国家的环境保护意识和政策有所提升，但整体执行力度和法规完善度可能不及发达国家，从而导致合规风险评估为中低风险。第二，该地区多数国家仍处于发展阶段，经济结构和资源管理的需求与发达国家相比存在差距。这些国家通常面临经济发展与环境保护之间的权衡，但由于经济发展水平较低，其环境资源合规要求可能相对宽松。例如，国家可能更多关注经济增长而非严格的环境保护措施。第三，撒哈拉以南非洲地区国家的环境资源利用情况较为有限，资源的开采和利用相对较少，这意味着环境压力相对较小。相对于资源丰富且利用密集的地区，这些国家的环境资源合规风险因此被评估为中低风险。例如，环境政策的执行力度和资源管理的复杂度在这一地区较为低廉。第四，该地区不少国家获得了国际社会的环境援助和技术支持，这有助于提高其环境管理水平。国际组织和环保机构的支持，使得这些国家能够在一定程度上改善环境保护条件，从而降低环境资源合规风险。第五，撒哈拉以南非洲地区的环境资源合规风险评估标准可能与其他地区有所不同，这也会影响风险等级的评定。数据的不完全性和评估标准的差异可能导致对这些国家的合规风险评估结果偏低。对于中国企业在撒哈拉以南非洲地区的投资，虽然该区域的环境资源合规风险被评估为中低风险，但企业仍应关注以下几个方面：企业应详细了解所在国家的环境政策和法规，确保符合当地的环境管理要求。尽管中低风险意味着合规要求相对宽松，但企业应积极适应和遵守相关规定。在投资前，企业应建立健全的环境管理体系，进行环境影响评估，并制定相应的环境保护措施，以预防和应对可能的环境风险。企业应关注当地环境政策和法规的动态变化，及时调整自身的环境管理策略，保持合规的同时支持当地的可持续发展目标。企业可以通过与当地政府和国际组织合作，共同推进环境保护项目和技术创新，提高其在环境保护方面的标准和表现。总而言之，中国企业在该地区投资时应重视环境合规要求，建立完善的环境管理体系，并持续关注政策变化，确保合规经营的同时支持地区的可持续发展。

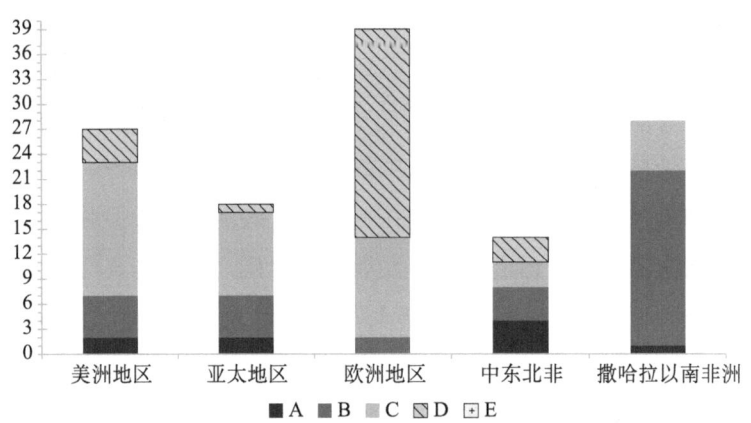

图 6-14　2022 年不同区域的环境资源风险等级国家数量

数据来源：根据评估结果整理。

（2）美洲地区和亚太地区。美洲地区和亚太地区国家的环境资源合规风险主要是中风险，中国企业在该地区的投资应重视环境合规要求，建立健全的环境管理体系，适应政策变化，积极参与环境保护合作，以支持可持续发展并降低环境风险。主要原因如下：第一，两个地区国家的环境政策和法规覆盖面及严格程度存在较大差异。一些国家拥有较为健全和严格的环境法规体系，而其他一些国家则在环境政策的实施上存在较大差距。

总体上，这种政策差异使得整个地区的环境资源合规风险维持在中等水平。第二，两个地区中发达国家和发展中国家并存。发达国家通常拥有较高的环境管理水平和资源保护意识，而发展中国家则面临更多的经济发展与环境保护的平衡问题。这种经济发展的不均衡导致了区域内环境资源合规风险整体处于中等水平。第三，地区自然资源丰富，资源的开采和利用在某些国家非常密集。虽然一些国家积极推动环境保护措施，但资源的高强度利用对环境的压力较大，从而影响了整体环境资源合规风险评估结果。第四，美洲地区和亚太地区一些国家积极参与国际环境保护合作，并获得国际组织的支持和援助。这些国际合作和援助有助于提高这些国家的环境管理水平，但由于区域内政策和资源管理的不均衡，仍然存在中风险的现象。对中国企业而言，企业在投资前需深入了解所在国家和地区的环境法规与政策，确保全面遵守当地的环境管理要求。这有助于避免法律风险，并促进企业的长期可持续发展。同时，应建立并实施系统化的环境管理体系，对环境影响进行评估，采取必要的环境保护措施。确保在资源开发和利用过程中减少环境负担，降低环境风险。密切关注地区的环境政策和法规变化，及时调整企业的环境管理策略，保持与政策的一致性，并适应政策的动态调整。企业可以通过与当地政府和环保组织合作，参与环境保护项目，提升企业在环境保护方面的表现，并增强企业在地区内的社会责任形象。在投资过程中，企业应考虑环境的可持续性，优化资源利用效率，推动绿色技术的应用，以减少对环境的负面影响。

（3）欧洲地区。欧洲地区国家的环境资源合规风险主要是中高风险，这一现象反映了区域内环境保护的复杂性和挑战性。中国企业在该地区的投资需要认真对待环境合规要求，建立健全的环境管理体系，并适应政策和市场的变化，以支持可持续发展并降低环境风险。其分析如下：第一，欧洲地区拥有较为完善的环境法规和政策框架，特别是欧盟成员国。但在实际执行过程中，一些国家在环境政策的实施力度和效果上存在差异。虽然大多数国家有严格的环境保护法规，但在执行过程中存在不平衡，这可能导致整体环境资源合规风险的中高水平。第二，欧洲地区国家普遍面临资源的过度利用和环境污染问题，尤其是在人口密集和工业化程度高的国家。这些国家在自然资源的开采、利用和废物处理方面存在一定的挑战，增加了环境资源合规风险。第三，一些欧洲国家在环境治理和管理方面相对滞后，特别是在新兴和转型国家中。这些国家的环境保护措施尚未完全跟上经济发展和工业化的步伐，导致环境资源合规风险升高。第四，欧洲地区的能源消耗和温室气体排放水平在某些国家仍较高，尤其是那些依赖化石燃料的国家。虽然许多欧洲国家在推动绿色能源和减少排放方面取得了进展，但仍面临较高的环境风险。对中国企业而言，在进入欧洲市场前应详细了解各国的环境法规和政策，特别是在欧盟成员国，确保投资活动符合所有的环境要求，并预判潜在的环境法规变更。在投资过程中建立并实施全面的环境管理体系，注重环境保护，减少运营对环境的负面影响。这包括定期进行环境风险评估和监控，采取有效的减排和资源管理措施。企业需关注和适应欧洲环境政策和市场环境的变化，灵活调整环境管理策略，以应对可能的政策调整和市场需求变化。积极投资于绿色技术和可持续发展项目，以提升企业的环境表现，满足市场对环保的高标准要求，同时提升企业的市场竞争力。企业可以通过与当地环保组织合作，参与环境保护活动，改善企业形象，并促进环境保护目标的实现。这也有助于建立与地方政府和社区良好关系。

（4）中东北非地区。在分析中东北非地区的环境资源合规风险时，数据显示该地区的国家在风险等级上分布为：低风险4个国家、中低风险4个国家、中风险3个国家、中高风险3个国家，没有高风险国家，分布表现出一定的复杂性，不同国家的风险等级差异较大。对于中国企业来说，结合各国环境政策、资源管理情况和实际环境表现，确定项目面临的环境资源合规风险状况，投资时应注意了解并遵守当地政策，采取高标准的环保措施，并积极参与环保活动，以有效管理环境风险，并支持可持续发展。低风险和中低风险国家的环境政策相对宽松，环境资源管理和保护措施执行较少。这些国家通常具备丰富的自然资源，但在环境保护方面的法律和政策执行力度不足。对于这类国家，中国企业在投资时需特别关注环境政策的实施情况,尽管风险较低,仍需确保项目符合国际环境标准,并且在环境保护方面自行加大投入,以尽量规避未来潜在的合规问题。中风险和中高风险国家通常在环境政策和资源管理上存在一定的改进空间。这些国家可能已经开始关注环境保护,但政策和措施的实施效果不稳定。企业在这些国家投资时,应详细了解当地的环境法规和政策实施情况,评估其对环境管理的实际效果,并采取相应的措施以减少环境风险。

第 7 章　境外合规风险对中国企业 OFDI 的影响效应

前两章对中国企业在境外的合规风险进行了系统的识别和评估，并建立了综合的风险评估指标体系。在此基础上，本章进一步进行深入的实证分析，探讨境外合规风险对中国企业海外直接投资（OFDI）的具体影响效应；通过分析境外合规风险对企业投资决策和投资规模的作用机制，揭示这些风险如何影响企业在不同市场的投资策略。这一分析不仅有助于理解合规风险对企业全球投资行为的实际影响，还为企业在复杂的国际环境中优化投资决策、规避潜在合规风险提供了科学依据和实践指导。

7.1　境外合规风险影响企业 OFDI 决策和规模的机制

在探讨境外合规风险对企业 OFDI（对外直接投资）决策和规模的影响时，可以结合国际生产折衷理论、对外直接投资动机理论、交易成本理论、风险规避理论、资源依赖理论和资源基础理论，从多个维度深入分析合规风险的作用机制。

7.1.1　国际生产折衷理论

邓宁的国际生产折衷理论（Eclectic Paradigm），包括所有权优势（Ownership）、区位优势（Location）和市场内部化优势（Internalization），提供了一种系统化的视角来分析企业国际投资决策。高合规风险影响这些优势的有效性，进而影响企业的投资决策和投资规模。国际生产折衷理论强调企业在国际市场中通过内部化来降低市场交易的不确定性和成本。境外合规风险在这一框架下表现为多种形式,对企业的投资决策和投资规模有直接影响。在社会与法律合规风险较高的市场,企业可能倾向于通过设立本地子公司或合资企业来更好地控制法律合规风险,从而减少与外部合作伙伴的法律争议和监管问题。经济合规风险如汇率波动和市场不稳定性则促使企业内部化,以应对经济环境的波动。环境资源合规风险的提高使企业内部化以减轻外部环境监管的压力,而金融合规风险则促使企业减少对外融资依赖,通过内部化控制财务风险。对华关系合规风险的复杂性则使企业在选择投资模式时考虑更多内部控制以应对潜在的外交风险。在高合规风险的国家,企业的所有权优势可能受到威胁,因为不稳定的环境可能降低企业的控制力和资源利用效率。因此,企业可能减少对这些国家的投资决策,以保护其所有权优势和市场控制权。对于在高合规风险市场中的企业,其投资规模也会受到影响。由于高风险环境可能削弱区位优势和市场内部化优势,企业可能采取更保守的投资规模策略,以控制风险和保护现有的市场利益。

7.1.1.1 所有权优势与合规风险的关系

在东道国合规风险较高的环境中,虽然中国企业可能具备强大的所有权优势(如领先的技术或品牌),但这些优势在高风险环境中可能难以得到有效利用。高合规风险往往伴随高不确定性和复杂的法规环境,这可能导致企业的资源和能力难以被有效保护和运用。面对高风险,企业可能会减少在这些市场的投资,或者选择小规模投资以降低风险敞口。高合规风险降低了所有权优势的有效性,从而影响企业的投资决策和投资规模。

7.1.1.2 区位优势与合规风险的关系

高合规风险国家的区位优势(如市场规模或资源禀赋)可能被高风险所掩盖。在高风险环境下,尽管东道国可能具有显著的资源优势,但合规风险和政策不稳定性会降低这些优势的吸引力。企业在决策时需权衡高风险对区位优势的稀释效应。中国企业可能会因为合规风险的增加而降低对这些国家的投资热情,尤其是在这些国家的区位优势无法有效补偿风险时。企业可能会选择其他风险较低的地区以保证投资的稳定性和收益。

7.1.1.3 市场内部化优势与合规风险的关系

在高合规风险的国家，市场内部化优势变得尤为重要，因为企业需要更强的控制权来应对不稳定的外部环境和复杂的法规要求。企业可能倾向于通过内部化来减少外部市场条件的不确定性和控制成本。虽然市场内部化可以降低外部市场的不确定性，但在高风险环境中，企业可能还是会面临更高的管理成本和操作困难。因此，企业可能会选择减少在这些市场的投资规模，或采用更加保守的投资策略，以控制风险和维护利益。

从国际生产折衷理论的视角看，高合规风险降低了所有权优势的有效性，使企业在这些市场的投资动力下降，从而可能导致投资概率和规模减少。尽管东道国可能具备区位优势，但高合规风险会稀释这些优势的吸引力，影响企业的投资决策。高合规风险提升了市场内部化的必要性，但也带来了更高的管理成本和操作困难，可能导致企业在这些市场的投资规模缩减。

7.1.2 对外直接投资动机理论

对外直接投资动机理论（Foreign Direct Investment Motivation Theory）探讨了企业为何选择跨国投资及其投资的性质。这一理论主要涵盖了市场寻求动机、资源寻求动机和效率寻求动机等方面。对外直接投资动机理论揭示了企业进行OFDI的不同动机，以及这些动机如何受到合规风险的影响。在这一理论框架下，可以分析东道国合规风险对中国企业OFDI决策和规模的影响机制。

7.1.2.1 市场寻求动机

市场寻求动机强调企业通过对外直接投资进入新市场，以获得更大的市场份额和提升销售额。市场寻求动机在社会与法律合规风险较高的市场可能被激发，但企业需要在合规方面付出更多努力，影响市场扩张的速度和规模。企业希望通过国际化来接触到更多的消费者，增加产品和服务的市场覆盖面。然而，东道国的合规风险（如法律不健全、监管不严等）会影响市场环境的稳定性和可预见性。当东道国的合规风险较高时，市场环境的不确定性增加，企业对未来市场收益的预测变得更加困难。这种情况下，企业可能会因担忧投资环境的不稳定性和合规风险带来的潜在损失而减少或推迟对该市场的投资决策。市场寻求动机虽然强烈，但高风险环境中的市场吸引力被削弱，投资的概率降低。即便企业决定在高合规风险市场中投资，市场的不确定性和潜在的运营风险会导致企业采取较小的投资规模。这种保守的投资规模有助于企业控制潜在的风险，降低在不稳定市场中的投入，从而在市场条件不明朗的情况下保护企业的投资利益。

7.1.2.2 资源寻求动机

资源寻求动机指企业通过投资获取东道国的自然资源、技术、人力资源等，以支持其全球运营。对于资源依赖型企业，东道国的资源特性是投资决策的主要驱动因素。然而，东道国的合规风险可能影响资源的获取和使用效率。资源寻求动机在资源丰富但合规风险较高的国家中表现为企业愿意承担更大的环境和资源合规风险，以获取关键资源。高合规风险往往意味着资源获取的不确定性增加，如法律的不稳定性可能影响资源开采和使用的合法性。企业在面对资源寻求动机时，如果东道国的合规风险过高，企业可能会因担忧资源利用的合法性和资源保护的不确定性而减少在这些市场的投资决策。资源寻求动机下的投资规模通常取决于资源的稀缺性和市场的资源可得性。在高合规风险的市场中，企业可能会通过减少投资规模来降低因资源获取和利用过程中出现的合规风险和法律争端的潜在损失。这种策略有助于控制风险，确保资源的获取是在可控范围内。

7.1.2.3 效率寻求动机

效率寻求动机是指企业通过对外投资优化资源配置，降低生产和运营成本，以提升全球竞争力。在东道国合规风险较高的情况下，企业的成本结构可能受到影响，效率寻求动机的效果也会受到制约。效率寻求动机在经济合规风险较高的国家则会受到抑制，企业可能会减少投资规模或选择成本更低的市场进入模式。东道国的合规风险可能增加运营成本，如由于合规要求而增加的行政和法律费用。企业在追求效率的过程中，如果发现东道国的合规风险过高，可能会觉得该市场的成本效益比不再具吸引力，从而减少对这些市场的投资决策。在追求效率的动机下，企业可能会选择更精简的投资规模，以便在面临高合规风险时能够降低生产和运营的成本压力。较小的投资规模可以帮助企业更好地控制运营成本，并减轻高风险环境下可能带来的经济负担。

7.1.2.4　战略资产寻求动机

战略资产寻求动机主要关注企业如何通过跨国投资获得竞争优势、加强全球市场地位和建立战略合作伙伴关系。企业通常希望通过投资获得更高的市场控制力、技术创新和战略资源，以提升其全球竞争力。战略资产寻求动机在面对合规风险时，企业需要在投资决策中充分考虑合规风险对战略资产获取的影响，可能需要增加投资以确保控制关键资产，同时应对合规风险带来的高成本。由于高合规风险带来的资源获取难度和不确定性，企业可能选择在合规风险较低的市场进行资源配置，以确保资源优化的有效性。这样，企业对高风险市场的投资意愿可能会降低。同时为了应对合作风险和市场不稳定，企业可能会选择较小的投资规模，并采取试探性投资策略。这种策略能够在不确定的市场环境中降低风险，逐步评估合作效果和市场稳定性，从而调整投资规模。

7.1.3　交易成本理论

交易成本理论，由罗纳德·科斯（Ronald Coase）在其1937年的经典论文《企业的性质》中首次提出，并在奥利弗·威廉姆森（Oliver Williamson）的后续研究中得到深入发展。这一理论关注的是在市场和组织之间的选择，强调交易过程中各种成本的影响，如信息不对称、合约不完全性以及执行和监督成本。交易成本理论认为，企业在进行OFDI时，会权衡在市场中进行交易与内部化的成本。高交易成本会推动企业选择通过内部化方式（即设立子公司或合资企业）来减少交易成本。然而，高合规风险会增加企业的交易成本，影响其投资决策和投资规模。交易成本理论关注市场交易中产生的各种成本，合规风险的各个维度显著影响企业的交易成本。在社会与法律合规风险较高的国家，企业面临较高的合同执行和法律争议成本，可能选择减少与外部市场的交易以降低风险。经济合规风险增加了交易的不确定性，如汇率波动和市场风险，企业可能减少交易频率或寻求更稳定的市场环境。环境资源合规风险使企业面临更高的合规成本，企业可能通过内部化或选择较低风险市场来控制这些成本。金融合规风险则影响企业的融资能力和成本，企业可能需要优化资源配置，降低外部融资的依赖以减少交易成本。

7.1.3.1 对投资决策的影响

当在东道国存在高合规风险时，如复杂的法律法规、政策变动频繁、监管不确定性等，企业在市场交易中会面临更高的交易成本。合规风险的增加可能导致企业需要投入更多资源来应对监管要求、法律纠纷和政策变化，从而提高了交易成本。由于高合规风险显著增加了市场交易的成本，企业可能会重新评估其投资决策。在面对较高的交易成本时，企业可能倾向于减少或推迟在这些高风险市场的投资，从而降低投资的不确定性和潜在损失。因此，高合规风险会降低企业在这些市场的投资决策概率。

合规风险还可能加剧信息不对称问题，企业难以准确获取东道国的法律法规、政策环境和市场条件。这种信息不对称使企业在进行投资决策时面临更大的不确定性，增加了决策的复杂性和风险。为了降低信息不对称带来的风险，企业可能会选择避免或减少在高合规风险市场的投资。企业更倾向于选择信息透明、合规风险较低的市场，以减少信息不对称的负面影响，确保投资决策的科学性和准确性。

7.1.3.2 对投资规模的影响

在高合规风险的市场环境中，合约的执行和监督成本可能增加。合约不完整性和法律环境的不确定性使企业难以有效执行合同条款和维护自身权益，从而增加了合同执行的成本和复杂性。为了应对合约不完全性带来的风险，企业可能会选择降低投资规模。较小的投资规模能够减少企业在高合规风险市场中面临的合同执行和监督成本，降低潜在的财务损失和战略风险。此外，企业可能采取逐步投资的方式，以便在逐步适应和评估市场环境的同时控制风险。

高合规风险会增加市场环境的不确定性,包括政策变动、法律纠纷和监管要求的不确定性。这种不确定性可能导致企业在投资规模上的保守策略,以避免因市场波动而导致的损失。为了应对市场的不确定性,企业可能选择较小的投资规模。这种保守的投资规模能够帮助企业在不确定的市场环境中逐步调整其投资策略,降低因市场波动引发的风险,并优化资源配置。

7.1.4 风险规避理论

风险规避理论主要由经济学家如约瑟夫·斯蒂格利茨(Joseph Stiglitz)和乔治·阿克洛夫(George Akerlof)等提出。理论核心是企业和投资者在面对不确定性和风险时,更倾向于选择那些风险较低的投资机会,以减少潜在损失。这种风险规避行为会影响投资决策和投资规模。合规风险的增加意味着东道国的法律和政策等环境更加复杂且不稳定,从而增加了投资的风险。当东道国的合规风险较高时,企业可能会感受到更大的潜在风险和不确定性。这种风险的不确定性会使企业更加谨慎,导致企业倾向于避免在这些高风险环境中的投资。因此,风险规避理论认为,东道国合规风险的提高会显著降低中国企业的投资意愿。对于已决定投资的企业,面对高合规风险时,企业可能会选择减少投资规模,以降低对风险的暴露。这种行为不仅是为了控制潜在的损失,还可以通过降低投资规模来减少因合规问题导致的潜在财务损失和运营风险。

根据风险规避理论,高合规风险增加了投资的不确定性,企业通常会选择规避这些风险,从而降低其投资概率。高合规风险往往伴随复杂的法规和政策变化,企业可能会考虑到这些因素对投资的潜在影响,最终决定不进入这些市场。企业在决策过程中倾向于选择风险较低的市场,即使这些市场的收益潜力较低。风险规避倾向使企业更愿意投资于稳定且风险较低的地区,以减少可能的财务风险和不确定性。在决定进行投资的情况下,高合规风险会促使企业采取保守的投资策略。这意味着企业可能会减少投资规模,以限制对高风险环境的暴露。通过控制投资规模,企业可以减少因合规问题导致的财务损失,并有效管理潜在的运营风险。企业还可能采取额外的风险控制措施,如加强合规管理、增加法律和财务审计等,以应对高合规风险。这些措施虽然有助于缓解风险,但也会导致投资成本的增加,从而进一步影响投资规模的决策。

7.1.5 资源依赖理论和资源基础理论

资源依赖理论由杰弗里·普费弗(Jeffrey Pfeffer)和杰拉尔德·萨兰奇克(Gerald Salancik)于1978年提出。该理论关注组织如何通过管理和适应外部环境中的资源依赖来减少不确定性和风险。企业为了确保资源的稳定获取,可能会采取各种策略来降低对外部环境的依赖和不确定性。当东道国的合规风险较高时,企业面临的法律和制度风险增加,可能导致资源获取的不确定性。资源依赖理论认为,企业在高合规风险环境中,会更加谨慎地评估投资决策,因为较高的合规风险可能会影响资源的稳定性和可预测性。因此,企业可能会减少在这些高风险市场的投资意愿,优先选择那些合规风险较低、资源获取较为稳定的市场。面对高合规风险,企业可能会采取保守的投资规模策略,以降低对高风险环境的依赖。资源依赖理论指出,企业在资源获取不稳定的情况下,会调整投资规模以控制潜在的风险。因此,在高合规风险环境中,企业可能会缩减投资规模,减少对不确定市场的财务暴露,并采取额外措施来维护资源获取的稳定性。

资源基础理论最初由杰伊·巴尼(Jay Barney)等学者提出,强调企业的核心竞争力源自其拥有和利用的稀缺资源和能力。企业在进行海外投资时,会考虑如何利用其独特的资源和能力以获得竞争优势。资源基础理论关注资源的异质性和不可模仿性,以及企业如何通过资源配置来实现战略目标。东道国的合规风险可能影响企业在特定市场中利用其资源的能力。合规风险的各个维度会影响企业资源的配置和利用。在高社会与法律合规风险的市场,企业资源的有效利用可能受到限制,如法律纠纷导致的合规成本的增加等。经济合规风险影响企业的资源获取和投资回报,企业可能需要调整资源分配策略，以应对经济不稳定带来的挑战。环境资源合规风险在环境法规严格的国家可能要求企业投入更多资源以确保合规，影响资源的配置效率。金融合规风险则通过影响融资能力和成本，要求企业优化资源配置，以降低对资源的影响。资源基础理论认为，企业会选择那些能够最大限度发挥其独特资源和能力的市场进行投资。在高合规风险的市场中，企业可能会面临更大的挑战，影响其资源的有效配置和利用。因此，企业可能会避免在这些高风险市场进行投资，以保护其核心资源和竞争优势。在高合规风险环境下，企业可能会受到资源配置的限制，从而影响投资规模。资源基础理论指出，企业在面对资源获取的不确定性时，会调整投资规模以适应环境的变化。高合规风险可能会增加企业在该市场的运营成本和复杂性，促使企业缩减投资规模，以确保资源的有效利用和保护企业的核心竞争力。

资源依赖理论强调企业如何通过调整投资决策和投资规模来应对外部环境的不确定性和风险，从而减少对高风险环境的依赖。资源基础理论关注企业如何在面对高合规风险时，通过选择合适的投资市场和调整投资规模来保护和利用其核心资源和能力，实现长期竞争优势。这两个理论共同解释了高合规风险如何影响企业的投资决策和投资规模，帮助企业在复杂的国际市场环境中制定适应性的投资战略。

7.1.6 研究假说

基于上述理论分析，结合国际生产折衷理论、对外直接投资动机理论、交易成本理论、风险规避理论、资源依赖理论和资源基础理论内涵，提出以下研究假说。

资源依赖理论和风险规避理论均指出，企业在面对较高的合规风险时，会降低对该市场的投资意愿，以避免不确定性和潜在的风险。交易成本理论和资源基础理论进一步支持这一观点，强调企业在高风险环境中会倾向于选择更具确定性的市场，以保护其资源和核心能力。由此本书提出假说1。

假说 1：随着东道国合规风险的增加，中国企业在该国进行海外直接投资（OFDI）的决策概率将显著降低。

资源依赖理论和资源基础理论解释了企业在高合规风险环境中可能采取的保守投资策略，缩减投资规模以减少风险暴露。国际生产折衷理论中的市场内部化优势理论也表明，在高风险环境中，企业会减少直接投资的规模，以降低对外部市场不确定性的暴露。此外，风险规避理论支持企业在面对较高风险时，通过减少投资规模来规避可能的损失。交易成本理论强调，高合规风险会增加交易成本，使企业减少在高风险市场的投资规模以控制成本和风险。由此本书提出假说 2。

假说 2：东道国合规风险的增加将导致中国企业在该国的投资规模显著缩小。

7.2 实证研究设计

为验证上述研究假说是否成立，将对中国企业在不同东道国的境外直接投资行为进行实证分析。此分析将聚焦于东道国合规风险对企业投资决策概率和投资规模的影响效应，通过精心设计的数据处理和模型构建，探讨合规风险在实际投资过程中对企业决策产生的作用。这一研究旨在揭示合规风险对中国企业 OFDI 策略的具体影响，并为相关决策提供科学依据。

7.2.1 数据处理

本书首先基于中国 OFDI 上市企业的投资行为，重点探讨了 2005 年之后的投资动态，这是由于 2005 年后中国企业才开始进行大规模的对外直接投资（OFDI）。研究时间区间限定为 2006—2021 年，涵盖了所有中国企业在此阶段的投资东道国。根据投资形式的不同，本书将中国企业 OFDI 分为跨境并购和绿地投资两类，其中跨境并购数据主要来源于 BvD Zephyr 数据库，绿地投资数据来自 FDI Markets 数据库。在合并这两个数据库之前，进行了必要的数据预处理：首先，剔除了 BvD Zephyr 数据库中交易类型为少数股权交易（少于10）和机构收购等不符合《中国对外直接投资统计公报》定义的样本，保留了交易状态为完成或假定完成的样本；其次，由于 FDI Markets 数据库中未显示企业是否为上市公司及其股票代码，需要根据企业邮箱、网址、地址及名称来匹配上市公司代码。进一步地利用 BvD Zephyr 数据库提供的证券代码和 FDI Markets 数据库匹配得到的上市公司证券代码，以匹配获取 CSMAR 数据库中的上市企业信息。最后，在企业—年份层面，将来自绿地投资和跨境并购的投资数据进行汇总，最终获得了各上市企业在 2006—2021 年的对外直接投资数据（包含是否对外直接投资、是否对外绿地投资、是否跨国并购的虚拟变量和对应的投资规模）。

在数据处理过程中，进一步剔除了以下几类样本：一是出现过风险警示（ST、*ST、PT）的上市公司；二是投资目的地为开曼群岛、英属维尔京群岛、中国港澳台等地区的样本；三是商业模式与一般行业显著不同的金融业企业。最终，得到了 2006—2021 年中国 992 家上市公司在 110 个国家进行 OFDI 的数据。为了更精确地反映中国企业 OFDI 投资决策问题，本书借鉴了 Holburn 和 Zelner（2010）的数据构造方法，将特定年份某企业的投资行为视作在特定区位选择范围内的决策问题。具体而言，每年的某企业的投资决策可选区位集合包括当年所有企业所选择的东道国和该年之前已进行投资的东道国的并集，随着时间的推移，企业的投资选择范围会逐步扩大（2021 年的投资方案包含了所有 110 个样本东道国）。基于这一数据构造方法，最终获得 2006—2021 年 992 家上市企业在 110 个国家进行直接投资的 206770 条公司—东道国—年份观测值。上述数据处理和构造方法确保了研究的准确性和严谨性，为后续实证分析提供了坚实的数据基础。

7.2.2 模型构建

为了系统全面地探究境外合规风险对中国企业 OFDI 决策和规模的影响，本书从投资决策和投资规模两个层面构建了相应的计量模型。这一过程旨在深入理解合规风险如何在不同维度上影响企业的投资行为，并为政策制定者和企业提供实证依据。

7.2.2.1 境外合规风险影响中国企业 OFDI 决策模型

将上市企业是否开展 OFDI（包含是否绿地投资或跨国并购）作为二值被解释变量（Decision），构建 Probit 和 Logit 模型探究境外合规风险对中国企业 OFDI 决策的影响。具体实证模型如式（7-1）所示：

$$P(Decision = 1 \mid X_{ijt}) = \alpha_0 + \alpha_1 CR_{jt} + \alpha_2 Control_{it} + \alpha_3 Control_{jt} + \lambda_c + \lambda_{ind} + \lambda_t + \varepsilon_{ijt} \quad (7-1)$$

其中，下标 i、c、ind、t、j 分别代表上市企业、企业所在城市、企业所属行业、年份和对外投资东道国；CR_{jt} 为本研究的核心解释变量，表示第 t 年投资东道国 j 的合规风险；$Control_{it}$ 和 $Control_{jt}$ 分别为企业层面和国家层面的控制变量；λ_c、λ_{ind} 和 λ_t 分别为上市公司所在城市、所属行业和年份的固定效应；ε_{ijt} 为随机干扰项。P 表示上市企业是否开展 OFDI 的二值变量，若上市企业 i 在 t 年对东道国 j 进行了 OFDI 则取 1，否则取值为 0。

7.2.2.2 境外合规风险影响中国企业 OFDI 规模模型

将对数化的上市企业 OFDI 金额（包含绿地投资金额或跨国并购金额）作为被解释变量（lnofdi），探究境外合规风险对中国企业 OFDI 规模的影响。具体实证模型如式（7-2）所示：

$$\ln ofdi_{ijt} = \beta_0 + \beta_1 CR_{jt} + \beta_2 Control_{it} + \beta_3 Control_{jt} + \lambda_{c,t} + \lambda_{ind,t} + \epsilon_{ijt} \quad (7-2)$$

其中，$\ln ofdi_{ijt}$ 表示上市企业 i 在 t 年对 j 国实际发生直接投资金额的对数值；$\lambda_{c,t}$ 和 $\lambda_{ind,t}$ 分别表示企业所在城市—年份固定效应和企业所属行业—年份固定效应，其余符号含义同式（7-1）。

在式（7-1）和式（7-2）两组方程中的核心解释变量均为 CR_{jt}，代表上市公司在第 t 年的投资东道国 j 的合规风险。为保证核心解释变量的连续性，未选择中国企业 OFDI 境外合规风险评估结果中的离散风险等级划分结果，而是以上一章测算得出的境外合规风险熵值法评估结果作为基准，并在后续稳健性检验中选用了各种评估方法测算所得的连续性结果作为核心解释变量进行了回归检验以确保实证结果的稳健性。核心解释变量的数值越大代表中国企业的投资东道国的合规风险水平越低。根据假说 1 和假说 2，CR_{jt} 数值越大，上市企业对东道国投资的概率越高，投资规模越大，预期两组方程中的核心解释变量的系数 α_1 和 β_1 均应显著为正。

7.2.3　变量选取

在构建实证模型以分析境外合规风险对中国企业 OFDI 决策和规模的影响时，控制变量的选择至关重要。这些控制变量用于调节和隔离其他可能影响 OFDI 决策和规模的因素，同时可以有效缓解遗漏变量的影响，从而使模型更准确地反映合规风险的真实影响。在本书的实证模型构建中，为了系统全面地分析境外合规风险对中国企业 OFDI 决策和规模的影响，本书从企业层面和东道国国家层面，分别选取了相关控制变量。这种双层面的控制变量选取旨在更细致地剖析不同因素对企业跨国投资行为的影响，并提高模型的解释力和稳健性。

7.2.3.1　企业层面的控制变量

企业层面的控制变量主要关注企业自身的特性及其对外直接投资行为的影响因素。这些变量反映了企业在资源、能力、战略等方面的差异，以及这些差异如何影响其 OFDI 决策和规模。具体包括以下几个方面：（1）企业规模，通过总资产的对数（sale_ta）和员工人数的对数（sale_people）来衡量企业规模。规模较大的企业通常拥有更多的资源、管理经验和抗风险能力，从而在境外合规风险较高的国家仍然有较大的投资概率和投资规模。（2）企业年龄（lnage）。（3）企业盈利能力，选择资产收益率（roa）作为盈利能力的衡量指标。企业的盈利能力反映了其财务健康状况和资源调配能力。高盈利能力的企业更有能力在高风险环境中进行投资，并承担较大的投资规模。（4）资产负债率（lev）。（5）资本密度（capital_den），用企业固定资产与员工人数之比的对数衡量资本密度。（6）企业所有制类型（SOE），用企业是否为国有企业的虚拟变量表示。（7）企业全要素生产率（TFP），通过 Olley-Pakes（OP）方法衡量了企业全要素生产率，将全要素生产率纳入模型，可以更准确地控制企业在技术效率上的差异，从而确保模型对境外合规风险对企业 OFDI 决策和规模的影响效应的估计更加准确和稳健。

7.2.3.2 国家层面的控制变量

东道国国家层面的控制变量主要基于中国企业对外直接投资动机等理论，重点关注东道国的宏观经济环境、与中国的制度距离、政治距离和文化距离以及双方是否签订 BIT 或 RTA 等因素，这些因素从区位优势和双边关系的角度影响企业 OFDI 决策和规模。具体包括以下几个方面：(1) 市场规模 (lngdp) 与增长潜力 (gdp_growth)，分别选择东道国 GDP 的对数和 GDP 增长率来衡量市场规模和增长潜力。(2) 收入水平 (lngdpper)，选择东道国人均 GDP 的对数值。(3) 自然资源租金占 GDP 的比重 (natural_rents)。对于资源型国家，较高的自然资源租金占比可能意味着较高的经济依赖性和资源的丰富性，吸引企业进行投资以获取资源优势。然而，资源依赖型经济往往伴随较高的市场波动性和政策不确定性，可能增加投资合规风险，从而影响企业的 OFDI 决策和规模。(4) 与中国的制度距离 (insti_dist)、政治距离 (poli_dist)、文化距离 (cult_dist)。(5) 是否签订 BIT (bit) 和 RTA (rta)。通过纳入这些国家层面的控制变量，本书力图更加全面地捕捉东道国经济环境、资源禀赋、制度差异和政治文化背景对中国企业 OFDI 决策和规模的综合影响，从而确保实证分析的稳健性和科学性。这些变量的选择不仅基于理论逻辑的支持，还能够通过控制可能的混杂因素，准确识别境外合规风险对中国企业 OFDI 行为的具体影响。

在展开对实证结果的详细分析之前，首先汇报主要被解释变量、核心解释变量和企业层面、国家层面的主要控制变量的描述性统计结果（见表 7-1）。这部分的汇报将有助于理解数据的基本特征，揭示变量间的基本分布和差异，为后续的回归分析奠定基础。在对主要变量进行描述性统计后，发现样本数据中并无显著的离群值或异常值。这一结果表明，所选取的变量在整个样本期间内分布相对均匀，且未出现极端偏离的情况。总的来说，描述性统计结果显示数据质量良好，为接下来的实证分析奠定了坚实基础。无异常值的发现使得后续的分析更为简洁，并有助于确保研究结果的准确性和稳健性。

表 7-1　　　　　　　　　　　主要变量的描述性统计结果

变量	观测值	均值	标准差	最小值	最大值	中位数
Decision	206770	0.0124	0.111	0	1	0
Decision_green	206770	0.0103	0.101	0	1	0
Decision_ma	206770	0.00223	0.0472	0	1	0
lnofdi	206770	0.0382	0.401	0	9.904	0
lnofdi_green	206770	0.0321	0.370	0	9.904	0
lnofdi_ma	206760	0.00621	0.157	0	8.877	0
CR	206770	0.373	0.0918	0.213	0.631	0.344
sale_ta	206770	23.32	1.779	18.68	28.64	23.09
sale_peop	206770	8.759	1.651	2.639	13.22	8.641
lnage	206770	2.830	0.395	0.693	3.951	2.890
roa	206770	0.0441	0.0753	-1.629	0.974	0.0394
lev	206770	0.494	0.197	0.0143	1.687	0.513
capital_den	206770	12.63	1.189	7.433	19.03	12.59
SOE	206770	0.172	0.378	0	1	0
TFP	206770	7.733	1.098	-3.921	11.63	7.639
lngdp	206770	25.79	1.678	22.03	30.79	25.92
gdp_growth	206770	2.887	4.141	-21.40	43.48	2.956
lngdpper	206770	9.067	1.393	5.256	11.80	9.083
natural_rents	206770	5.935	8.610	0	58.14	2.143
insti_dist	206770	1.551	1.459	0.0774	6.471	0.908
poli_dist	206770	0.819	0.707	0.000535	3.733	0.538
cult_dist	206770	2.748	1.389	0.0902	8.427	2.707
bit	206770	0.879	0.326	0	1	1
rta	206770	0.176	0.380	0	1	0

7.3　境外合规风险影响中国企业 OFDI 决策的回归结果

为全面评估境外合规风险对中国企业 OFDI 决策和规模的影响，本节将从以下两个方面汇报实证结果：首先，探讨境外合规风险对企业OFDI决策的影响，其次，分析境外合规风险对投资规模的影响。在这一部分，将通过实证回归结果分析展示境外合规风险如何影响中国企业的OFDI决策，特别是，通过对投资概率的回归分析，验证假说1。同时，还将展示不同维度境外合规风险对企业OFDI决策的差异性影响，以及其他稳健性和异质性的回归结果。

7.3.1 基准回归结果

在分析境外合规风险对中国企业OFDI决策的影响时，采用Logit和Probit模型对基准回归模型进行详细的估计，表7-2汇报了回归结果。回归结果共分为6列，依次展示了两种估计方法在不同控制变量设定下境外合规风险对中国企业OFDI决策的影响。首先，列（1）和列（4）是在未加入任何控制变量的情况下进行的Logit和Probit模型的回归结果，结果显示，东道国合规风险显著影响了中国企业的投资决策。核心解释变量境外合规风险的系数均在1%的显著性水平上为正，表明东道国合规风险越低，中国企业选择在该国进行直接投资的概率越大。这一结果初步支持了假说1，即东道国合规风险是影响中国企业投资决策的重要因素。其次，列（2）和列（5）在加入企业层面的控制变量后，回归结果依然保持一致性。具体而言，企业全要素生产率、企业规模、盈利能力等变量被纳入模型后，核心解释变量境外合规风险在Logit和Probit模型中的回归系数仍然显著为正，并且在1%的显著性水平上保持稳定。这表明，即使考虑到企业自身特征，东道国合规风险仍然是中国企业OFDI决策的重要考量因素。最后，在加入了全部控制变量的回归结果列（3）和列（6）中，CR的回归系数仍然在1%的显著性水平上为正，即在进一步纳入了东道国的宏观经济指标这一更为全面的模型设定下，进一步验证了研究假说1。此外，所有模型均控制了年份、行业、城市的固定效应，并采用聚类到东道国国家层面的稳健标准误来调整标准误，增强了结果的稳健性。在回归结果中，随着控制变量的逐步加入，观察

到伪 R^2（Pseudo R^2）值逐渐增大，这进一步提升了模型的解释力。在未加入任何控制变量的基础模型中，伪 R^2 值相对较低，这表明模型解释的投资决策变化较为有限。然而，随着企业层面控制变量的引入，模型的伪 R^2 值显著提高，表明这些变量对解释中国企业的投资决策具有重要作用。当进一步纳入东道国层面的宏观经济控制变量时，伪 R^2 值再次上升。这表明，除了企业自身特征外，东道国的经济状况和与中国的制度性、文化性差异也显著影响了中国企业的投资选择。模型解释力的逐渐增强，反映出本书所选取的控制变量的引入对投资决策模型的稳健性和准确性有重要贡献。

表 7 – 2　　　　东道国合规风险影响中国企业 OFDI 决策基准回归结果

变量	Logit			Probit		
	(1)	(2)	(3)	(4)	(5)	(6)
CR	1.341***	1.342***	4.775***	0.521***	0.522***	1.811***
	(0.205)	(0.205)	(1.246)	(0.080)	(0.080)	(0.498)
sale_ta		0.081	0.084		0.032	0.031
		(0.055)	(0.083)		(0.021)	(0.033)
sale_peop		0.064	0.066		0.024	0.030
		(0.044)	(0.054)		(0.017)	(0.022)
lnage		0.060	0.062		0.023	0.022
		(0.067)	(0.067)		(0.026)	(0.028)
roa		0.305	0.313		0.110	0.114
		(0.393)	(0.333)		(0.148)	(0.140)
lev		0.114	0.110		0.037	0.032
		(0.173)	(0.181)		(0.066)	(0.074)
capital_den		-0.048	-0.049		-0.019	-0.014
		(0.033)	(0.040)		(0.013)	(0.016)
SOE		-0.035	-0.037		-0.015	0.005
		(0.064)	(0.091)		(0.025)	(0.036)
TFP		-0.013	-0.014		-0.005	-0.006
		(0.051)	(0.066)		(0.019)	(0.027)

续表

变量	Logit			Probit		
	(1)	(2)	(3)	(4)	(5)	(6)
lngdp			0.785***			0.310***
			(0.065)			(0.026)
lngdpper			-0.325***			-0.133***
			(0.096)			(0.036)
gdp_growth			0.037**			0.014**
			(0.015)			(0.006)
natural_rents			-0.004			-0.002
			(0.010)			(0.004)
insti_dist			0.165*			0.064*
			(0.091)			(0.036)
poli_dist			0.019			0.020
			(0.142)			(0.059)
cult_dist			-0.092			-0.037
			(0.071)			(0.026)
bit			0.048			-0.014
			(0.180)			(0.083)
rta			-1.023***			-0.393***
			(0.261)			(0.111)
常数	-4.008***	-5.661***	-25.523***	-2.076***	-2.709***	-10.431***
	(0.272)	(0.689)	(1.525)	(0.107)	(0.265)	(0.578)
年份固定效应	控制	控制	控制	控制	控制	控制
行业固定效应	控制	控制	控制	控制	控制	控制
城市固定效应	控制	控制	控制	控制	控制	控制
Observations	205176	205176	205176	205176	205176	205176
Pseudo R^2	0.019	0.022	0.143	0.019	0.021	0.143

注：*、**、*** 分别代表在10%、5%和1%的水平上显著；括号内为国家层面聚类的稳健标准误。

在对上述 6 列回归结果进行进一步分析时，本书计算了境外合规风险对 OFDI 决策影响的平均边际效应（见表 7-3）。边际效应量化了合规风险变动对中国企业投资决策概率的影响程度,这使得结果更具解释力和实际意义。具体而言,在未加入控制变量的基础回归中,合规风险的边际效应显著为正,表明每单位合规风险的增加都会显著降低中国企业选择该国作为投资目的地的概率。在逐步加入企业层面和国家层面控制变量后,合规风险的边际效应依然保持显著,并且结果稳健,这进一步证实了研究假说 1 的有效性。通过边际效应的计算,可以更加直观地理解合规风险对中国企业 OFDI 决策的抑制作用,即随着东道国合规风险的下降,中国企业对该国进行 OFDI 的可能性显著上升。这种结果为理解东道国合规风险对中国企业 OFDI 决策的影响提供了更为全面和深入的视角。

表 7-3　　东道国合规风险影响中国企业 OFDI 决策的平均边际效应

变量	Logit			Probit		
	(1)	(2)	(3)	(4)	(5)	(6)
CR	0.016***	0.016***	0.057***	0.017***	0.017***	0.052***
	(0.003)	(0.003)	(0.015)	(0.003)	(0.003)	(0.014)
企业控制变量	未控制	控制	控制	未控制	控制	控制
国家控制变量	未控制	未控制	控制	未控制	未控制	控制
年份固定效应	控制	控制	控制	控制	控制	控制
行业固定效应	控制	控制	控制	控制	控制	控制
城市固定效应	控制	控制	控制	控制	控制	控制
Observations	205176	205176	205176	205176	205176	205176
Pseudo R^2	0.019	0.022	0.143	0.019	0.021	0.143

注:*、**、*** 分别代表在 10%、5% 和 1% 的水平上显著;括号内为国家层面聚类的稳健标准误。

综上所述,Logit 和 Probit 模型的回归结果一致表明,东道国合规风险越低,中国企业选择在该国进行 OFDI 的概率越大。这一发现从多个维度验证了合规风险对中国企业投资决策的重要性,从而验证了研究假说 1。这种结果为理解东道国合规风险对中国企业 OFDI 决策的影响提供了更为全面和深入的视角。

7.3.2 稳健性检验

为确保回归结果的可靠性,本部分将进行一系列稳健性检验。在稳健性检验部分,主要通过替换核心解释变量、更换估计方法以及剔除金融危机和新冠疫情发生年份样本的方法对基准回归结果进行了验证。稳健性检验将进一步验证基准回归结果的稳健性,并在一定程度上排除其他可能影响投资决策和投资规模的外生因素。

7.3.2.1 替换核心解释变量

在替换核心解释变量的稳健性检验过程中,通过选用不同的合规风险评估方法的结果替代基准回归中熵值法合规风险评估结果,以验证合规风险对中国企业对外直接投资(OFDI)决策影响的稳健性。具体而言,本书分别采用了熵值—TOPSIS 法、熵值—模糊综合评价法和主成分分析法的合规风险评估结果作为核心解释变量,进行回归分析,结果如表 7-4 第(1)—(3)列所示。

表 7-4 东道国合规风险影响中国企业 OFDI 决策稳健性检验回归结果

变量	(1)	(2)	(3)	(4)	(5)	(6)
CR				0.056*	6.008***	6.055***
				(0.029)	(1.335)	(1.531)
CR_topsis	3.482***					
	(1.024)					
CR_fuzzy		0.150*				
		(0.088)				
CR_pca			0.861**			
			(0.379)			
控制变量	控制	控制	控制	控制	控制	控制
年份固定效应	控制	控制	控制	控制	控制	控制
行业固定效应	控制	控制	控制	控制	控制	控制
城市固定效应	控制	控制	控制	控制	控制	控制

续表

变量	(1)	(2)	(3)	(4)	(5)	(6)
常数	-25.192***	-23.617***	-22.646***	-0.217***	-26.629***	-27.790***
	(1.540)	(1.588)	(1.745)	(0.034)	(1.622)	(1.694)
Observations	205176	205176	205176	206770	157348	127710
Pseudo R^2/R^2	0.143	0.142	0.143	0.021	0.150	0.156

注：*、**、***分别代表在10%、5%和1%的水平上显著；括号内为国家层面聚类的稳健标准误。

通过熵值—TOPSIS方法计算出的合规风险值更加注重各指标之间的相对差异和排序，能够较好地反映东道国在合规风险上的综合表现。将该指标替换为基准回归中的合规风险变量后，表7-4列（1）回归结果表明，合规风险对中国企业OFDI决策的影响依然显著为正，这说明无论是采用单纯的熵值法还是结合了TOPSIS方法的评估，合规风险对OFDI决策的影响具有一致性。熵值—模糊综合评价方法的优势在于能够更好地处理东道国合规风险指标中的模糊性和不确定性。将熵值—模糊综合评价法计算的境外合规风险替换为核心解释变量后，列（2）回归结果中境外合规风险的回归系数依然显著为正，这表明即使在考虑了数据中的不确定性和模糊性因素后，境外合规风险对中国企业OFDI决策的影响仍然稳健。采用主成分分析法计算的境外合规风险，更加注重各个风险因素的综合表现，将其替换为基准回归中的合规风险变量后，列（3）回归结果表明，境外合规风险对中国企业OFDI决策的影响仍然显著为正。这表明即使采用了不同的数据降维方法，境外合规风险对中国企业投资决策的影响依然保持稳健。

通过以上三种替换核心解释变量的稳健性检验，结果一致表明无论采用哪种评估方法，境外合规风险对中国企业OFDI决策的影响均显著为正。这不仅验证了基准回归结果的稳健性，同时也证明了研究假说1的可靠性，即东道国合规风险越低，中国企业选择在该国进行OFDI的概率越高。这些结果强化了将境外合规风险作为影响中国企业投资决策关键因素的重要性，也表明境外合规风险评估方法的多样性并不会改变这一关键结论，实证结果具有较高的稳健性。

7.3.2.2 更换估计方法

通过更换估计方法进行稳健性检验，旨在验证境外合规风险对中国企业对外直接投资（OFDI）决策影响的稳健性，以排除由于估计方法选择导致的结果偏差。基准回归中，主要采用了 Logit 和 Probit 两种常用的非线性估计方法来分析合规风险与 OFDI 决策之间的关系。为了进一步确认这些结果的稳健性，还采用了最小二乘法（OLS）作为替代估计方法，并对模型进行了重新估计，回归结果如表 7-4 第（4）列所示。在 OLS 模型中，直接将二值因变量视为一个连续变量进行线性回归分析，尽管这种处理方式可能忽略了因变量二元性质带来的非线性影响，但它提供了一种简单直观的估计方法。此外，采用 OLS 模型的另一个优点是其结果更容易解释，特别是在政策和管理实践中，线性模型所提供的直接系数解释可以为决策者提供更加直观的指引。然而，考虑到 Logit 和 Probit 模型在处理二值因变量时的理论优越性，以及它们更为合理的假设前提，基准回归中的 Logit 和 Probit 结果仍然是本书研究的主要依据。

通过 OLS 模型重新估计后，境外合规风险变量仍然在统计上显著，并且方向与基准回归保持一致。这表明无论采用何种估计方法，境外合规风险对中国企业 OFDI 决策的正向影响依然显著存在。通过更换估计方法的稳健性检验，发现不论是采用 Logit 和 Probit 模型，还是使用 OLS 模型，境外合规风险对中国企业 OFDI 决策的影响均显著为正。这一结果强化了研究假说 1 的稳健性，这一结论在不同的估计方法下得到了充分验证，表明境外合规风险作为影响投资决策的重要因素，具有较强的稳定性。此外，OLS 模型的结果进一步为理论和实证研究提供了更加直接的支持，表明境外合规风险在不同统计方法下均表现出一致的影响方向和显著性，充分说明了研究的可靠性和稳健性。

7.3.2.3 剔除特殊年份样本

在实证研究中，剔除特定年份的样本是检验研究结果稳健性的重要方法之一。在剔除样本的稳健性检验过程中，重点考虑了金融危机和新冠疫情等重大事件对研究结果的可能影响。具体而言，对样本进行了以下几种处理：第一，剔除金融危机年份（2008—2010年）。金融危机期间，全球经济出现了严重的波动，这可能对企业的投资决策产生了重大影响。为了排除金融危机对OFDI决策的干扰，将样本中的2008—2010年的数据剔除。这样可以确保研究结果不受这一经济异常事件的影响，更加真实地反映东道国合规风险对中国企业OFDI决策的影响。第二，剔除新冠疫情年份（2020—2022年）。新冠疫情对全球经济和投资环境产生了极大的冲击。因此，对2020—2022年的数据进行了剔除，以排除疫情对投资决策可能造成的干扰。通过这种方式，可以分析在疫情未发生时的投资决策模式，从而更准确地评估合规风险对OFDI决策的影响。第三，进一步剔除2019年样本，仅保留2011—2018年数据。为了进一步验证研究结果的稳健性，还进行了另外一个更为严格的处理，即仅保留2011—2018年的数据。这一时期相对稳定，没有受到金融危机或疫情的影响，从而可以更准确地反映在常态经济条件下的投资决策行为。

表7-4列（5）汇报了剔除金融危机和新冠疫情影响的回归结果，剔除2008—2010年金融危机年份和2020—2022年新冠疫情年份的样本并未改变东道国合规风险影响中国企业OFDI决策的核心结论。这表明本书的研究结果在不同经济环境下都保持了一致性，验证了结果的稳健性。列（6）为仅保留稳定时期样本的回归结果，在仅保留2011—2018年数据的情况下，结果进一步支持了本书的核心假说1，即东道国合规风险对中国企业OFDI决策的影响显著为正。这表明即使在更为稳定的经济环境下，东道国合规风险的影响依然存在且显著。这进一步确认了本书的核心结论，即东道国合规风险越低，中国企业在该国进行OFDI的概率越高。总体而言，剔除样本的稳健性检验验证了东道国合规风险对中国企业OFDI决策影响的稳定性和可靠性，表明合规风险作为一个关键因素，在不同经济条件下对投资决策的影响具有稳健性。

7.3.3 异质性分析

在研究境外合规风险对中国企业OFDI决策的影响时，本书从不同

OFDI 进入方式、不同维度合规风险、国家异质性以及企业异质性几个角度进行了深入的异质性分析。这些分析有助于揭示不同条件下东道国合规风险对中国企业 OFDI 决策的影响差异。

7.3.3.1 不同 OFDI 进入方式

本书对东道国合规风险对中国企业对外直接投资决策的影响进行了异质性分析，重点考察了不同 OFDI 进入方式的影响。这些进入方式主要包括绿地投资和跨国并购，绿地投资指企业在东道国设立新企业，而跨国并购指企业通过并购方式获得东道国的现有企业。这两种方式具有不同的投资特征和合规需求，因此其对境外合规风险的反应可能有所不同。将核心解释变量分别替换为是否绿地投资和是否跨国并购，即分别考察绿地投资和跨国并购的情况，以分析不同投资方式下的合规风险影响，回归结果如表 7-5 所示。列（1）和列（3）结果显示，在绿地投资中，境外合规风险的回归系数均在 1% 的水平上显著为正。这表明，较低的东道国合规风险显著增加了中国企业选择绿地投资的概率。可能的原因是：第一，绿地投资涉及建立全新的经营实体，企业在选择投资地点时对东道国的法律法规、环境和社会合规要求特别关注。较低的合规风险意味着企业可以减少在投资过程中遇到的法律和监管障碍，降低经营不确定性，从而增加绿地投资的吸引力。第二，绿地投资通常需要较高的初期投资和较长的建设周期，企业在决策时需要评估东道国的长期合规风险。较低的合规风险降低了企业对未来合规成本和潜在风险的预期，从而促进了绿地投资的决策。第三，对于希望在东道国建立长远市场布局的企业来说，较低的合规风险提供了更稳定的环境，使得绿地投资成为更可行的选择。企业可以通过建立新的运营单位，更好地融入东道国市场，同时确保在符合当地法规的情况下开展业务。

表 7-5 东道国合规风险对中国不同 OFDI 进入方式决策的回归结果

变量	Logit		Probit		多元 Logit	
	(1)	(2)	(3)	(4)	(5)	(6)
CR	4.911***	2.651	1.811***	0.959	4.966***	2.851
	(1.453)	(3.320)	(0.579)	(0.989)	(1.445)	(3.555)

续表

变量	Logit		Probit		多元 Logit	
	(1)	(2)	(3)	(4)	(5)	(6)
控制变量	控制	控制	控制	控制	控制	控制
年份固定效应	控制	控制	控制	控制	控制	控制
行业固定效应	控制	控制	控制	控制	控制	控制
城市固定效应	控制	控制	控制	控制	控制	控制
常数	-26.042***	-24.208***	-10.546***	-8.810***	-26.142***	-24.357***
	(1.540)	(2.759)	(0.587)	(0.903)	(1.524)	(2.686)
Observations	201684	178947	201684	178947	206745	206745
Pseudo R^2	0.150	0.167	0.150	0.164	0.161	0.161

注：*、**、***分别代表在10%、5%和1%的水平上显著；括号内为国家层面聚类的稳健标准误。

相比之下，表7-5列（2）和列（4）的结果显示，跨国并购的回归结果中 CR 的回归系数均不显著。这表明，在跨国并购中，东道国的合规风险对中国企业的决策并没有显著影响。可能的原因是：第一，跨国并购涉及购买东道国的现有企业或资产。在这一过程中，东道国的合规风险可能被并购目标的现有状况所掩盖。企业在并购时通常会对目标公司进行尽职调查，这些调查可能会降低合规风险对决策的影响。第二，企业在并购过程中常常依赖于专业的并购顾问和法律服务来处理合规问题。这些专业服务能够帮助企业识别和应对东道国的合规风险，从而减轻这些风险对投资决策的影响。第三，在跨国并购中，交易结构和谈判条款可以在一定程度上控制合规风险。例如，企业可以通过合同条款和保障措施来管理和规避潜在的合规风险。这种灵活性使得合规风险对并购决策的影响相对较小。第四，企业在并购后需要整合并购目标的业务，可能会面临新的合规挑战。虽然合规风险在并购决策阶段不显著，但在后期的整合过程中仍可能影响企业的运营。因此，企业在做出并购决策时可能更多关注整合后的风险管理而非初期的合规风险。

此外，本书还通过建立多元 Logit 模型，探讨了境外合规风险对企业在选择不同 OFDI 进入方式（即未进行 OFDI、绿地投资和兼并收购）时的影响。模型的基准状态为"未进行 OFDI"，将绿地投资和跨国并购作为相对于"未进行 OFDI"的选择进行比较。模型的设定允许分析合规风险对各投资方式选择概率的影响。表 7-5 列（5）和列（6）回归结果显示，境外合规风险对企业选择绿地投资相对于未进行 OFDI 的概率有正向显著影响，而对企业选择跨国并购相对于未进行 OFDI 的概率没有显著影响。这与上述得出的结果是一致的。

从异质性分析中可以看出，境外合规风险对中国企业的绿地投资和跨国并购的影响机制存在显著差异。绿地投资的决策受到境外合规风险的显著影响，因为这种投资方式对东道国的合规要求非常敏感。而在跨国并购中，境外合规风险的影响则不显著。这些结果表明，企业在不同的 OFDI 方式下，面对境外合规风险时的决策逻辑和策略有所不同，这为进一步的投资策略和风险管理提供了重要的理论依据。

7.3.3.2　不同维度合规风险的影响

在研究境外合规风险对中国企业对外直接投资（OFDI）决策的影响时，本书从多个维度即政治合规风险、社会与法律合规风险、经济合规风险、金融合规风险、对华关系合规风险、环境资源合规风险进行了异质性分析，回归结果如表 7-6 所示。具体而言：

表 7-6　不同维度东道国合规风险影响中国企业 OFDI 投资决策的回归结果

变量	（1）	（2）	（3）	（4）	（5）	（6）
CR_P	24.549**					
	(9.637)					
CR_S		6.220				
		(12.306)				
CR_EC			25.799*			
			(14.673)			
CR_F				-31.203***		
				(8.692)		

续表

变量	(1)	(2)	(3)	(4)	(5)	(6)
CR_R					4.460***	
					(1.357)	
CR_EN						4.702**
						(2.334)
控制变量	控制	控制	控制	控制	控制	控制
年份固定效应	控制	控制	控制	控制	控制	控制
行业固定效应	控制	控制	控制	控制	控制	控制
城市固定效应	控制	控制	控制	控制	控制	控制
常数	-23.583***	-24.091***	-22.811***	-24.969***	-25.380***	-25.175***
	(1.691)	(1.625)	(1.771)	(1.394)	(1.421)	(1.589)
Observations	205176	205176	205176	205176	205176	205176
Pseudo R^2	0.143	0.142	0.142	0.146	0.143	0.142

注：*、**、***分别代表在10%、5%和1%的水平上显著；括号内为国家层面聚类的稳健标准误。

表7-6列（1）的结果表明，政治合规风险对中国企业OFDI决策的影响显著为正。较低的政治合规风险（如政治稳定性、政府腐败程度等）显著增加了企业对该东道国的投资概率。政治稳定性直接影响企业的投资安全感。较低的政治合规风险意味着东道国政治环境稳定，政府对企业的政策支持更为可靠，投资回报的预期不容易受到政治风险的波动影响。高腐败水平通常会增加企业的运营成本和不确定性。企业在面对政治合规风险时，倾向于选择腐败水平低的国家，以避免额外的腐败相关费用和法律风险。政府政策的连贯性和透明度对于企业的长期投资规划至关重要。低政治风险通常意味着政策的稳定性和透明度较高，有助于企业做出长期投资决策。

表7-6列（2）的回归结果表明，社会与法律合规风险对投资决策的影响不显著。这表明社会与法律合规风险（如劳动法合规、社会福利政策等）对中国企业的投资决策影响较小。可能的原因如下：第一，尽管社会与法律合规风险可能影响企业的运营，但企业通常通过法律合规部门和专

业顾问来管理这些风险。因此,该维度的东道国合规风险对总体投资决策的影响可能相对较小。第二,社会与法律合规风险主要涉及劳动法规和社会保障等方面,企业可能通过在东道国建立合规管理系统来应对这些风险,从而减少其对投资决策的影响。

表7-6列(3)的回归结果显示,东道国经济合规风险对中国企业OFDI投资决策有显著的正向影响。这表明较高的经济合规风险(如经济政策的不确定性、货币政策风险等)会降低中国企业对该东道国的投资概率。高经济合规风险通常伴随着经济政策的不稳定和预期不确定性。企业在面对这些不确定性时,可能会选择风险较低的市场,从而减少对高经济风险国家的投资。经济合规风险的增加可能导致宏观经济政策的不确定性和市场波动加剧。企业在这样的环境中可能面临更高的投资风险和成本,因此倾向于避免在这些市场进行投资。

表7-6列(4)的回归结果显示,金融合规风险对中国企业的投资决策有显著的负向影响。这表明较高的金融合规风险(如金融市场的不稳定性、融资难度等)反而会增加企业在该东道国的投资概率。这一现象需要进一步深入分析其可能的机制和原因。较高的金融合规风险意味着在金融系统中存在较多的不确定性和潜在的操作风险,如融资困难、金融市场波动大、制度不完善等。通常情况下,高金融合规风险会增加企业的融资成本和操作不确定性,从而降低企业的投资意愿。然而却观察到相反的现象——较高的金融合规风险与企业更高的投资概率相关联。可能的机制分析如下:第一,投资机会与市场吸引力。尽管金融合规风险较高,某些东道国的市场机会可能足够吸引中国企业。比如,东道国的资源丰富性或市场潜力可能促使企业接受较高的金融风险,以获得市场份额或战略资源。这种情况下,金融合规风险成为企业在面对潜在高回报市场机会时的接受成本。在某些市场中,金融合规风险较高可能与市场的稀缺性和独特性相关。中国企业可能在其他市场面临更大的竞争压力,因此愿意承担更高的金融风险以进入这些具有战略意义的市场。第二,风险对冲策略。企业可能通过建立完善的风险管理和对冲机制来应对金融合规风险。例如,通过

与当地金融机构建立合作关系或利用金融衍生工具进行风险对冲，企业可以有效地降低金融风险对投资决策的负面影响。这种情况下，企业可能选择在高金融风险的市场进行投资，以期通过有效的风险管理策略来化解潜在问题。企业可能将高金融合规风险视为市场进入的一种挑战，同时也作为实现投资组合多样化的一部分。通过进入高金融风险市场，企业可以降低整体投资组合的风险，并从多样化投资中获得更稳定的回报。第三，政策激励与支持。高金融合规风险的市场可能会提供政府或地方金融机构的政策支持和激励措施。这些支持措施可能包括优惠贷款、财政补贴或税收减免，旨在吸引外资进入这些市场。在这种情况下，企业可能因为政策激励而愿意接受较高的金融风险。一些国家可能正经历金融市场的改革过程，虽然当前存在较高的金融合规风险，但未来的改革前景可能使投资更加具有吸引力。企业可能预计金融环境将会改善，从而在短期内接受较高的金融风险，以便在未来获得更好的投资回报。东道国金融合规风险对中国企业 OFDI 决策的显著负面影响，表明在某些情况下，较高的金融合规风险并不一定减少企业的投资意愿。相反，这种风险可能反映了东道国市场的独特机会、政策支持、市场稀缺性及风险对冲策略等因素。企业在面对高金融风险时，可能通过有效的风险管理策略、政策激励以及市场多样化等方式，选择继续进行投资。这一分析强调了金融合规风险在不同市场环境中的复杂影响，并提醒决策者在制定国际投资策略时考虑多维度的风险管理和市场机会评估。这一发现为进一步研究金融风险与投资决策之间的关系提供了新的视角，也为中国企业在全球投资中优化风险管理策略提供了实践指导。

表 7-6 列（5）的分析结果显示，对华关系合规风险对中国企业 OFDI 投资决策的影响显著为正。这表明东道国与中国的关系密切程度（如外交关系、贸易政策等）对中国企业的 OFDI 决策有重要影响。良好的外交关系通常意味着两国之间的贸易和投资环境更为友好。较低的对华关系合规风险会促使中国企业增加对这些国家的投资，因为稳定的外交关系可以降低投资障碍和政策风险。东道国的贸易政策和经济合作协议会影响中国

企业的投资决策。良好的对华关系有助于推动双边经贸合作,增加企业对该市场的投资兴趣。

表7-6列(6)的回归结果显示,环境资源合规风险对中国企业OFDI投资决策的影响显著为正。较低的环境资源合规风险(如环境保护法规、资源使用限制等)显著增加了中国企业在这些东道国的投资概率。较低的环境资源合规风险意味着企业在投资过程中面临的环境法规要求较为宽松。企业可能更愿意在这些国家进行投资,以减少合规成本和运营压力。对于依赖资源的企业,较低的环境资源合规风险可以降低资源开采和使用的成本,从而提升投资的吸引力。

从不同维度的境外合规风险对中国企业OFDI决策的影响结果可以看出,不同维度的合规风险对企业投资决策的影响程度和方向存在显著差异。这些差异反映了企业在面对多维度合规风险时的不同应对策略和考虑因素,为深入理解东道国合规风险对企业投资行为的具体影响机制提供了重要的实证依据。这些结果不仅丰富了合规风险的研究视角,也为中国企业在制定国际投资策略时提供了实用的参考。

7.3.3.3 国家异质性分析

在异质性分析中,国家异质性被分为发达国家与发展中国家以及世界银行划分的不同收入水平国家(低收入、中低收入、中高收入、高收入),以探讨不同类别国家对中国企业OFDI决策的影响,回归结果如表7-7所示。下面对各类国家异质性分析进行详细解读。

(1)发达国家与发展中国家。在分析中,东道国被划分为发达国家和发展中国家(具体国家分类情况见附表7)。这种分类能够揭示不同经济发展水平国家对中国企业OFDI决策的影响差异。表7-7列(1)和列(2)结果表明,发达国家合规风险的影响结果不显著,而发展中国家则显著为正。

在发达国家类别中,境外合规风险的影响结果并不显著。这一结果的解释可以从以下几个方面考虑:第一,发达国家通常拥有高度稳定和成熟的投资环境和高标准的法律及社会环境。稳定的环境决定了该类组别中东道国合规风险的变动幅度总体相对较小,且小幅度地合规风险变动对于中国企业的是否进行 OFDI 的决策影响并不十分显著。第二，在发达国家，市场的成熟度和商业机会可能对企业的投资决策起到更主导的作用。投资者可能更关注市场潜力、经济稳定性以及商业机会，而非合规风险本身。因此，发达国家的市场环境和商业机会对中国企业的投资决策更为重要，而合规要求的严格程度对投资概率的影响相对较小。

在发展中国家类别中，合规风险的回归系数正向显著结果表明，东道国的合规风险水平越低，中国企业对这些国家的投资概率越大。发展中国家通常具有丰富的市场机会和资源，这对中国企业具有强大的吸引力。较低的合规风险水平可能减少了潜在的法律和运营风险，使得这些国家市场的投资环境对中国企业更为有利，从而会进一步强化市场机会对中国 OFDI 的吸引力，进而增加了中国企业对该国市场的投资概率。虽然发展中国家的整体合规环境可能相对较差，但合规风险水平的降低可能表明该国家在不断改善其商业环境，这种改善会为企业提供更稳定的投资环境，使得中国企业更愿意在这些国家进行投资。

（2）不同收入水平的国家。在分析不同收入水平国家的合规风险对中国企业 OFDI 决策的影响时，表 7-7 列（3）—列（6）结果显示中高收入、中低收入和低收入国家的合规风险结果并不显著，而高收入国家的合规风险结果显著为正。这一结果表明，境外合规风险对中国企业投资决策的影响在不同收入水平的国家中存在差异。下面对此进行详细分析。

表 7-7　东道国合规风险影响中国企业 OFDI 投资决策的国家异质性回归结果

变量	不同发展水平国家			不同收入水平国家		
	(1)	(2)	(3)	(4)	(5)	(6)
CR	1.235	4.114**	3.783*	1.505	4.405	6.214
	(2.745)	(2.082)	(1.949)	(2.424)	(5.797)	(11.468)
控制变量	控制	控制	控制	控制	控制	控制
年份固定效应	控制	控制	控制	控制	控制	控制
行业固定效应	控制	控制	控制	控制	控制	控制
城市固定效应	控制	控制	控制	控制	控制	控制

续表

变量	不同发展水平国家			不同收入水平国家		
	(1)	(2)	(3)	(4)	(5)	(6)
常数	-25.662***	-23.980***	-24.664***	-20.465***	-26.100***	-23.451***
	(3.438)	(1.648)	(3.290)	(2.482)	(2.215)	(7.326)
$Observations$	60622	132728	80103	50746	43723	3194
$Pseudo\ R^2$	0.164	0.135	0.161	0.173	0.153	0.241

注：*、**、*** 分别代表在 10%、5% 和 1% 的水平上显著；括号内为国家层面聚类的稳健标准误。

在高收入国家组别中，东道国的合规风险水平越低，中国企业对该国的投资概率越大。合规风险降低意味着投资环境更加规范和透明，从而降低了企业在运营过程中可能遇到的法律和管理问题。这种稳定性和规范性增加了企业的投资信心，推动了投资概率的提高。此外，较低的合规风险为企业提供了一个可预见的投资环境，从而增加了企业的投资意愿。而在中高收入、中低收入和低收入国家中，合规风险的结果未能显示出显著的影响。这一结果可以从以下几个方面考虑：第一，市场和合规环境的复杂性。在这些国家中，尽管合规风险水平可能对投资决策有一定的影响，但这种影响可能被其他因素所掩盖。例如，市场机会、经济增长潜力、政治稳定性等因素可能对企业的投资决策起到更重要的作用。这些因素的复杂性使得合规风险对投资概率的影响不够显著。第二，合规环境的多样性。在中高收入、中低收入和低收入三个国家组中，各国合规环境可能存在较大的差异，这使东道国合规风险对中国企业投资决策的影响难以统一。不同国家的合规要求和投资环境的多样性可能导致在这些国家中的合规风险对中国企业投资概率的影响不明显。第三，投资动机的多样化。在不同收入水平的国家中，中国企业的投资动机可能有所不同。例如，在低收入国家，企业可能更注重资源获取或市场拓展，而在中高收入国家，则可能关注市场潜力和生产效率。境外合规风险的影响可能因投资动机的不同而有所变化，从而导致这些国家中的合规风险结果不显著。这一分析结果强调了合规风险在不同收入水平国家中的不同影响，特别是在高收入国家中的显著影响,提供了有价值的见解以指导中国企业的对外投资策略。

7.3.3.4 企业异质性分析

本书将中国企业按所有制类型(国有企业与非国有企业)、技术水平(高技术企业与非高技术企业)、环保特征(污染型企业与非污染型企业)进行分类,以考察不同企业类别中的合规风险对 OFDI 的影响,回归结果如表 7-8 所示。

表 7-8 东道国合规风险影响中国 OFDI 投资决策的企业异质性回归结果

变量	不同所有制企业		不同技术水平企业		不同环保特征企业	
	(1)	(2)	(3)	(4)	(5)	(6)
CR	5.108***	4.877***	4.492***	5.516***	8.494***	4.079***
	(1.517)	(1.504)	(1.537)	(1.648)	(2.193)	(1.257)
控制变量	控制	控制	控制	控制	控制	控制
年份固定效应	控制	控制	控制	控制	控制	控制
行业固定效应	控制	控制	控制	控制	控制	控制
城市固定效应	控制	控制	控制	控制	控制	控制
常数	-19.580***	-27.866***	-27.786***	-24.421***	-23.013***	-26.389***
	(2.314)	(1.718)	(2.020)	(1.812)	(3.179)	(1.610)
Observations	35062	169755	114710	88987	38907	164889
Pseudo R^2	0.090	0.166	0.161	0.130	0.127	0.152

注:*、**、*** 分别代表在 10%、5% 和 1% 的水平上显著;括号内为国家层面聚类的稳健标准误。

列 (1) 和列 (2) 回归结果表明,境外合规风险对中国不同所有制企业投资决策的影响均显著为正,但国有企业组中 CR 的回归系数大于非国有企业组。这表明国有企业对东道国的合规风险更为敏感,可能因为国有企业进入受到更多的东道国政府监管和政策影响。列 (3) 和列 (4) 回归结果表明,高技术企业组中 CR 的回归系数小于非高技术企业组。这可能反映了中国高技术企业在国际化过程中对合规风险的管理能力较强,因此对境外合规风险的敏感度较低。列 (5) 和列 (6) 的回归结果表明,污染型企业组中 CR 的回归系数远大于非污染企业组。这表明中国污染型企业在面临东道国合规风险时的投资决策更为谨慎，可能由于这些企业在环境保护方面面临更严格的合规要求。

通过以上异质性分析，可以深入了解东道国合规风险对中国企业 OFDI 决策的影响机制。不同的 OFDI 进入方式、合规风险维度、国家和企业特征均在一定程度上影响了中国企业对外投资决策的结果，这些发现丰富了我们对东道国合规风险影响的理论理解，并为未来的政策制定和企业决策提供了实证依据。

7.4 境外合规风险影响中国企业 OFDI 规模的回归结果

在这一部分，将通过实证回归结果分析展示境外合规风险如何影响中国企业 OFDI 规模。特别是通过对投资规模的回归分析，验证假说 2。同时，还将展示不同合规风险维度对投资规模的差异性影响，以及其他稳健性和异质性的回归结果。

7.4.1 基准回归结果

表 7-9 汇报了境外合规风险对中国企业 OFDI 规模影响的回归结果。本书采用分步回归的方法，逐步引入控制变量和固定效应，深入考察东道国合规风险对中国企业对 OFDI 规模的影响。所有模型均采用聚类稳健标准误，聚类在国家层面，以控制国家层面的异质性和潜在的序列相关性。其中，列（1）为未加入任何控制变量的情况下，结果显示东道国合规风险对中国企业 OFDI 规模的影响在 10% 的水平上正向显著。模型中固定了年份—行业和年份—城市两个二维固定效应，以控制时间、行业和城市层面的固定影响。这一结果初步表明，东道国合规风险越低，中国企业在该国的投资规模越大。列（2）在上述模型基础上进一步引入了企业层面的控制变量，如企业全要素生产率、企业规模等。结果显示，东道国合规风险的影响系数仍在 10% 的水平上正向显著，进一步巩固了合规风险对投资

规模的抑制作用。列（3）在前述模型的基础上，进一步加入了国家层面的控制变量，包括东道国 GDP、人均 GDP、GDP 增长率、自然资源租金占比等，以更全面地控制可能影响投资规模的宏观经济因素。结果显示，CR 的回归系数在 1% 的显著性水平上为正，表明在全面控制其他可能影响因素后，合规风险对投资规模的抑制作用更加显著。列（4）则简化了高维固定效应模型，为检验模型的稳健性，该模型仅控制了年份、行业、城市三个一维固定效应，保持其他设定不变。结果显示，东道国合规风险的回归系数仍然在 1% 的水平上正向显著，进一步验证了结果的稳健性。综合以上回归结果，可以清晰地看到，无论控制变量的选取和固定效应的设定如何，东道国合规风险越低，中国企业在该国的投资规模越大。这一发现强有力地支持了研究假说 2，为后续风险管控等进一步研究提供了坚实的理论与实证依据。

表 7-9   东道国合规风险影响中国企业 OFDI 投资规模基准回归结果

变量	(1)	(2)	(3)	(4)
CR	0.097*	0.097*	0.234***	0.234***
	(0.055)	(0.055)	(0.084)	(0.084)
sale_ta		0.014***	0.014***	0.007**
		(0.004)	(0.004)	(0.003)
sale_peop		-0.003	-0.003	0.002
		(0.003)	(0.003)	(0.002)
lnage		-0.003	-0.003	-0.004
		(0.004)	(0.004)	(0.003)
roa		-0.000	-0.001	0.001
		(0.015)	(0.015)	(0.009)
lev		0.020**	0.020**	0.012**
		(0.009)	(0.009)	(0.006)
capital_den		-0.003	-0.003	-0.002
		(0.002)	(0.002)	(0.002)
SOE		0.000	0.000	0.001
		(0.007)	(0.007)	(0.005)

续表

变量	(1)	(2)	(3)	(4)
TFP		-0.007	-0.007	-0.003
		(0.004)	(0.004)	(0.002)
lngdp			0.027***	0.027***
			(0.005)	(0.005)
lngdpper			-0.018***	-0.018***
			(0.005)	(0.005)
gdp_growth			0.001	0.001
			(0.001)	(0.001)
natural_rents			-0.000	-0.000
			(0.000)	(0.000)
insti_dist			0.001	0.001
			(0.004)	(0.004)
poli_dist			0.015	0.015
			(0.016)	(0.016)
cult_dist			-0.001	-0.001
			(0.003)	(0.003)
bit			-0.035	-0.035
			(0.025)	(0.025)
rta			-0.043**	-0.043**
			(0.018)	(0.018)
常数	0.002	-0.201***	-0.769***	-0.695***
	(0.022)	(0.044)	(0.115)	(0.116)
年份固定效应	—	—	—	控制
行业固定效应	—	—	—	控制
城市固定效应	—	—	—	控制
年份—城市固定效应	控制	控制	控制	未控制
年份—行业固定效应	控制	控制	控制	未控制
Observations	206770	206770	206770	206770
R^2	0.011	0.011	0.022	0.015

注：*、**、***分别代表在10%、5%和1%的水平上显著；括号内为国家层面聚类的稳健标准误。

7.4.2 稳健性检验

为确保回归结果的可靠性,同投资决策部分稳健性检验一致,本书仍主要通过替换核心解释变量、更换估计方法以及剔除金融危机和新冠疫情发生年份样本的方法对基准回归结果进行了验证。

首先,在替换核心解释变量的检验中,分别使用上一章节合规风险评估中熵值—TOPSIS、熵值—模糊综合评价、主成分分析等不同评估方法得到的合规风险评估结果代替基准回归中采用的熵值法评估的合规风险结果,进行回归分析。表7-10列(1)—列(3)的回归结果显示,核心解释变量的回归系数均显著为正,表明无论使用何种评估方法,合规风险对中国企业OFDI规模的影响都具备稳健性。

表7-10　东道国合规风险影响中国企业OFDI投资规模稳健性检验结果

变量	(1)	(2)	(3)	(4)	(5)	(6)	(7)
CR				0.270***	0.274***	14.196***	6.188***
				(0.091)	(0.096)	(4.048)	(1.314)
CR_topsis	0.174**						
	(0.078)						
CR_fuzzy		0.011**					
		(0.005)					
CR_pca			0.049**				
			(0.021)				
控制变量	控制	控制	控制	控制	控制	控制	控制
年份—城市效应	控制	控制	控制	控制	控制	控制	控制
年份—行业效应	控制	控制	控制	控制	控制	控制	控制
常数	-0.762***	-0.687***	-0.652***	-0.807***	-0.850***	-78.538***	-26.854***
	(0.113)	(0.103)	(0.093)	(0.123)	(0.133)	(6.037)	(1.497)
Observations	206770	206770	206770	159164	129897	206770	192464
R^2/Pseudo R^2	0.022	0.022	0.023	0.021	0.020	0.10	0.19

注:*、**、***分别代表在10%、5%和1%的水平上显著;括号内为国家层面聚类的稳健标准误。

其次，更换估计方法。在稳健性检验中，为了应对样本中大量零值的情况，本书采用了左侧零截断的 Tobit 模型和泊松伪最大似然估计（PPML）作为替代的估计方法。Tobit 模型适用于处理因变量有下限截断的情况，在本研究中，投资规模为零即代表未发生投资，是一种左截断的情形。PPML 方法则常用于处理带有大量零值的非负连续数据，适用于左侧截断的模型，能够更好地处理因变量为零的情况。通过这两种方法能够更准确地捕捉到合规风险对投资规模的影响。在采用这两种替代估计方法后，表 7-10 列（4）和列（5）的回归结果中 CR 的回归系数均在 1% 的水平上正向显著。这意味着，即使在考虑到大量零值的情况下，东道国合规风险越小，中国企业的对外直接投资规模仍然会显著增加。这一结果进一步验证了研究假说 2。这种正向显著性表明，低合规风险为中国企业提供了一个更有利的投资环境，从而促使企业在东道国加大投资规模。无论是通过 PPML 方法还是 Tobit 模型，结果的一致性都表明研究结果具有较强的稳健性，进一步支持了基准回归的结论。同时，这也反映了中国企业在进行 OFDI 时，考虑合规风险的重要性，尤其是在制定投资规模决策时，东道国的合规环境是一个关键因素。

最后，通过剔除特殊年份样本进一步验证了结论的稳健性。具体而言，本书剔除了 2008—2010 年金融危机期间以及 2020—2022 年新冠疫情期间的样本，并进行回归分析；进一步剔除 2019 年样本，即仅保留了 2011—2018 年样本，重新进行回归估计。所有剔除后的样本回归结果如表 7-10 列（6）和列（7）所示，核心解释变量 CR 的回归系数仍在 1% 的水平上显著为正，这表明基准回归结果不受特定年份的影响，从而进一步验证了结果的稳健性。

综上所述，通过一系列稳健性检验，基准回归中的核心结论得到了有力地支持，即东道国合规风险越低，中国企业选择在该国进行 OFDI 的规模越大。这一结果具有较强的稳健性，进一步巩固了研究假说 2 的合理性。

7.4.3 异质性分析

在异质性检验部分，遵循与投资决策分析中相同的范式，对不同 OFDI

进入方式、不同合规风险维度、国家异质性和企业异质性多个方面进行深入探讨。通过逐一分析这些异质性因素，能够更全面地理解境外合规风险对中国企业 OFDI 规模的影响。

7.4.3.1 不同 OFDI 进入方式

在不同 OFDI 进入方式的异质性分析中，将被解释变量区分为绿地投资和跨国并购两类。表 7-11 列（1）回归结果表明，东道国合规风险水平越低，中国企业的绿地投资规模显著增加，而列（2）中东道国合规风险对中国企业跨国并购的影响则不显著。这可能是因为绿地投资通常涉及更高的资金投入和更长期的资本运作，而低合规风险为此类投资提供了更为稳定的环境，促使企业加大投入。这一结果表明，企业 OFDI 进入方式不同，OFDI 规模对境外合规风险的敏感性也有所不同。低合规风险环境能够有效降低绿地投资的长周期和高投入风险，从而鼓励企业加大投资力度；而跨国并购中，由于并购整合复杂性和其他外部不确定性，即使在低合规风险环境下，企业也可能维持较为谨慎的投资规模。这进一步表明，不同的 OFDI 进入方式在面对相同合规风险时表现出不同的行为模式，为中国企业提供了更加细化的决策参考依据。

表 7-11　东道国合规风险影响中国企业不同 OFDI 进入方式投资规模回归结果

变量	绿地投资 (1)	跨国并购 (2)
CR	0.210***	0.025
	(0.075)	(0.021)
控制变量	控制	控制
年份—城市固定效应	控制	控制
年份—行业固定效应	控制	控制
常数	-0.673***	-0.095***
	(0.096)	(0.030)
Observations	206770	206760
R^2	0.022	0.010

注：*、**、*** 分别代表在 10%、5% 和 1% 的水平上显著；括号内为国家层面聚类的稳健标准误。

7.4.3.2 不同维度合规风险

在不同合规风险维度的分析中,将核心解释变量分别替换为政治合规风险、社会与法律合规风险、经济合规风险、金融合规风险、对华关系合规风险以及环境资源合规风险,表 7-12 汇报了相应的回归结果。其中,列(1)、列(2)和列(6)的回归结果中核心解释变量的系数显著为正,表明东道国政治合规风险、社会与法律合规风险和环境资源合规风险越低,中国企业对其 OFDI 的规模越大,这一结果与基准回归结果一致。政治合规风险较低的东道国通常拥有较为稳定的政治环境和透明的政策执行,这能够为外国投资者提供更为稳定的投资预期。稳定的政治环境降低了投资的不确定性,减少了政策变化带来的风险,从而鼓励企业增加投资规模。此外,政治合规风险较低的国家也可能提供更多的政府支持和激励措施,这些因素共同促进了中国企业在这些国家进行大规模投资。较低的社会与法律合规风险意味着东道国拥有更为健全的法律体系和社会治理结构,这降低了企业在投资过程中面临的法律风险和社会风险。法律环境的稳定性和透明性增强了企业对投资回报的预期,减少了因法律纠纷带来的额外成本,促进了企业对该国进行更大规模的投资。社会与法律合规风险低的国家通常提供更有利的投资环境,这对企业扩大投资规模具有正向激励作用。环境资源合规风险较低的东道国通常实施更为有效的环境政策和资源管理措施,这减少了企业在环境保护方面的合规成本和运营风险。环境政策的稳定性和资源利用的便利性为企业提供了更为友好的投资环境,降低了环境合规的难度,从而促进了中国企业在这些国家进行大规模投资。较低的环境资源合规风险意味着企业可以在较少的环境约束下操作,增加了投资的吸引力。

表 7-12　不同维度合规风险影响中国企业 OFDI 投资规模的回归结果

变量	(1)	(2)	(3)	(4)	(5)	(6)
CR_P	1.220** (0.495)					

续表

变量	(1)	(2)	(3)	(4)	(5)	(6)
CR_S		1.453*				
		(0.786)				
CR_EC			0.329			
			(0.547)			
CR_F				-1.276**		
				(0.561)		
CR_R					0.029	
					(0.117)	
CR_EN						0.456***
						(0.173)
控制变量	控制	控制	控制	控制	控制	控制
年份—城市效应	控制	控制	控制	控制	控制	控制
年份—行业效应	控制	控制	控制	控制	控制	控制
常数	-0.713***	-0.716***	-0.713***	-0.758***	-0.734***	-0.810***
	(0.106)	(0.104)	(0.112)	(0.115)	(0.108)	(0.129)
Observations	206770	206770	206770	206770	206770	206770
R^2	0.022	0.022	0.022	0.023	0.022	0.022

注：*、**、***分别代表在10%、5%和1%的水平上显著；括号内为国家层面聚类的稳健标准误。

而表7-12列（3）和列（5）回归结果中，核心解释变量的系数均不显著，表明东道国经济合规风险和对华关系合规风险对中国企业对该国OFDI规模没有显著影响。这可能是因为：第一，经济合规风险涉及经济环境中的合规成本和复杂性，但在对中国企业OFDI规模的影响中，这种风险的作用可能被其他经济因素（如市场需求和经济增长）所掩盖。在一定程度上，企业的投资决策和投资规模还受到市场机会、经济回报等多重因素的驱动，因此经济合规风险的影响在统计上未能表现显著。这表明经济合规风险的影响可能相对较小，或者在不同的经济环境中其影响表现不同。第二，对华关系合规风险主要涉及国际关系中的政治和经济因素,这些因素可能在不同的东道国表现出差异性。尽管对华关系合规风险可能对企业的投资决策产生影响,但其对投资规模的作用在样本中未能显著体现。这可能由于不同国家的对华关系合规风险的影响不一,或者在投资规模的决策中,这一因素的影响被其他决定性因素所掩盖。

表 7-12 列(4)的回归结果显示,境外金融合规风险的影响结果显著为负,表明较高的金融合规风险实际上可能与更大的投资规模相关。这种现象可以从以下几个方面解释:第一,高风险高回报。金融合规风险较高的国家往往伴随有较高的市场风险和较大的投资机会。企业可能认为这些市场高风险的环境中潜在的回报更大,因此更倾向于在这些国家进行大规模投资。第二,市场机会。在金融环境不稳定的国家,投资者可能会看到更多的市场机会,例如,收购价格较低的资产,或者在金融不稳定的市场中获得较高的回报。第三,融资条件。虽然金融合规风险高可能意味着金融市场不稳定,但这也可能意味着企业在这些国家能以较低的成本获得融资,从而促进了投资规模的扩大。

通过对不同合规风险维度的异质性分析发现,政治合规风险、社会与法律合规风险和环境资源合规风险对中国企业 OFDI 规模的影响均显著为正,表明这些风险的降低可以显著促进企业投资规模的扩大。而经济合规风险和对华关系合规风险的影响未能显著体现,可能由于其影响被其他因素所掩盖。值得注意的是,金融合规风险表现为负向显著,表示高金融合规风险的环境中,企业可能会增加投资规模以追求较高的回报。以上结果为理解不同类型合规风险对中国企业 OFDI 规模的影响机制提供了丰富的实证证据,并对企业制定国际投资策略提供了有益的参考。

7.4.3.3 国家异质性

与投资决策部分类似,在国家异质性的分析中,将东道国分为发达国家与发展中国家,以及根据世界银行的收入分类将其细分为低收入国家、中低收入国家、中高收入国家和高收入国家,表 7-13 汇报了回归结果。

表 7-13 东道国合规风险影响中国企业 OFDI 投资规模的国家异质性回归结果

变量	不同发展水平国家			不同收入水平国家		
	(1)	(2)	(3)	(4)	(5)	(6)
CR	0.328*	0.117	0.298***	0.006	0.340	0.135
	(0.163)	(0.078)	(0.083)	(0.131)	(0.210)	(0.133)
控制变量	控制	控制	控制	控制	控制	控制
年份—城市效应	控制	控制	控制	控制	控制	控制
年份—行业效应	控制	控制	控制	控制	控制	控制
常数	-0.836***	-0.632***	-0.803***	-0.639***	-0.837***	-0.142**
	(0.232)	(0.107)	(0.203)	(0.200)	(0.134)	(0.049)
Observations	62864	143906	82680	58781	52166	13102
R^2	0.049	0.026	0.042	0.044	0.042	0.123

注：*、**、***分别代表在 10%、5% 和 1% 的水平上显著；括号内为国家层面聚类的稳健标准误。

(1) 发达国家与发展中国家。表 7-13 中的列（1）和列（2）回归结果显示，发达国家的回归结果中 CR 的回归系数正向显著，而在发展中国家样本中该系数不显著。这种现象可以归因于发达国家通常具有较高的市场成熟度、完善的法律和金融系统以及更强的市场潜力和稳定性，这些因素降低了投资的不确定性，合规风险的降低能够显著促使企业在这些国家扩大投资规模。此外，相比于投资决策，投资规模对合规风险的反映更为敏感。尽管发展中国家可能提供了丰富的资源和市场机会，但其投资环境的不确定性可能较高，在这些国家投资面临更多的挑战和复杂性，中国企业在此类国家市场中的投资规模可能受多方面因素的综合作用，而合规风险对投资规模的影响可能并未显现。

(2) 不同收入水平国家。表 7-13 中的列（3）—列（6）回归结果显示，高收入国家组别东道国合规风险越低，中国企业对其直接投资的规模越大，而合规风险对中高收入、中低收入和低收入国家的投资规模的影响结果均不显著。可能的原因如下：高收入国家的回归结果显著为正，表明中国企业在这些国家的投资规模受合规风险影响较大，这与发达国家的分析结果一致,高收入国家通常拥有稳定的经济环境和较为成熟的市场基础设施,这有助于降低投资风险,提高投资回报预期,从而鼓励企业扩大投资规模。而合规风险对投资规模的影响在中高收入、中低收入和低收入国家中未能显现,表明中高收入、中低收入和低收入国家的市场环境可能较为多样化,投资规模的驱动因素更加复杂,合规风险对中国企业 OFDI 规模影响可能受到其他因素的掩盖。

通过对不同国家发展情况和收入水平的异质性分析发现,发达国家和高收入国家的回归结果显著为正,表明这些国家的合规风险较低有助于中国企业扩大投资规模。而发展中国家以及中高收入、中低收入和低收入国家的回归结果未能表现为显著,可能是由于这些国家的投资环境复杂性和不确定性较高,影响了合规风险对投资规模影响的有效识别。这一分析结果进一步丰富了国家异质性在合规风险影响中国企业 OFDI 规模决策的作用机制的理解。

7.4.3.4 企业异质性

同样与投资决策分析类似,在企业异质性的分析中,将企业分为国有企业与非国有企业、高技术企业与非高技术企业以及污染型企业与非污染企业。表 7-14 回归结果显示,所有类型企业 OFDI 规模都受到合规风险正向显著影响,但具体影响效应存在差异。

表 7-14　东道国合规风险影响对中国 OFDI 投资规模企业异质性回归结果

变量	不同所有制企业		不同技术水平企业		不同环保特征企业	
	(1)	(2)	(3)	(4)	(5)	(6)
CR	0.283***	0.229**	0.208**	0.269***	0.356***	0.204**
	(0.102)	(0.095)	(0.096)	(0.088)	(0.115)	(0.087)
控制变量	控制	控制	控制	控制	控制	控制
年份—城市效应	控制	控制	控制	控制	控制	控制
年份—行业效应	控制	控制	控制	控制	控制	控制
常数	-0.516*	-0.806***	-0.850***	-0.699***	-0.658	-0.792***
	(0.289)	(0.135)	(0.136)	(0.115)	(0.450)	(0.115)

续表

变量	不同所有制企业		不同技术水平企业		不同环保特征企业	
	(1)	(2)	(3)	(4)	(5)	(6)
Observations	35626	171144	116134	90636	40335	166435
R^2	0.021	0.024	0.026	0.020	0.019	0.024

注：*、**、***分别代表在10%、5%和1%的水平上显著；括号内为国家层面聚类的稳健标准误。

（1）国有企业与非国有企业。表7-14的列（1）和列（2）回归结果中，境外合规风险对中国国有企业的OFDI规模影响的系数略大于对非国有企业的影响系数。这可能是因为国有企业通常拥有更强的财务资源和政策支持，使其能够在较高风险的环境下进行更大规模的投资。同时，国有企业进入东道国可能面临更多的政策监管和投资约束，因此国有企业的OFDI规模对合规风险的敏感度更高，在面临较高的境外合规风险时，投资规模缩减相对较大，以控制合规风险暴露。相对于国有企业，非国有企业的投资规模较小，受东道国监管和约束相对较小，因此其OFDI的规模对合规风险的敏感度相对较低，表现为合规风险影响投资规模的回归系数相对较小。

（2）高技术企业与非高技术企业。表7-14的列（3）和列（4）回归结果中，境外合规风险对中国高技术企业的OFDI规模影响的系数略小于对非高技术企业的影响系数。这可能是因为高技术企业通常在技术和知识产权保护方面更为重视，倾向于谨慎投资，其在国际化过程中对合规风险的管理能力相对较强，而对合规风险的敏感度较低。相比之下，非高技术企业对技术保护和创新需求较低，无须在国际市场中维护技术领先地位和创新能力，这些企业在合规风险较高的情况下可能有更多的投资规模操作空间。

（3）污染型企业与非污染型企业。表7-14的列（5）和列（6）回归结果中，境外合规风险对污染型企业的OFDI规模影响的系数大于对非污染型企业的影响系数。这可能是由于污染型企业在面对环境法规和合规要求时，可能采取更多的投资措施以实现更大的规模效应或进行环境风险补偿投资。此外，污染型企业在国内可能面临更多的环保压力，因此在境外市场寻求扩张可能成为一种战略选择。相比之下，非污染型企业的环境负担较轻，在环境保护方面面临的合规要求相对较低，它们的投资规模决策更多地受到市场机会和经济效益的驱动，对合规风险的敏感度相对较低。

企业异质性分析揭示了境外合规风险对不同类别中国企业 OFDI 规模的影响差异。这些结果进一步丰富了对境外合规风险在不同类型企业中对 OFDI 规模影响的理解，并为中国企业制定 OFDI 战略提供了有价值的参考。

综上所述，异质性检验结果表明，境外合规风险对中国企业 OFDI 规模的影响因投资方式、合规风险的具体维度、东道国的经济发展水平和收入水平以及企业性质的不同而有所差异。通过这样的分析，可以更全面地理解合规风险对中国企业 OFDI 规模的影响，为企业制定针对性和差异化投资策略提供有力支撑。

第 8 章　中国企业 OFDI 境外合规风险应对策略

在前面各章节分析的基础上,本章从应对境外合规风险的视角出发,在系统梳理国内外典型跨国公司合规建设经验的基础上,首先探究中国企业合规管理体系建设的思路以及中国企业 OFDI 境外合规风险监控体系的着力点;接着从应对政治合规风险、社会与法律合规风险、经济与金融合规风险、环境资源合规风险、对华关系合规风险等维度提出中国企业 OFDI 境外合规风险的应对举措;最后探讨如何通过优化中国企业 OFDI 布局来提升境外合规风险应对能力。

8.1　构建中国企业 OFDI 合规管理体系

8.1.1　国内外典型跨国公司合规建设经验

随着经济全球化向纵深方向挺进,越来越多的企业走出国门走向海外,企业国际化已成为当前经济发展的重要趋势。跨国公司如何合规管理开始逐渐成为重要议题。本部分以西门子股份公司、中兴通讯股份有限公司、英国石油公司(BP)、大众汽车公司、葛兰素史克(中国)投资有限公司(GSKCI)、高通公司 6 家具有代表性的跨国公司的典型事件为例,深度解析其在合规建设方面的经验与教训。在此基础上,归纳总结国内外典型跨国公司合规建设的经验启示。

8.1.1.1 典型跨国公司合规建设的案例

2006 年底至 2008 年底两年期间,西门子股份公司因违反美国《反海外腐败法》(FCPA)成为德国和美国执法机构调查的中心,并因此支付的罚款金额高达 16 亿美元,该事件(称"西门子贿赂门事件")成为西门子股份公司合规体系建设的转折点。事件发生后,西门子股份公司高度重视公司合规建设,并通过采取如下措施完善合规体系建设:(1)对公司的管理层进行了大规模变动,并开展了德国历史上首次公司独立调查,调查涉及大量文件和交易,旨在查明和处理违规行为;(2)建立了反商业贿赂合规计划,并扩展到反垄断、反洗钱和数据保护等其他领域,与此同时,公司加强了合规组织和制度建设,并开展了有效的合规培训;(3)"贿赂门"事件后,西门子股份公司持续开展合规培训和教育,将合规理念深入员工心中,形成了一种全员参与的合规文化;(4)西门子股份公司建立了强大的法律合规团队,全球约有 500 名专职合规官和 1500 名律师,以确保公司业务的合规性。

在企业内部合规控制中,另一个极具代表性的公司即为中兴通讯股份有限公司(简称中兴通讯)。2016—2018 年,中兴通讯因违反美国对伊朗、朝鲜的出口管制政策,遭到美国政府调查。2016 年 3 月,美国商务部工业与安全局(BIS)对中兴通讯发出出口权限禁令;2017 年 3 月,中兴通讯与美国达成和解协议,支付 8.92 亿美元罚款,并承诺解雇 4 名高级管理人员,对其他 35 名员工进行纪律处分。然而,2018 年美国方面指控中兴通讯未切实执行对涉事员工的惩戒措施,随后美国商务部再次激活对中兴通讯的出口禁令,禁止美国企业向中兴通讯出售核心零部件,致使公司业务陷入停摆,面临巨大生存危机。此次事件后,中兴通讯深刻认识到合规建设的重要性,将"合规创造价值"理念深度融入企业文化之中,具体采取多项措施强化合规管理:(1)建立合规文化,中兴通讯致力于建立一个以合规为核心的企业文化,确保所有员工都意识到合规的重要性,并在日常工作中积极实践;(2)建立全面的合规政策,公司制定了一系列全面的合规政策和程序,覆盖了反腐败、出口管制、数据保护、环境保护等多个方面；（3）重视合规培训和教育，中兴通讯定期为员工提供合规培训，确保他们了解并遵守相关的法律法规和公司政策；（4）公司建立了有效的合规风险管理和监控机制，定期评估合规风险，并及时报告合规问题和改进措施；（5）中兴通讯定期进行合规审计和评估，以确保合规政策和程序得到有效执行，并及时发现和纠正潜在的问题；（6）在发生合规事件时，中兴通讯会采取适当的应对措施，包括内部调查、整改措施以及与监管机构的沟通；（7）中兴通讯致力于不断评估和改进其合规管理体系，以适应不断变化的法律环境和业务需求。

在公司合规建设层面，英国石油公司（BP）墨西哥湾漏油事件，是一个突出的环境灾难和合规失败的案例。2010年4月20日，BP租赁的深水地平线钻井平台发生爆炸并沉没，导致11名工人死亡，并引发了长达87天的原油泄漏，估计有490万桶原油泄漏到墨西哥湾，造成严重的环境破坏和经济损失。调查发现，BP及其承包商在安全生产方面存在多项违规行为，包括对安全警告的忽视、对钻井平台潜在危险的错误评估以及对紧急情况的准备不足。特别是在防止井涌和井喷的安全措施方面，BP未能遵循行业标准和最佳实践。2015年，BP同意支付187亿美元的罚款，以解决刑事、民事和环境相关的指控。此外，公司还设立了200亿美元的基金，用于赔偿受影响的个人和商业实体。

在跨国公司经营中，大众汽车"排放门"事件，是汽车行业一个重大且具有深远影响的合规"失灵"案例。大众汽车在其部分柴油车型中安装了专门用于应对尾气排放检测的软件，这些软件能够在检测时启动，使车辆表现出"高环保标准"，而在日常行驶中则大量排放污染物，最高可达法定标准的40倍。这一行为违反了美国环境保护署制定的排放标准，也违反了欧盟的排放标准。在美国，大众为解决此事件支付了高达147亿美元的赔偿和罚款。此外，大众汽车还面临全球范围内的法律诉讼和罚款，包括德国布伦瑞克检方对其开出的10亿欧元罚单。该事件凸显了环境保护合规的重要性，特别是在汽车行业。它不仅对环境和公共健康构成威胁，而且对企业的声誉和财务状况产生了严重影响。

葛兰素史克在华行贿案是跨国公司合规建设进程中一个极具代表性的案例。该事件始于 2013 年 7 月，当时中国警方揭露了葛兰素史克（中国）投资有限公司（GSKCI）部分高管涉嫌严重商业贿赂等经济犯罪。这些高管被指控利用旅行社等渠道，向政府部门官员、医药行业协会和基金会、医院、医生等行贿，以扩大药品销量和提高药品售价。其中，涉案的高管被指控通过贿赂销售模式，向全国多地医疗机构的非国家工作人员行贿，数额巨大。这些行为构成了对非国家工作人员行贿罪。2014 年 9 月，湖南省长沙市中级人民法院对葛兰素史克中国公司及其高管进行不公开开庭审理，并判处 GSKCI 罚金人民币 30 亿元，这是中国迄今为止开出的最大罚单。被告人马克锐等被判处有期徒刑二到三年，并处以驱逐出境的附加刑。法院认为，被告单位 GSKCI 及各被告人犯罪的事实清楚，证据确实、充分，指控罪名成立。葛兰素史克总公司对此事件表示了深刻的歉意，并承诺将采取具体措施全面整改葛兰素史克中国公司运营中存在的问题，以重新赢得中国人民的信任。

在反垄断领域，高通公司垄断案充分展示了遵守反垄断法规的重要性。高通公司因滥用市场支配地位、实施排除和限制竞争的垄断行为，被中国国家发展和改革委员会处以 60.88 亿元人民币的罚款，并要求整改。此案涉及高通在 CDMA、WCDMA、LTE 无线通信标准必要专利许可市场和基带芯片市场的市场支配地位。高通的行为包括收取不公平的高价专利许可费、没有正当理由搭售非无线通信标准必要专利许可，以及在基带芯片销售中附加不合理条件等。高通公司的行为不仅排除和限制了市场竞争，还阻碍和抑制了技术创新和发展，损害了消费者利益。这一案件是中国反垄断执法机构针对滥用标准必要专利行为的第一例行政执法案件，对专利权人在《中华人民共和国反垄断法》下依法行使知识产权，避免滥用知识产权并排除、限制竞争的行为提供了规范，也为专利被许可人、消费者及其他市场竞争主体保护自身合法权益提供了可行路径。高通公司在全球范围内的收入中，有相当大一部分来自中国市场。高通公司在中国市场的反垄断调查和处罚具有重大意义。这一案例不仅对中国市场有深远影响，也对全球反垄断执法和专利授权领域产生了重要影响。

8.1.1.2 典型跨国公司合规建设经验启示

基于上述西门子股份公司、中兴通讯、英国石油公司（BP Amoco）、大众汽车公司、葛兰素史克（中国）投资有限公司（GSKCI）、高通公司跨国公司的合规建设的案例，可将跨国公司合规建设的经验总结如下：

（1）建立跨国公司内部的合规文化是企业持续发展的动力。无论是西门子股份公司还是中兴通讯公司，均把合规管理作为企业的一种文化加以建设。合规文化是企业合规计划有效性的重要指标。它不仅仅是合规计划的组成部分，更是一种企业文化，需要从高级管理层自上而下通过合规管理而形成。西门子股份公司通过持续的合规培训和教育，将合规理念深入员工心中，形成了一种全员参与的合规文化。西门子股份公司的这些措施不仅帮助公司度过了危机，还使其成为合规管理领域的全球样板。公司的合规体系强调了遵守法律法规、内部规章制度和道德规范的重要性，同时也体现了企业在面对合规风险时的应对策略和转型过程。中兴通讯秉持"合规创造价值"的企业理念，突出强调合规对公司长期成功的贡献。为此不断重视加强企业的合规文化建设，从而助力企业避免因合规管理而引发的法律风险和财务损失。中兴通讯凭借有效的合规管理体系，在全球市场中牢固树立了信任基石，这不仅是其业务持续增长不可或缺的支撑，更是推动公司迈向可持续发展未来的重要保障。

（2）跨国公司在生产经营过程中，必须遵守所在国家或地区的法律法规。葛兰素史克（中国）投资有限公司（GSKCI）和高通公司因商业贿赂、垄断行为等违反所在国家或地区的法律法规被处以巨额罚款，充分显示出跨国公司在生产经营过程中遵守所在国家或地区法律法规的重要性。该案例也充分表明，无论公司的规模和影响力如何，都必须遵守当地的法律法规，譬如商业法律、劳动法、税法、环境保护法、反垄断法、反贿赂法等，一旦跨国公司在生产经营过程中存在不合规行为，将十分容易面临严重的法律后果和经济损失。例如，欧盟通用数据保护条例（GDPR）便明确规定，企业在使用数据时必须遵守欧盟的相关规定，对于违反规定的企业，条例明确表示将会被处以高额罚款。此外，跨国公司还需要遵守国际标准和条约，如世界贸易组织（WTO）的规则、国际商会（ICC）的指导原则等。通过遵守所在国家或地区的法律法规，跨国公司不仅能避免法律风险和潜在的财务损失，还能提升其在当地的声誉和业务可持续性。

（3）秉持安全生产原则和环保理念，助力跨国公司有序发展。跨国公司合规建设是一个必要且复杂的过程。英国石油公司（BP）墨西哥湾漏油事件和大众汽车"排放门"事件是跨国公司生产经营过程具有代表性的合规失败案例。英国石油公司（BP）因忽视安全警告、对风险评估错误引发环境灾难，最终付出沉重代价。大众汽车公司因安装专门用于尾气检测的软件，制造"高环保标准"的假象，相继被美国和德国处罚。这两个代表性的案例充分表明，秉持安全生产原则，遵守环境保护法则是企业运营的重要组成部分，任何背离这些根本原则与理念的行为，都将不可避免地招致严峻的后果，深刻影响企业长远发展和其社会形象的塑造。由此充分说明，跨国公司在生产经营的过程中，需要重视安全生产和环保理念，对"生产前—生产中—生产后"多个维度是否合规进行综合评估分析，切实将"安全生产"的理念执行生产全过程中。此外，随着绿色环保理念成为国际共识，跨国公司生产经营中的环保理念被越来越多的国家作为合规体系的考评范畴。跨国公司在生产经营过程中，秉持安全生产原则和环保理念，能够使其在生产中规避风险，实现健康有序发展。

8.1.2 中国企业OFDI合规管理体系建设

基于上述对国内外典型跨国公司合规管理体系的建设思路，本部分进一步探究中国企业合规管理体系的建设思路。为此，本部分从2018年年底商务部、国资委、外交部等相关部门联合发布《企业境外经营合规管理指引》入手，结合ISO37301国际标准和德勤合规管理模型，探究中国企业合规管理体系的建设思路。

8.1.2.1 《企业境外经营合规管理指引》

2018年年底，商务部、国资委、外交部等相关部门联合发布《企业境外经营合规管理指引》(以下简称"指引"),该指引是中国政府为了指导企业遵守国际规则和当地法律法规,规范境外经营行为,防范和应对境外经营风险而制定的系列指导性文件。旨在帮助企业建立和完善境外合规管理体系。从指引的框架体系看,包括如下主要要点:(1)合规管理基本原则:包括遵守东道国和国际规则,尊重当地文化习俗,以及实施透明和负责任的商业行为;(2)合规风险识别与评估:企业需要识别和评估境外经营中可能遇到的合规风险,包括但不限于反腐败、反垄断、数据保护、环境法规等;(3)建立合规管理体系:企业应建立包括合规政策、组织结构、培训与沟通、监督与改进等在内的合规管理体系;(4)合规培训和教育:企业应定期为员工提供合规培训,确保他们了解并遵守相关的法律法规和公司政策;(5)合规监控和报告机制:建立有效的合规监控机制,定期评估合规风险,并及时报告合规问题和改进措施;(6)应对合规事件:在发生合规事件时,企业应采取适当的应对措施,包括内部调查、整改措施以及与监管机构的沟通;(7)合规管理的持续改进:企业应不断评估和改进其合规管理体系,以适应不断变化的法律环境和业务需求。

综合来看,《企业境外经营合规管理指引》是一个指引性文件,且其具有一定的灵活性,实践过程中,企业可以根据自己的实际情况进行调整。同时,鉴于不同国家和地区间法律法规的差异性,企业在实际执行过程中需细致考量地域性差异,以确保合规措施的适应性与有效性。

8.1.2.2　ISO37301 国际标准

ISO37301 是国际标准化组织发布的关于合规管理体系要求及使用指南的国际标准,该标准为企业提供了一个全面的框架,帮助企业有效应对合规风险。ISO37301 助力企业应对合规风险包括如下几个维度:(1)ISO37301 标准要求企业识别和理解适用的法律法规、行业标准和其他合规要求。这有助于企业明确其合规义务,从而降低因不了解或误解规定而产生的风险;(2)该标准指导企业建立和维护一个有效的合规管理体系,包括制定合规政策、程序和指导文件,确保这些措施能够应对已识别的合规风险;(3)ISO37301 标准鼓励企业进行风险评估,识别和评估合规风险。这包括分析潜在的风险来源、可能的影响以及这些风险发生的可能性；（4）企业可以根据风险评估的结果，制定相应的控制和预防措施，以减少合规风险的发生。这可能包括内部控制、监督机制和预防措施；（5）ISO37301标准强调对员工进行合规培训和意识提升的重要性。通过培训，员工可以更好地理解合规要求，从而减少因无知或不小心违规而产生的风险；（6）该标准要求企业实施定期的监督和审计活动，以确保合规管理体系的有效性。这有助于及时发现潜在的合规问题并采取措施予以纠正；（7）ISO37301标准提倡持续改进的理念。企业应定期审查合规管理体系的性能，并根据审查结果进行必要的调整和改进；（8）该标准鼓励企业与内部和外部利益相关者进行有效沟通，提高合规活动的透明度，这有助于建立信任并促进合规文化的形成；（9）ISO 37301标准还帮助企业制定应对违规行为的程序，包括调查、纠正措施和纪律处分，以减少违规行为对企业的负面影响。

ISO37301标准对企业建设合规管理体系具有重要的指导意义，可以帮助企业提升管理水平、增强市场竞争能力、降低合规风险。通过遵循ISO37301标准，企业能更好地管理合规风险，提升其整体的风险管理能力，增强企业的可持续性和信誉。

8.1.2.3 德勤合规管理模型

德勤合规管理模型以合规文化为核心，包括治理与领导力、风险评估与尽职调查、标准政策与程序、培训与沟通、员工报告、案件管理与调查、测试与监控、第三方合规、持续改进九个要素。

在治理与领导力方面，德勤合规管理模型强调高层领导和治理机构在合规管理中的重要作用，包括制定合规政策和程序，确保合规责任的明确分配，以及在整个组织中推广合规文化；在风险评估与尽职调查维度，强调企业需要识别和评估合规风险，并进行尽职调查，以确保业务活动符合法律法规和内部政策；在标准政策与程序方面，模型制定和实施了一套明确的政策和程序，以指导员工的行为，确保企业运营符合法律法规和行业标准；在培训与沟通方面，德勤合规管理模型强调对员工进行定期的合规培训，增强其合规意识，并通过有效的沟通确保合规政策和程序被理解和执行；从员工报告维度看，德勤合规管理模型强调，建立一个机制，使员工能够匿名报告潜在的合规问题，鼓励透明度和责任感；在案件管理与调查维度，模型通过制定程序来调查和处理合规违规行为，包括内部调查和必要的纠正措施；在测试与监控方面，则通过定期的合规测试和监控活动，评估合规管理体系的有效性，确保持续遵守相关法律法规；在第三方合规层面，模型强调管理企业与第三方（如供应商、合作伙伴）的关系，确保第三方也遵守相关的合规要求；在持续改进维度，德勤合规管理模型则强调，基于合规测试和监控的结果，不断改进合规管理体系，以适应变化的法律环境和企业内部需求。

德勤的合规管理模型强调了合规不仅是遵守法律的问题，而是一个涉及企业所有层面和活动的持续过程。这个模型帮助企业建立了一个结构化的方法来识别、评估和管理合规风险，从而保护企业的声誉和避免潜在的财务损失。

8.1.2.4　中国企业 OFDI 合规管理体系建设思路

结合上述分析，中国企业需要重点考虑如下几个方面，以构建企业合规管理体系：（1）进入东道国新市场之前，进行详细的法律和环境尽职调查，了解当地的法律要求，必要时聘请当地法律顾问，以确保对法律有准确的理解；（2）建立合规体系，制定内部合规政策和程序，并设置合规部门，确保所有业务活动符合当地法律；（3）定期为员工提供法律合规培训，确保他们了解并遵守相关法律；与此同时，需要特别加强对管理层和关键岗位员工的合规教育；（4）准确及时地提交税务申报和财务报告；（5）确保雇佣、解雇、工作时间和薪酬等符合当地劳动法规定。提供健康和安全的工作环境；（6）遵守当地的知识产权法律，保护自己的知识产权不受侵犯，同时也尊重他人的知识产权；（7）遵守如美国《海外反腐败法》（FCPA）和英国《反贿赂法》等国际反腐败法律，建立有效的反贿赂和反腐败政策；（8）遵守数据保护法律，如欧盟的通用数据保护条例（GDPR）。采取措施保护个人数据和隐私；（9）与当地监管机构保持沟通，确保业务活动符合行业特定的监管要求。定期进行内部审计和评估，以确保合规性；(10) 建立危机应对机制，一旦发现违规行为，能够迅速采取措施进行纠正。与当地政府和监管机构合作，处理合规相关的问题。通过这些做法，跨国公司可以更好地适应不同国家和地区的法律环境，降低法律风险，同时提升其在全球市场的信誉和竞争力。

在具体实践过程中，我国境外投资企业可以充分借鉴中国交通建设集团（以下简称"中交集团"）建立的海外合规风险管理体系。该合规风险管理体系旨在加强对海外业务风险的管理，具体包括深入调研与全面对标，找出合规风险较高的业务及关键环节，并建立合规监督机制。此外，还涉及梳理并设置合规审批权限，实施合规风险分级分类管理，以及建立多层次的合规管理防线，形成全员参与、职责清晰、全程监督的合规管理格局。该体系的目标是确保集团海外业务满足境外国家有关法律法规及国际组织有关规则的要求，从而防范重大合规风险事件的发生。该合规管理体系的关键架构包括：(1) 合规政策和程序：制定明确的合规政策和程序，这些政策和程序应涵盖所有相关的法律法规、行业标准和企业内部规定，并确保所有员工都了解并遵守这些政策和程序；(2) 合规组织结构：建立一个合规组织结构，明确合规管理的责任和权限。设立合规部门或合规官，负责监督合规管理体系的运行；(3) 风险评估：定期进行合规风险评估，以识别和评估潜在的合规风险。评估风险的可能性和影响，确定优先管理的关键风险；(4) 合规培训和意识提升：对员工进行定期的合规培训，增强他们的合规意识和能力。通过内部通信、研讨会等形式加强合规文化的建设；(5) 内部控制和监督：实施内部控制措施，确保合规政策和程序得到有效执行。定期进行内部审计和监督，评估合规管理体系的效能；(6) 合规报告和沟通：建立合规报告机制，确保合规问题和风险得到及时报告和处理。在组织内部建立有效的沟通渠道，促进信息的流通和共享；(7) 案件管理和调查：制定案件管理和调查程序，对违规行为进行适当的调查和处理。采取纠正措施，防止类似事件的再次发生；(8) 合规记录和文档管理：维护完整的合规记录和文档，包括政策、程序、风险评估报告、培训记录等。确保记录的准确性和可追溯性，以便在需要时进行审查；(9) 持续改进：基于合规风险评估、内部审计和监督的结果，持续改进合规管理体系。定期审查和更新合规政策和程序，以适应法律环境的变化和企业的发展；(10) 合规文化和价值观：培养一种支持合规的企业文化，确保合规成为企业价值观的一部分。通过领导层的示范作用和员工的行为规范，强化合规文化。

此外，中交集团在构建海外业务合规风险管理体系的过程中，还重点关注了以下几个方面：(1) 深入调研，全面对标：中交集团认真研究了国家相关法律法规、世界银行合规要求、国际合规惯例以及国际最佳实践，对集团合规管理现状进行了细致分析，找出风险较高的业务流程及环节；(2) 海外合规风险管理体系设计：在深入调研及明确思路的基础上，中交集团借鉴国际最佳合规管理实践，按照国际通行做法，联合国际著名管理咨询机构，对海外业务流程与制度进行了整体设计；(3) 构建海外合规风险管理制度体系和组织架构：制定了《海外业务合规风险管理办法》等9项办法及配套操作流程指引，确定了海外业务合规风险管理的基本政策、工作体制与机制；(4) 综合运用内控措施控制高风险事项：在具体实施过程中，综合运用授权控制、不相容职务分离控制、预防性控制与发现性控制等内控措施方法进行合规风险防控。

8.2 构建中国企业 OFDI 境外合规风险监控机制

2003 年我国实施"走出去"战略以来，企业对外直接投资 (OFDI) 呈现井喷式增长。近年来，面对频发的境外合规风险问题，我国需要审时度势，构建企业 OFDI 境外合规风险监控体系。为此，可以重点从如下几方面入手。

8.2.1 建立健全企业 OFDI 合规管理框架

我国商务部门需要根据《企业境外经营合规管理指引》，引导对外直接投资企业建立一个健全的合规管理框架，明确合规管理工作内容，并制定相应的合规管理制度。这包括确保合规管理的独立性、适用性和全面性。企业需要识别、评估并处置合规风险，同时培育合规文化。与此同时，我国对外直接投资企业需要根据自身业务性质、地域范围和监管要求，设置相应的合规管理机构。具体可以包括合规委员会、合规负责人和合规管理部门。这些机构负责制定和执行合规管理制度，进行合规风险评估和测试，以及监督履行合规管理职责。必须时，政府部门需要适时引入第三方机构，完善合规管理体系的监督审查。第三方机构具有独立和专业性的优势，可以为企业提供专业的法律、财会及风险管理人才，助力企业建立科学规范的合规管理体系；第三方机构与企业之间不存在利益牵扯，可以公平公正地监督审查合规工作，提高企业合规效率。此外，我国对外直接投资企业需要进一步创新企业内部管理方式，构建境外合规风险管理体系。对外直接投资企业应将合规管理融合于企业的内部控制中，企业高级管理人员带头积极创新企业管理体系。企业应强化规则意识，保持开放态度，强化国际法律法规的运用；因地制宜开展适合企业发展规划、组织结构特点以及企业文化的合规管理，组织员工集体学习合规知识和技能。

8.2.2　重视识别境外合规风险源，做好境外合规风险评估预警

风险识别是企业风险监控的第一步，如何快速有效获得风险信息，影响着企业风险管控的最终效果。要重视境外合规风险源识别，做好境外合规风险评估预警，从源头上预防境外合规风险。从国家层面来看，中国政府应从评估、预警与监管等各个方面构建完善的境外合规风险评估预警体系，帮助企业提前评估境外风险。该预警监测体系应该由政府主导，由商务部、外交部等政府相关部门的研究机构和专业人士共同参与，引导众多企业共同参与其中。该体系不仅要注重收集和分析数据，还要建立一种有效的信息传递机制，将重要的风险信息及时、准确地传递给投资主体。这可以通过定期发布风险评估报告、建立在线风险信息数据库，以及组织专题研讨会等方式实现。这种方式不仅可以帮助投资主体获取实时的风险信息，而且还可以帮助投资主体提高风险识别和管理的能力，从而做出更明

智的投资决策。为此，也要进一步加强驻外使馆机构、商会、行业协会、中介评级机构、金融机构等的风险信息收集作用，并通过建立对外投资信息提供平台，及时统一发布信息；支持商会、行业协会、中介等第三方机构对企业 OFDI 境外合规风险进行评估，并随时跟踪市场变化、政局动荡和货币政策变动等方面的潜在危险，及时发布境外投资合规风险警示。

对于中国的对外直接投资企业来说，境外合规风险应作为企业对外直接投资决策的重要考量因素之一。在对东道国的境外合规风险评估时，企业应重视东道国与母国的制度距离方面诱发的境外合规风险，尽量选择与母国在法律法规、市场规范及宗教文化方面差距较小的国家投资；在综合衡量投资成本和收益的基础上，选择政治、经济、金融及法律环境稳定的东道国，更容易获得外部合法性，降低信息不对称程度，企业获取信息所付出的交易成本也较低，更有利于企业开展投资经营活动。当东道国境外合规风险较高时，企业可以选择并购的投资方式，降低境外合规风险的消极影响。此外，建立境外合规风险清单库，做好境外合规风险预警措施。面对全球日趋严格的合规要求，企业应加强境外合规风险辨识工作，识别主要风险因素、风险发生频率、可能对公司带来的损失等相关因素，将公司合规风险汇总形成公司合规风险清单库，同时按相关风险等级规定，对合规风险发生的可能性及其带来后果的严重程度进行定性和定量分析，划分相应的合规风险预警级别，并提出相应的合规风险预警信号。

8.2.3 积极应对东道国的国家安全审查，引导对外投资企业合规经营

随着全球政治经济形势变化，美国、欧盟等经济体的合规监管力度不断加大。例如，美国的《反海外腐败法》（FCPA）和欧盟的《通用数据保护条例》（GDPR）对企业提出了更严格的合规要求。我国政府部门需要积极引导中国外向型企业遵守这些国际规则，避免我国对外直接投资企业受到境外监管法律的处罚。投资东道国存在滥用国家安全审查制度、审查信息不透明和审查程序不正规等问题，往往会增加企业对外直接投资的合规

风险，严重影响对外直接投资企业的利益。对外直接投资企业可以通过主动申报和沟通的方式，向东道国政府主动提供必要的企业信息，以增强东道国的信任，进而消除政府对于国家安全的顾虑。当投资权益受到侵害时，企业应积极仲裁维护正当权益；我国与美国以外的世界主要经济体均缔结了国际投资协定（IIAs），面对东道国不透明的审查信息、不正当的审查程序，企业可以依据 IIAs 中设置的投资仲裁条款申请独立的仲裁庭解决与东道国的争端，维护境外投资利益。另外，面对国家安全审查严格、滥用国家安全审查的国家，可以转变思路，鼓励中小企业、民营企业对外投资，在投资方式上考虑绿地投资或合资经营的方式，提高国家安全审查通过率，进而降低由此诱发的境外合规风险。

8.2.4　境外合规风险监控要注意合规管理与投资发展的平衡

合规是一种关系，是一个动态的过程，旨在实现企业组织的自我完善，而不是简单地维持现状。合规不是基于合规与不合规的二元关系，而是基于法律法规等相关秩序产生的期望。在私人企业内部为满足这些期望而做出努力之间的对应程度，可以简化为低、中、高三种。即使是寻求充分履行其法定职责的最合规的跨国企业，也需要时间来制定、采用和实施内部程序和控制。因为跨国公司必须考虑到自身面临着来自国内法律、东道国法律、国际通行规则以及第三国的域外立法等分散和不协调的法律和监管场景，而且这些分散和不协调的法律和监管场景都在不断变化调整，同时企业内部组织变化对责任风险也有重大影响。由于一家跨国公司往往有多家子公司同时在不同的东道国开展境外直接投资活动，各子公司的供应商或第三方也分布在不同的东道国，这使得该跨国公司对境外投资子公司的合规管理面临如下的困境：若对处于不同东道国的所有子公司采取一套单一的合规标准，本书将其称为"效率优先型合规管理模式"，这样跨国公司母公司对各子公司的合规监管成本会较低，能够实现监管经济效率最大化，但这种管理模式会使分布在不同东道国的各子公司暴露在违反当地法规的高风险环境中。相反，如果跨国企业母公司针对分布在不同东道国的每个子公司制定适合当地的监管标准的差异性合规管理，本书将其称为"当地合规优先管理模式"，这会减少跨国企业的各子公司的非合规行为，但可能极大地提高跨国企业母公司的合规监管成本，影响其监管的经济效率。因此，跨国企业母公司在确定内部遵守标准时，需要在效率优先和当地合规优先两者之间取得平衡，这不仅取决于企业组织和经济机会，而且还与从刑法的角度来看特别相关的某些法律问题有关。

此外，如果一家跨国公司通过简单地选择最强的规则或将不同的法律标准"堆积"来设定尽可能最高的标准，这看上去似乎是正确的合规风险监控方案，但这样努力的结果是很容易使公司处于"过度合规"的状态，与竞争对手相比处于不利地位，且造成超官僚化，同时也不得不面对与以这种方式行动相关的某些领域的概念上的差异。与此相反，如果一家跨国公司将自己限制在最低要求范围内，采用不超出投资覆盖东道国涉及的各种立法规定的最低要求进行合规管理，这就会使公司处于"合规不充分"的状态，这不仅与道德方法不一致，更重要的是从制裁的角度会使其面临高合规风险，陷入不可接受的不合规的情况。因此，跨国公司境外投资合规监管需要在合规不充分和过度合规之间找到适当的平衡。对于中国而言，如何建立一套企业境外合规管理与投资业务发展相平衡的监管机制，既符合国际惯例又与国内既有的管理体制机制相互衔接、兼容并蓄的合规管理体系，既满足国际投资通行规则，又能在东道国规则和条件下开展业务，实现合规管理与投资业务发展之间的平衡，且将企业对外投资的境外合规风险控制在一个适度、合理的范围，是中国政府和企业共同面对的亟待解决的问题。

8.3 中国企业 OFDI 境外合规风险应对举措

8.3.1 境外政治合规风险应对

8.3.1.1 企业层面

政治合规风险是中国企业境外直接投资过程中需要重点关注的合规风

险。从企业维度看：(1) 企业投资前应对东道国投资环境进行充分的论证，需要充分了解东道国的政治主张、对外资态度以及与中国的政治关系，事先调查投资项目所在行业的具体相关政策及政策变动情况，寻找是否存在因政府违约、政策变动、当地居民反对而导致投资失败的先例，深入了解东道国当地的政治、经济、文化和社会发展局势，做好政治合规风险评估。(2) 企业在投资项目实施过程中，要注意处理好相关利益方的诉求，坚持上层"政府路线"和下层"群众路线"两条腿走路（张晓涛等，2020），高度警惕发生过国内政治斗争、资源民族主义和国有化等风险的国家及地区。对于存在战争内乱风险特殊的国别，企业可以按照所在东道国政府政策，雇佣当地提供的保卫力量，也可按照国际惯例雇用专业的安保团队，为企业正常运行和发展保驾护航。(3) 企业应健全境外投资政治风险防范的组织和制度体系，在长期深耕的高政治合规风险的国别安排政治风险防范措施和合规经营专家，认真研究政治合规风险高发的领域，形成政治合规风险和合规管理专家库。(4) 企业可以通过投保海外投资保险来获得对东道国政治风险的救济，企业通过投保可将潜在风险转移，即使发生争议也可交由保险经营机构行使代位求偿权。(5) 企业若遭受东道国的战争和内乱等政治风险，要向中国政府申请保护，借助政府的力量来减少政治风险带来的恶性影响。

8.3.1.2 政府层面

从政府层面看：(1) 政府要加强企业境外投资保护立法。国内法层面，法律法规要明确保护中国企业的对外投资，对国有资本风险报告的规范化提出明确要求，也要明确民营企业向国家申报保护的渠道。国际法律层面，进一步缔结、更新双边和次区域投资条约，拓展政治合规风险的范围和认定方法，扩大保护的范围和力度。(2) 政府要优化企业境外投资的政府服务支持体系。建议由我国商务部牵头，整合现有走出去的行政资源，成立国家层面的境外投资促进机构，增强法律、政治和风险管理专业人员的配备，专门为企业境外投资经营全生命周期各阶段提供各种政治风险信息咨询、评估、照会、调停等服务，为企业有效化解政治合规风险建立基础。(3) 政府要强化企业境外投资保障能力。外交部、商务部等部门要充分发挥磋商机制作用，推动投资保护、司法协助、领事保护、社会保险等政府间双边、多边协定的签订，为企业境外投资提供良好的保护环境。(4) 政府要更加重视对企业境外投资权益的维护，加大对中国国有企业的现代企业制度的宣传力度，使世界各国了解国有企业的市场运营模式，减少东道国针对中国国有企业的防备。当东道国的中资企业受到非法、不公正的权益侵犯时，中国政府的相关部门、驻外使领馆和其他机构要积极协调，要求东道国法律维护中国企业的合法权益。

8.3.2 境外社会与法律合规风险应对

8.3.2.1 企业层面

社会与法律合规风险也是中国境外直接投资企业需要关注合规风险。在应对该类合规风险的过程中，中国境外投资企业要加强海外软生态建设，做到入乡随俗，了解、熟悉、适应、尊重、融入当地的政治生态、商业生态、文化生态、生活生态和环境生态，要与当地的股东、员工、工会、合作方、政府、媒体、社区和更广泛的社会团体等利益相关者建立以商业利益驱动的多方共赢、价值共享为宗旨的合作平台，并通过此平台吸引和影响利益相关者，实现可持续的利益共信、共享、共赢。具体可以从如下几方面入手：(1) 中国企业投资前要做好劳动用工专项尽职调查，投资后要严格遵守东道国有关劳工的法律制度，保护劳工平等劳动权利。(2) 严格遵守东道国的社会文化规范。中国企业在境外投资运营过程中，要深入了解当地文化，尊重当地的文化习俗，文化禁忌以及宗教禁忌，用当地文化管理员工，雇佣一定比例的当地员工，实施本土化战略。(3) 处理好与当地工会和社区的关系。大多数国家工会力量强大，对劳工保护极其严格，中国企业要重视与东道国工会组织的沟通，充分了解当地工人和工会的真实需求。同时也要处理好与当地社区关系，在有的国家的外商投资审批中，取得社区居民的支持往往是通过审批的前提条件；在投资项目的运营中，良好的社区关系对投资项目的顺利开展也起着非常重要的作用。中国企业可以在当地社区不定期地举办一些联谊活动，发放一些带有中国文化元素的纪念品，真正做到民心相通。(4) 履行好社会责任。中国企业大量境外投资失败项目表明，合规风险事件往往是投资主体在项目实施过程中的不当行为引发东道国民众不满与抗议所引起的，继而导致项目搁浅、经济损失。中国境外投资企业应积极通过各种方式主动履行社会责任，注意回馈当地社会，处理好与投资项目利益相关主体的关系，要密切关注东道国可能影响项目的民间动态，采取措施及时预防和化解极端民间群体事件。(5) 学会与东道国媒体打交道，使其为中国企业发展发挥良好作用。中国企业可以组织东道国媒体到本企业参观访问，与东道国媒体形成良性互动的和谐关系，使得东道国媒体对中国企业进行正面宣传，当发生重大事件或涉及社会敏感问题时，不要拒绝媒体，而要做好预案，通过当地主流媒体或非正式组织与大众交流，充分发挥媒体的积极作用。(6) 在公司治理方面，企业应加强 ESG 合规体系建设，完善 ESG 评估指标体系，加强 ESG 合规风险的预防和管控。同时，应当向公司所有员工普及 ESG 管理理念，加强信息披露，及时向利益相关者传递完整的企业信息，向东道国展现中国企业更好的投资形象。

8.3.2.2 政府层面

政府应充分发挥其在制度调节、外交维护、法律束缚、服务保障和整体协调方面的主导地位：(1) 政府应加强制度建设，完善对外投资企业的东道国社会职责评估体系，促使中国境外投资企业进一步提高合格履行东道国社会责任感。(2) 完善企业在社会责任方面的各项法律法规，进一步明确企业所承担的社会责任领域，引导境外投资企业将履行东道国社会责任归入本公司章程。(3) 建立健全服务保障系统，为中国对外投资企业及时提供信息，帮助中国境外投资企业全面了解当地投资环境和有关劳工的法律制度，引导中国境外投资企业履行当地社会责任，逐步建立起适宜对外投资企业社会责任的保障机制。(4) 加强国际合作。中国政府相关部门要积极参与国际上对企业社会责任标准的制定工作，进一步提高中国企业对外投资的话语权。同时，进一步完善双边投资协定、投资保护制度和仲裁制度，在签订双边或多边投资协定时增加关于劳工保护的条款，明确规定劳动者的各项权利，以降低对外投资企业面临的社会与法律合规风险。

8.3.3 境外经济与金融合规风险应对

8.3.3.1 企业层面

从微观经济理论看，企业生产经营的目的在于"追求实现利润最大化目标"。该理论同样适用于中国境外直接投资企业，由此凸显出经济与金融合规风险的重要性。为此，中国境外直接投资企业需要重点从如下几方面入手，应对经济与金融合规风险：（1）应及早识别和衡量对外投资所面临的汇率风险，加强汇率风险报告和监控，并采取相应措施，从源头上尽可能覆盖汇率风险敞口。要经常搜集外汇风险信息，利用外汇资金流动报表和外汇风险头寸表反映不同货币即期和远期外汇风险，并评估出各类风险对境外投资的影响程度，及时构建化解风险的控制预案和有效机制，应对汇率波动引发的风险。（2）通盘考虑国家债务违约风险，中国境外直接投资企业在海外经营过程中必须考虑到征收、止付等政治风险和汇兑、汇率、通胀等经济风险。（3）需要密切关注行业发展变化，及时判别与合作伙伴的经营理念是否存在偏差，在投资决策时进行全面的评估，并制定灵活的经营策略以应对市场变化。（4）需要关注货币波动、利率变化和金融市场波动对海外投资盈利能力和财务稳定性的影响，为此企业及时构建有效的风险管理策略，比如通过金融衍生品进行对冲、建立多元货币的收入和成本结构来降低风险、通过投保货币保险来避免外汇风险等。（5）企业还需充分熟悉境外投资公司关闭流程，一旦境外投资公司出现经营困难，能够采取必要措施，包括商业重组、协议安排、临时清盘等，同时确保遵守当地法律法规，进行资产处置、员工解约、税务和财务报告等。

8.3.3.2 政府层面

从政府层面来看，需要建立健全以政府为主体的中国企业境外投资金融风险防范与监控体系。（1）在风险可控的前提下，政府相关部门要继续积极稳妥推进人民币资本项目可兑换进程，有序拓宽资本流出渠道，为汇率形成机制日趋完善和外汇市场走向成熟打下必要的体制性基础。（2）努力创造条件推出更多人民币外汇衍生品市场交易品种，尤其是在高金融合规风险的东道国，推广金融衍生品应用，为中国境外投资企业提供新的外汇对冲和避险工具，从而助力于境外投资企业规避汇率风险。（3）加强对境外投资企业的金融与税收政策扶持。一方面，政府对境外投资企业可以实行优惠的金融政策。企业对外投资的初期，暂无利润可供再投资，此时政府需要适当放松外汇管制，允许企业的外汇资金在内部调整，并在追加投资方面给予企业有较大的自主权；同时，政府还可以赋予条件适合的境外投资企业必要的海内外融资权的担保，鼓励境外投资企业在国际金融市场上融资，还应鼓励境外投资企业在境外成立财务公司等金融机构，逐步强化其金融自我扶持功能。另一方面，政策制定者应依据每个东道国合规风险的独特特征，量身定制更为精细化和差异化的税收政策支持框架，针对政治、经济、金融、环境资源合规风险较低的国家和地区，政策可以通过实施税收激励措施，激励企业加大投资步伐，为企业在这些市场的长期深耕提供坚实后盾。（4）为境外投资企业提供必要的金融支持。中国政府应进一步拓宽海外投融资渠道，逐步调整政府有关金融部门对中国企业境外投资的管理模式，简化境外投资外汇管理手续；鼓励银行与跨国企业合作，支持金融机构在海外建立分支机构；鼓励进出口银行和其他商业银行加强对境外投资企业提供信贷支持，推动开办离岸业务的银行扩展业务范围为境外企业提供金融服务。

8.3.4 境外环境资源合规风险应对

8.3.4.1 企业层面

中国企业境外投资应当将环境保护纳入企业境外发展战略和生产经营计划，建立相应的环境保护制度，强化企业的环境和安全生产等社会责任。具体措施包括：（1）中国境外投资企业应当加强与东道国的环境政策和标准对接，自觉承担环境责任，遵守东道国环境法律法规，深入了解投资当地政府政策，并严格遵守相关国际标准，做好环境合规。（2）企业在投资前要对东道国环境法律适用状况进行实地调查，根据东道国的法律法规要求，事前进行环境保护评估和保护措施的设计，建立从项目立项到落地运营全生命周期的环境保护机制。(3) 中国境外投资企业要加强环境法律的培训，密切关注东道国政府环境政策、法律法规的变化，制定事前事后应急处置方案。(4) 中国境外投资企业应针对东道国的自然环境、资源等方面的特色，加强同第三方环保机构的合作，提倡发展节能减排的制造业和聚焦清洁能源的绿色产业，积极践行绿色发展理念，推进与东道国在新兴产业领域的合作，如数字经济、先进制造等领域，在寻找新的增长点过程中助力企业自身竞争力的提高。(5) 中国境外投资企业要根据《对外投资合作环境保护指南》的要求，建立内部环境合规制度和严格的环境风险防范机制，包括环境培育制度、环境信息公开、合规性审查、预防制度等，将环境理念贯彻到企业投资的各个流程，同时重视对东道国环境破坏的修复和赔偿，避免造成更大的环境破坏。在面临环境冲突时，积极与东道国沟通，寻求调解等友好解决途径，避免陷入冗长的环境诉讼纠纷。

8.3.4.2 政府层面

从政府层面来看：(1) 加快境外投资环境保护问题立法。国内法层面，应当尽快为境外投资企业的环境问题拟定一部统一管理的法律，为境外投资的企业提供法律依据以及政策指导。国际法层面，在国际合作中推进环境标准的建立，推行区域合作的环境保护准则，将环境保护问题纳入重要的议题，在签订双边和多边投资保护协定中积极洽谈有关环保条款，扩大国际影响力，创立海外信息交流平台，与东道国达成境外投资企业共同管理与合作机制。(2) 建立"一带一路"框架下的环境协调机制。运用多边对话等方式共同协商解决中国企业境外投资在东道国遇到的环境、社会和公司治理等问题；发挥亚洲基础设施投资银行等金融机构的作用，将绿色金融与"一带一路"建设有效连接，为相关投资项目提供绿色优惠、信贷债券等方面的支持，促进绿色金融体系构建。(3) 加强与东道国绿色发展倡议的协调合作。近年来，许多国家积极推出绿色战略，将可持续发展作为推动经济复苏的战略选择，中国政府相关部门应当积极同这些国家进行环境相关标准的协调和对接，对中国企业境外投资行为进行有效约束。（4）中国要加快建立与国际对接的环境标准，通过实行较高的环保要求和绿色技术生产水平，提升中国企业境外直接投资的环境竞争力，降低企业境外投资的环境制度合规风险。同时政府可以推动建立国内环境规制与东道国环境规制的对比机制，基于中国企业境外投资实例分析国内外环境规制的差异，为企业境外投资决策和市场定位提供参考。（5）搭建国际化的可持续发展平台，积极组建绿色发展国际联盟，增强中国在全球环境治理及经济体系调整方面的政策引导能力、标准制定能力和国际影响力，在全球产业链布局和国际贸易投资规则变革中争取主动权。

8.3.5 对华关系合规风险应对

对华关系合规风险是中国境外直接投资企业需要应对的另一类主要风险，尤其是美国对华政策和制裁措施，中国政府需要采取一系列策略和措施：（1）因国施策，强化合规体系建设和战略法务能力。中国企业境外投资东道国与中国关系亲疏程度不同，由此会引发不同程度的双边合规风险。比如，面对美国及其盟友国涉华政策的变动，中国政府需要引导企业加强合规体系的建设，提升法务能力，以应对可能出现的国别业务影响、供应链风险，以及跨境风险如出口管制风险、经济制裁风险和贸易壁垒风险。美国继续加大对出口管制与经济制裁的监管措施，特别是针对俄罗斯和所谓涉疆人权问题，不断将特定中国实体加入管制与制裁名单，并与其盟友国合作实施"俱乐部式制裁"措施。因此，中国政府需要密切关注美国及其盟友国家的管制与制裁措施，因国施策，引导中国企业寻找在复杂国际营商环境中的机遇与风险的平衡点。（2）推动BIT、RTA、双边互免签证协议的签订。在中国境外投资过程中，BIT旨在保护跨国投资者的权益，促进双向投资，RTA涉及关税减免、市场准入、服务贸易等方面的合作，在应对中国企业境外投资的对华合规风险的过程中，中国政府需要积极推动与不同国家和地区的BIT和RTA谈判，推进贸易和投资自由化、便利化进程。与此同时，针对近些年中国企业境外投资经常遭遇他国的"国家安全审查"的现实，对于中国境外投资企业来说，亟须正确认识和理解"重大安全"与"重大安全例外"概念，对投资项目进行前期鉴别，考虑如何避免过度参与其他国家所谓的"战略产业"和关键基础设施建设项目，尽可能避免产生他国以"国家安全审查"为由的合规风险。中国政府相关部门在双边投资协定谈判中尽可能对"重大国家安全"作出合理安排和解释，规定重大安全例外的适用范围，降低因有些国家对"重大国家安全"的自由解释而给中国企业境外投资带来的合规风险；同时，在双边投资协定中还需要进一步提出在投资后以及运营阶段中无法预测的可能对投资造成损害的相关事项，规定在必要时和特定条件下，东道国应当承担赔偿责任。此外，中国政府部门需要进一步推进双边互免签证协定签订，保证中国与境外直接东道国关系稳定，为中国企业"走出去"保驾护航。

8.4 优化中国企业OFDI布局，提升境外合规风险应对能力

8.4.1 优化OFDI区位布局，更好地应对境外合规风险

推动中国企业境外投资区位的多元化和全球化布局是应对境外合规风险的关键。从企业层面来看，科学合理布局境外直接投资区位，首先要重视投资前期准备和风险评估，做好实地调研工作，从实际出发，面对目标国家和地区，做好针对性的合规风险预判，制定专门的国别进入策略。对外投资项目目标国的特征直接影响各维度合规风险的发生概率、影响程度及管控措施的有效性。本书通过对中国企业OFDI境外合规风险评估发现，发达国家的合规风险水平普遍低于发展中国家；同时合规风险综合水平比较低（高）的国家，具体到合规风险的政治、社会与法律、经济、金融、对华关系、环境资源6个维度，某个维度的合规风险可能比较高（低）。因此，中国境外投资企业应充分认识到投资东道国独特的政治、社会、法律、经济金融、环境资源以及对华关系特征，在进行境外投资决策时，要

正确认识东道国合规风险,增强地域情境分析的深度和广度,充分考虑东道国的国家环境,综合评估投资东道国的合规风险和企业承受能力,理性选择投资进入的目标国,只有这样才能有效应对东道国的合规风险,提高投资成功率。如若投资东道国是发达的国家和地区,企业可以着重于对华关系合规风险研究,如法律法规、投资安全审查案例的研究;如果投资所在国为欠发达地区,则可以将注意力集中在社会安全状况、政府违约、法律的完善、法律的执行等方面。

中国政府相关部门要充分发挥政府对企业 OFDI 区域布局的引导作用。目前中国企业 OFDI 的地区分布不均衡,对发达经济体的投资份额远远低于对发展中经济体的投资份额,当前的这种区位布局不利于中国国内技术进步和长期的经济增长。中国政府要科学引导中国企业进行对外投资区域选择时采取对发达经济体和发展中经济体投资并重战略。一方面继续推动境外投资区域的多元化,鼓励中国企业利用高质量共建"一带一路"的发展机遇,与新兴经济体开展深入合作,寻找新的商业机会;同时,要鼓励中国企业增加对欧盟、美国、日韩等发达经济体的对外投资,深入挖掘发达经济体市场,提高对发达经济体直接投资在我国对外直接投资中的份额。中国政府相关部门要根据各经济体所处的经济发展阶段、要素禀赋特征、合规风险特征以及中国对外投资企业的行业优势,科学引导企业对外直接投资的流向,使得中国企业对外直接投资在全球范围内的区位布局更加合理,推动中国对外直接投资高质量发展。

8.4.2 优化 OFDI 行业结构,提高企业境外合规风险能力

中国政府要充分发挥政府对企业 OFDI 行业结构的引导作用,对中国企业对外直接投资行业进行差异化引导。鼓励中国不同行业的对外投资企业对处于不同发展阶段的东道国开展有针对性的对外投资,因地制宜制定系统化、全面化和差异化的对外投资政策,建立规范的对外投资行业指导。目前我国 OFDI 的行业结构不甚合理,由本书第 3 章的分析可知,截至 2022 年末,中国 OFDI 存量行业分布位于前 5 位的依次为租赁和商务服

务业（占 39.0%）、批发和零售业（占 13.1%）、金融业（占 11.0%）、制造业（占 9.7%）和采矿业（占 7.6%）。从行业要素密集度来看，对外投资行业占比高的大多是劳动密集型和资本密集型行业，合计占比近 80%；而对技术密集型行业的投资仍然较少，如科学研究和技术服务业仅占 1.6%。因此，我国企业境外直接投资行业结构亟须优化，应该增加技术密集型行业的投资比重。本书实证研究表明，境外合规风险对不同类别中国企业的对外投资规模影响存在异质性，高技术企业的系数显著小于非高技术企业、非污染企业的系数远小于污染型企业，这反映出中国的高技术企业和非污染企业在对外投资过程中对境外合规风险的管理能力较强，对境外合规风险的敏感度较低。因此，从更有效地应对境外合规风险的角度看，中国也应该在对外投资中提高技术密集型行业所占比重。中国政府要继续加强同"一带一路"共建国家开展产能合作，将中国目前过剩产能转移出去，持续深化绿色基建、绿色能源、绿色交通等领域合作，助力共建国家现代化发展，促进我国产业结构从劳动密集型向资本、技术密集型转型，推进共建"一带一路"高质量发展。同时，要积极鼓励引导高新技术行业对发达国家开展对外投资，将中国的优势产能与发达国家的前沿技术相结合，以此助力中国经济高质量发展。此外，中国政府要引导中国境外投资企业之间加强互通合作，引导生产相同或类似产品的企业联手共同在东道国投资某一项目，防止中国企业间出现恶性过度竞争。这既维持了东道国的竞争秩序，又能够分散中国企业境外投资风险，保障中国投资企业应有权益不受非法损害。

8.4.3 创新 OFDI 进入模式，降低境外投资合规风险

创新境外投资进入模式，实现境外投资进入模式的多元化，可以增强企业应对复杂多变国际环境的能力，降低境外投资合规风险，增强投资收益的稳定性。目前跨境并购和绿地投资是中国企业对外直接投资最常见的两种投资模式。近年来西方国家推行的政府和社会资本合作（PPP）投资模式在国际直接投资中逐渐流行。本书第 4 章分析表明，中国企业境外大

型投资失败项目以跨境并购进入模式为主，国企和央企的占比较大，跨境并购投资主要集中于能源、基础性建设、开采矿产等相关产业领域，而这些产业属于典型的民生建设产业，是东道国较为关注的产业，结果导致东道国质疑中国企业的投资目的，进而对中国企业投资进行阻挠。本书实证研究结果也表明，相较于非国有企业，国有企业在东道国面临的合规风险更为敏感。中国企业境外投资的基建项目普遍属于投资大、周期长的项目，此类项目的资金要求大，单个民营企业很难具备这样的实力。因此，在中国对外直接投资中，中国政府部门应该积极推进 PPP 投资模式，促进国有企业和民营企业的合作，使企业以合营的模式进入东道国市场，通过此种方式实现风险共担、收益共享。以 PPP 模式进行境外投资既能够有效解决民营企业资金不足问题，也有助于提高东道国对中国国有企业的认可度，降低东道国以国有企业性质为由的合规风险。同时，面对发达国家投资安全审查和监管的日趋严格以及中国企业赴境外投资并购屡遭受阻的严峻现实，中国企业也亟须创新境外投资进入的方式和渠道。中国政府应鼓励企业以股权置换、联合投资、小比例投资、研发合作等多种方式开展对外投资，积极深入开拓欧盟、美国、日韩等发达经济体。通过创新投资进入方式积极开展对发达国家的投资，不仅可以拉紧中国同发达经济体间利益纽带关系，而且有助于打破发达国家的技术转让壁垒，获取核心零部件、关键技术、人才等高端生产要素和创新要素，并发挥技术反哺作用，助力中国国内产业向价值链高端攀升。

参考文献

[1] 白艳."一带一路"背景下中国企业海外投资合规风险控制策略 [J]. 长安大学学报（社会科学版），2017，19（04）：79-85.

[2] 查道炯等. 中国境外投资环境与社会风险案例研究 [M]. 北京：北京大学出版社，2014：35-177.

[3] 常腾原，邓小鹏，李启明. 国际工程政治风险的机理、度量与对策研究 [M]. 南京：东南大学出版社，2023：38-80.

[4] 陈德敏，郑泽宇. 中国企业投资"一带一路"沿线国家环境风险的法律规 [J]. 新疆社会科学，2020（02）：83-90+147-148.

[5] 陈菲琼等. 中国海外投资的风险防范与管控体系研究 [M]. 北京：经济科学出版社，2015：11-158.

[6] 陈立彤. 企业国际化进程中合规风险的爆发与防范 [M]. 北京：中国工商出版社出版，2019：3-92.

[7] 陈瑞华. 企业合规的基本问题 [J]. 中国法律评论，2020，31（01）：178-196.

[8] 陈瑞华. 企业合规风险评估的基本问题 [J]. 法学论坛，2024，39（04）：5-17.

[9] 陈瑞华. 企业合规制度的三个维度——比较法视野下的分析 [J]. 比较法研究，2019（03）：61-77.

[10] 陈松，刘海云. 东道国治理水平对中国对外直接投资区位选择的影响——基于面板数据模型的实证研究 [J]. 经济与管理研究，2012，235（06）：71-78.

［11］陈永安，刘汉民，齐宇．合规与公司绩效：促进还是抑制？——基于上市公司合规指数的计量和实证检验［J］．证券市场导报，2020（10）：23－34．

［12］陈长彬，缪立新．供应链风险类别、脆弱性因素及管理方法解析［J］．商业经济，2009（10）：98－101．

［13］陈志清．国有企业合规管理体系建设的探索［J］．石油化工管理干部学院学报，2022，24（05）：1－5．

［14］党侃，赵长杰，崔晓达．中国企业境外机构合规风险及应对措施——以菲律宾为例［J］．国际工程与劳务，2024（04）：29－32．

［15］丁锋．对外直接投资政治风险的测评及影响因素研究［D］．北京：对外经济贸易大学，2019：50－52．

［16］丁继华，王志乐．"一带一路"参与企业合规风险与应对研究［M］．企业管理出版社，2022：32－24．

［17］丁继华．合规建设促企业全球价值链整合［J］．中国外汇，2019（24）：17－19．

［18］董有德，夏文豪．投资便利化、中国 OFDI 拓展与效率提升［J］．上海经济研究，2021（07）：115－128．

［19］都伟．中国企业投资非洲面临的政治风险及应对策略［J］．现代经济探讨，2016（03）：62－66．

［20］杜瑞平，毛仲玉．"中国企业走出去"视角下东道国政府审查风险的防控．河北法学，2018，36（11）：191－200．

［21］杜晓君，石茹鑫，冯飞，等．东道国政治风险对企业对外直接投资绩效的影响——基于企业风险管理能力与东道国自由裁量权的联合调节效应［J］．技术经济，2022，41（03）：101－114．

［22］杜玉琼．"一带一路"倡议下中国企业投资印度的法律风险及防范研究［J］．江海学刊，2018（02）：143－148．

［23］樊赛尔．企业网络及数据安全跨境合规与法治营商环境［J］．特区经济，2020（12）：119－123．

［24］方拯，方歆然．世界银行合规体系下中国企业合规问题探讨［J］．商学研究，2020，27（04）：23－30．

［25］房裕，田泽．美国外资安全审查新动向、影响及应对策略研究［J］．理论探讨，2020（06）：14－19．

［26］冯华．制度因素与中国企业对外直接投资研究［D］．济南：山东大学，2016：52－79．

［27］高波阳，尉翔宇，黄志基，等．企业异质性与中国对外直接投资——基于中国微观企业数据的研究［J］．经济地理，2019，39（10）：130－138．

［28］高疆，盛斌．跨境数据流动与数字贸易：国内监管与国际规则［J］．国际经贸探索，2024，40（06）：102－120．

［29］高鹏飞，孙文莉，胡瑞法．中国对外直接投资政策体系演进与政府行为创新——基于国际比较的视角［J］．国际贸易，2019（05）：47－55．

［30］龚柏华，伍穗龙．境外投资规则与案例（美国卷）［M］．上海：上海人民出版社，2024：39－156．

［31］郭凌晨，丁继华，王志乐．企业合理体系有效性评估［M］．企业管理出版社，2021：25－72．

［32］郭青红．企业合规管理体系实务报告［M］．人民法院出版社，2019：33－71．

［33］郭周明．中国OFDI投资风险与对策：以欧美为例［J］．国际经贸探索，2019，35（03）：4－17．

［34］国务院国资委．中央企业全面风险管理指引（国资发改革〔2006〕108号）．

［35］韩师光．中国企业境外直接投资风险问题研究［D］．吉林大学，2014：62－76．

［36］韩秀丽．中国海外投资中的环境保护问题［J］．国际问题研究，2013（05）：103－115．

［37］何邦路，吴秀敏，吉锐，等．风险规避VS风险偏好：东道国农

业投资风险影响了中国对外农业直接投资吗？［J］．世界农业，2023（09）：31－44．

［38］何莉，汪忠明．中国企业多方位应对海外经营风险的战略探讨［J］．经济前沿，2005（08）：40－44．

［39］何迎新，夏春秋．发达经济体外资安全审查机制演变趋势、影响及应对［J］．海外投资与出口信贷，2023（03）：27－31．

［40］何志鹏，崔鹏．涉外法治：应对海外投资法律风险的良方［J］．国际经济法学刊，2022（03）：28－42．

［41］洪俊杰，陈明．巨型自由贸易协定框架下数字贸易规则对中国的挑战及对策［J］．国际贸易，2021（05）：4－11．

［42］洪俊杰，张宸妍．融资约束、金融财税政策和中国企业对外直接投资［J］．国际经贸探索，2020，36（01）：53－70．

［43］侯健．当代中国环境治理的权利观［J］．中国环境管理，2021，13（01）：162－169．

［44］胡必亮，刘清杰．"一带一路"投资国别风险测算、评估与防范［J］．学习与探索，2023（01）：87－109＋204．

［45］胡子南．英法德三国收紧外商投资安全审查监管研究［J］．国际论坛，2021（06）：87－102＋157－158．

［46］黄河，许雪莹，陈慈钰．中国企业在巴基斯坦投资的政治风险及管控——以中巴经济走廊为例［J］．国际展望，2017，9（02）：132－148＋154．

［47］黄现清．数字贸易背景下我国数据跨境流动监管规则的构建路径［J］．西南金融，2021（08）：74－84．

［48］黄孝武，焦骜，赵鑫，等．中国全球价值链结构性权力与对外直接投资溢出——基于联通网络方法的研究［J］．经济问题探索，2024（05）：168－190．

［49］黄友星，张珊珊，赵艳平．东道国疫情与中国对外直接投资区位选择［J］．亚太经济，2023，236（01）：98－110．

[50] 贾若愚. 国际工程中政治风险的智能预测与对策选择研究 [D]. 东南大学, 2016.

[51] 姜洪. "一带一路"倡议下电力企业境外投资风险研究 [J]. 商业经济, 2019 (07): 72-73+178.

[52] 蒋冠宏, 蒋殿春. 中国对外投资的区位选择: 基于投资引力模型的面板数据检验 [J]. 世界经济, 2012, 35 (09): 21-40.

[53] 金成晓, 李傲. "一带一路"倡议下包容性全球化与东北亚经贸合作的路径选择 [J]. 学术交流, 2019 (05): 83-93+191.

[54] 蓝庆新, 窦凯. 美欧日数字贸易的内涵演变、发展趋势及中国策略 [J]. 国际贸易, 2019 (06): 48-54.

[55] 雷振. 制度性差异对国际工程项目实施的影响机理 [D]. 清华大学, 2018.

[56] 李飞. 中央企业境外投资风险控制研究 [D]. 财政部财政科学研究所, 2012.

[57] 李俊江, 朱洁西. "一带一路"沿线国家风险、双边投资协定与中国 OFDI 区位选择——基于 PLS-PM 与 BP 神经网络模型的实证研究 [J]. 哈尔滨商业大学学报 (社会科学版), 2022 (04): 3-20.

[58] 李猛, 于津平. 东道国区位优势与中国对外直接投资的相关性研究——基于动态面板数据广义矩估计分析 [J]. 世界经济研究, 2011, 208 (06): 63-67+74+89.

[59] 李墨丝. WTO 电子商务规则谈判: 进展、分歧与进路 [J]. 武大国际法评论, 2020, 4 (6): 55-77.

[60] 李若谷. "一带一路"战略认识与中国企业"走出去". 清华金融评论, 2015 (09): 28-30.

[61] 李魏, 赵莉. 美国外资审查制度的变迁及其对中国的影响 [J]. 国际展望, 2019, 11 (01): 44-71+159.

[62] 李向阳. 跨太平洋伙伴关系协定与"一带一路"之比较 [J]. 世界经济与政治, 2016 (09): 29-43+155-156.

［63］李晓，杨弋．"一带一路"沿线东道国政府质量对中国对外直接投资的影响——基于因子分析的实证研究．吉林大学社会科学学报，2018，58（04）：53-65+204-205.

［64］李晓燕，毛基业．基于心理契约关系的IT外包项目控制模式建构：多案例研究［J］．南开管理评论，2009，12（4）：71-82.

［65］李笑，华桂宏．东道国政治风险、投资动机与企业OFDI速度［J］．现代财经（天津财经大学学报），2020，40（02）：100-113.

［66］李一文，李良新．中国企业海外投资风险与预警研究——基于中国非金融对外直接投资案例调查［J］．首都经济贸易大学学报，2014，16（03）：99-103.

［67］李银珠，龚炯，陈乾．中国海外经济利益及其与东道国国家风险关系研究［J］．亚太经济，2023（04）：106-119.

［68］李志辉，李萌．我国商业银行信用风险识别模型及其实证研究［J］．经济科学，2005（5）：11.

［69］李众敏．中国对外直接投资管理体制面临的挑战与改革建议［J］．国际贸易，2010（10）：57-63.

［70］廖凡．欧盟外资安全审查制度的新发展及我国的应对［J］．法商研究，2019，36（04）：182-192.

［71］廖进中，韩峰，张文静，徐荻迪．长株潭地区城镇化对土地利用效率的影响［J］．中国人口·资源与环境，2010，20（02）：30-36.

［72］尹美群等．"一带一路"背景下海外投资风险——在东南亚国家投资案例分析［M］．北京：经济管理出版社，2018：29-133.

［73］凌丹，张玉芳．政治风险和政治关系对"一带一路"沿线国家直接投资的影响研究［J］．武汉理工大学学报（社会科学版），2017，30（01）：6-14.

［74］刘辉煌，刘畅．正式制度距离对中国在中东北非地区直接投资的影响［J］．经济地理，2023，43（04）：32-40.

［75］刘健西，邓翔．"一带一路"东南亚沿线国家投资的劳工风险

研究［J］. 四川大学学报（哲学社会科学版），2022（01）：184 – 192.

［76］刘介明，陈旭. 企业海外经营中的知识产权风险防控能力研究［J］. 知识产权，2017（07）：88 – 92.

［77］刘青，王俊力. 发达国家收紧高科技领域外资流入趋势及对我国技术进步的影响［J］. 国际贸易，2021（01）：39 – 46.

［78］刘孙芸. 资源型境外投资的政治风险因素及规避策略［J］. 国际经济合作，2015（07）：68 – 73.

［79］刘羽杨，曹雅琳. 从世行黑名单看中国企业面临的合规风险［J］. 新产经，2018（09）：43 – 46.

［80］刘玉，唐礼智，金梦洁. 东道国制度环境、市场规模和中国对外直接投资——基于"一带一路"国家的半参数变系数空间面板模型［J］. 统计研究，2023，40（03）：85 – 99.

［81］刘志中，王曼莹. 国际经贸规则演变的新趋向，影响及中国的对策［J］. 经济纵横，2016（06）：106 – 110.

［82］陆敬波，王天怡，黄雅暄. 企业"走出去"海外用工合规风险识别与防范［J］. 中国人事科学，2019（10）：41 – 49.

［83］罗永宣. 中资银行"走出去"面临的反洗钱合规风险与防范措施［J］. 金融发展评论，2019（06）：149 – 158.

［84］吕萍，原大勇，陈煦畅. 东道国工会组织对中国对外直接投资的影响研究：基于中国上市公司的数据［J］. 世界经济研究，2018（09）：93 – 105 + 137.

［85］马其家，樊富强. TPP对中国国有企业监管制度的挑战及中国法律调整——以国际竞争中立立法借鉴为视角［J］. 国际贸易问题，2016（05）：59 – 70.

［86］马文杰. 国有企业对外投资环境行为合规审计机制探析［J］. 中国国情国力，2021（03）：27 – 32.

［87］梅傲，侯之帅. 互联网企业跨境数据合规的困境及中国应对［J］. 中国行政管理，2021（06）：56 – 62.

[88] 孟凡臣, 蒋帆. 中国对外直接投资政治风险量化评价研究 [J]. 国际商务研究, 2014, 35 (05): 87-96.

[89] 孟华强, 索玮岚. 考虑风险关联和决策者偏好的海外投资国家风险评估研究 [J]. 中国管理科学, 2022, 30 (09): 61-70.

[90] 孟涛. 论法治评估的三种类型——法治评估的一个比较视角 [J]. 法学家, 2015 (03): 16-31+176.

[91] 孟醒, 董有德. 社会政治风险与我国企业对外直接投资的区位选择 [J]. 国际贸易问题, 2015 (04): 106-115.

[92] 聂丽. 国有企业对外投资合规风险及其防范 [J]. 中国科技投资, 2024 (13): 7-9.

[93] 潘达. 企业境外经营反腐合规浅议 [J]. 合作经济与科技, 2021 (01): 175-177.

[94] 潘晓明. 从墨西哥高铁投资受阻看中国对外基础设施投资的政治风险管控 [J]. 国际经济合作, 2015 (03): 76-79.

[95] 彭德雷等. 国际经贸合规风险与应对 [M]. 上海: 上海人民出版社 [M]. 2023: 95-179.

[96] 彭涛. 国有企业海外经营风险管控——基于财务视角的案例分析 [J]. 国际经济合作, 2011 (11): 13-15.

[97] 祁毓, 王学超. 东道国劳工标准会影响中国对外直接投资吗? [J]. 财贸经济, 2012, 365 (04): 98-105.

[98] 綦建红, 李丽, 杨丽. 中国 OFDI 的区位选择: 基于文化距离的门槛效应与检验 [J]. 国际贸易问题, 2012 (12): 137-147.

[99] 曲如晓, 王陆舰, 杜毓琦. 专利出海与中国企业对外直接投资 [J]. 经济与管理研究, 2024, 45 (06): 112-130.

[100] 饶华春. 中国金融发展与企业融资约束的缓解——基于系统广义矩估计的动态面板数据分析 [J]. 金融研究, 2009 (09): 156-164.

[101] 商务部. 对外投资合作国别（地区）指南（欧盟）[R]. 北京: 商务部, 2021: 46.

[102] 沈伟. "脱钩论"背景下的中美金融断裂——以《外国公司问责法案》为切入 [J]. 浙江工商大学学报, 2021 (02): 32-46.

[103] 盛斌. 迎接国际贸易与投资新规则的机遇与挑战 [J]. 国际贸易, 2014 (02): 4-9.

[104] 宋光磊. 危机后全球监管报表的变化趋势与中资银行的合规管理研究 [J]. 金融监管研究, 2018 (03): 96-108.

[105] 宋金波, 宋丹荣, 孙岩. 垃圾焚烧发电BOT项目的关键风险: 多案例研究 [J]. 管理评论, 2012, 24 (09): 40-48.

[106] 宋维佳, 许宏伟. 对外直接投资区位选择影响因素研究 [J]. 财经问题研究, 2012, 347 (10): 44-50.

[107] 孙南申. 企业境外投资的责任风险及其管控机制 [J]. 国际商务研究, 2023, 44 (05): 60-74.

[108] 陶攀, 荆逢春. 中国企业对外直接投资的区位选择——基于企业异质性理论的实证研究 [J]. 世界经济研究, 2013 (09): 74-80+89.

[109] 陶平生. 全球治理视角下共建"一带一路"国际规则的遵循、完善和创新 [J]. 管理世界, 2020, 36 (05): 161-171+203+16.

[110] 陶然, 马原野, 杜万里. 全球数字贸易规则焦点、主要挑战和应对策略研究 [J]. 中国物价, 2024 (07): 35-40.

[111] 田毕飞, 邓彩霞. 先行贸易能否调节制度距离对中国对外直接投资的影响——基于"一带一路"沿线国家的空间计量分析 [J]. 国际商务 (对外经济贸易大学学报), 2021 (01): 48-64.

[112] 田金寰. 环境规制对中国对外直接投资的影响研究 [D]. 西南财经大学, 2023.

[113] 田巍, 余淼杰. 企业生产率和企业"走出去"对外直接投资: 基于企业层面数据的实证研究 [J]. 经济学 (季刊), 2012, 11 (02): 383-408.

[114] 田晓萍. 贸易壁垒视角下的欧盟《一般数据保护条例》 [J]. 政法论丛, 2019 (4): 123-135.

［115］田昕清，刘丁源．"十四五"时期我国企业"走出去"合规风险研究［J］．中国经贸导刊，2020（09）：18-21．

［116］童嘉嘉．美国《反海外腐败法》域外管辖扩张及中国的法律应对［J］．东南大学学报（哲学社会科学版），2020，22（S1）：51-57．

［117］王碧珺，高恺琳．制度距离对中国跨国企业海外子公司绩效的影响［J］．数量经济技术经济研究，2023，40（08）：111-130．

［118］王发龙，和春红．中国对外投资的非传统政治风险——基于"一带一路"建设的分析［J］．经济问题探索，2022（06）：149-164．

［119］王方方，赵永亮．中国对外直接投资区位分布——贸易引致型vs.水平型［J］．世界经济研究，2013（07）：59-66+89．

［120］王凤丽．海外高冲突地区投资经营风险的成因与应对［J］．人民论坛，2013（33）：246-248．

［121］王海军．政治风险与中国企业对外直接投资——基于东道国与母国两个维度的实证分析［J］．财贸研究，2012，23（01）：110-116．

［122］王继红．关于企业投资风险的理性思考［J］．合肥工业大学学报（社会科学版），2002（03）：59-62．

［123］王可，郭红玉，刘曼琳，等．"一带一路"背景下中国企业对非洲国家投资安全性研究［J］．价格理论与实践，2020（06）：150-153．

［124］王淼．对外援助、制度质量对中国对外直接投资区位选择的影响研究［J］．投资研究，2023，42（07）：135-146．

［125］王鹏．国际投资规则的发展与变革：旧矛盾与新情境［J/OL］．国际经济评论，1-25［2024-02-20］．

［126］王守军，胡必亮．"一带一路"投资风险防范［M］．北京师范大学出版社，2023．

［127］王晓静．论企业海外投资的经营风险［J］．社会科学家，2012（11）：75-78．

［128］王亚星，谭波，黄彦君，等．对外直接投资影响因素分析与我国的应对策略［J］．现代管理科学，2015（03）：3-5．

[129] 王永钦，杜巨澜，王凯. 中国对外直接投资区位选择的决定因素：制度、税负和资源禀赋 [J]. 经济研究，2014，49（12）：126-142.

[130] 王玉婧，魏超. 中国民营企业海外经营合规问题及应对分析 [J]. 全球化，2024（01）：63-70+134.

[131] 王昱睿. 东道国风险对中国"一带一路"项目投资的影响研究 [D]. 大连：东北财经大学，2022：57-75.

[132] 文余源，杨钰倩. 投资动机、制度质量与中国对外直接投资区位选择 [J]. 经济学家，2021（01）：81-90.

[133] 吴达. 基于风险防控的国有企业内控合规管理问题与对策研究 [J]. 中国乡镇企业会计，2023（12）：132-134.

[134] 武芳. 中国参与国际经济合作与竞争的路径——以战后日本为借鉴 [J]. 国际经济合作，2016（05）：12-17.

[135] 向裕婧. "一带一路"沿线国家矿业直接投资的国家风险研究 [D]. 中南大学，2023.

[136] 项本武. 东道国特征与中国对外直接投资的实证研究 [J]. 数量经济技术经济研究，2009，26（07）：33-46.

[137] 谢红军，吕雪. 负责任的国际投资：ESG与中国OFDI [J]. 经济研究，2022，57（03）：83-99.

[138] 邢娟. 论企业合规管理 [J]. 企业经济，2010（04）：37-39.

[139] 徐保昌，潘昌蔚，杨志龙. 中国企业对欧盟投资的风险及对策研究 [J]. 国际贸易，2020（07）：55-62.

[140] 许晖，姚力瑞. 企业国际化进程中国际风险变化特征识别研究 [J]. 经济经纬，2006（06）：70-73.

[141] 许晖，姚力瑞. 我国企业国际化经营的风险测度 [J]. 经济管理，2006（01）：28-31.

[142] 许腾，张建鑫. 国有企业"法务、合规、风险、内控"一体化协同管理体系建设创新思考与研究 [J]. 中国集体经济，2024（09）：73-76.

[143] 闫帅. 国家风险、海外投资保险与中国对外直接投资 [J]. 保险研究, 2022 (05): 3-16.

[144] 严兵, 张禹, 韩剑. 企业异质性与对外直接投资——基于江苏省企业的检验 [J]. 南开经济研究, 2014 (04): 50-63.

[145] 阎大颖. 中国企业对外直接投资的区位选择及其决定因素 [J]. 国际贸易问题, 2013 (07): 128-135.

[146] 杨欢, 李香菊, 刘硕. "一带一路"沿线国家税收环境与中国对外直接投资效率——基于时变随机前沿引力模型的实证研究 [J]. 经济体制改革, 2022 (04): 186-193.

[147] 杨君岐, 任禹洁. "一带一路"沿线国家的投资风险分析——基于模糊综合评价法 [J]. 财会月刊, 2019 (02): 131-139.

[148] 杨力. 中国企业合规的风险点、变化曲线与挑战应对 [J]. 政法论丛, 2017 (02): 3-16.

[149] 杨立娜, 李蕾蕾. 制度距离对跨国企业正当性的影响——一个被调节的中介效应模型 [J]. 科学决策, 2023 (05): 119-133.

[150] 杨明强. 中国企业资源获取型对外直接投资的政治风险及对策 [J]. 商业时代, 2014 (28): 104-105.

[151] 杨竺松, 陈冲, 杨靖溪. "一带一路"倡议与东道国的国家治理 [J]. 世界经济与政治, 2022 (03): 4-29+156-157.

[152] 叶偲煜. 世界银行制裁体系与我国承包商的合规管理 [J]. 项目管理评论, 2022 (06): 54-57.

[153] 于施洋, 杨道玲, 王璟. 基于大数据的"一带一路"国际合作风险评估与应对 [M]. 北京: 社会科学文献出版社, 2019: 109-123.

[154] 余娟娟, 魏霄鹏. 中国企业海外并购看重东道国的营商环境吗——基于环境不确定性及交易成本减低的视角 [J]. 国际商务 (对外经济贸易大学学报), 2022 (01): 51-68.

[155] 岳咬兴, 范涛. 制度环境与中国对亚洲直接投资区位分布 [J]. 财贸经济, 2014 (06): 69-78.

[156] 曾凡. 重大国际贸易投资规则变化与上海自贸试验区建设联动机制研究 [J]. 科学发展, 2015 (3): 76-84.

[157] 战飞扬. 公司合规创始人避免败局的法商之道 [M]. 北京: 人民出版社, 2019: 99-122.

[158] 张栋, 许燕, 张舒媛. "一带一路"沿线主要国家投资风险识别与对策研究 [J]. 东北亚论坛, 2019, 28 (03): 68-89+128.

[159] 张吉鹏, 衣长军. 国有产权性质、改制与企业对外直接投资 [J]. 经济评论, 2020, 226 (06): 16-30.

[160] 张剑光. 供应链风险传导的要素及过程研究 [J]. 物流工程与管理, 2011, 33 (11): 139-141+151.

[161] 张锦灿. 浅论企业境外合规管理——《企业境外经营合规管理指引》要义解读 [J]. 法制与社会, 2019 (20): 152-153.

[162] 张晋玮, 李建明. 东道国碳规制对制造业企业对外直接投资的影响研究 [J]. 经济问题探索, 2021 (03): 138-149.

[163] 张平, 孙阳. "一带一路"倡议新时期"走出去"企业税收风险: 防范、问题与对策 [J]. 税务研究, 2018 (06): 65-67.

[164] 张曙光. 积极应对"一带一路"合规风险带头建设完善合规管理体系 [J]. 国际工程与劳务, 2018 (02): 26-28.

[165] 张文合. "一带一路"建设中企业合规风险与管理 [J]. 国际工程与劳务, 2022, 456 (07): 41-44.

[166] 张晓涛, 王淳, 刘亿. 中国企业对外直接投资政治风险研究——基于大型问题项目的证据 [J]. 中央财经大学学报, 2020 (01): 118-128.

[167] 张亚斌. "一带一路"投资便利化与中国对外直接投资选择——基于跨国面板数据及投资引力模型的实证研究 [J]. 国际贸易问题, 2016 (09): 165-176.

[168] 张亚男, 宁烨, 庄梓鋆, 等. 环境规制距离对 OFDI 效率的影响 [J]. 东北大学学报 (自然科学版), 2023, 44 (08): 1201-1207.

[169] 张艳辉, 杜念茹, 李宗伟, 石泉. 国家政治风险对我国对外直

接投资的影响研究——来自112个国家的经验证据［J］．投资研究，2016，35（02）：19-30．

［170］张远煌等．全企业合规全球考察［M］．北京：北京大学出版社，2021：404-475．

［171］张岳然，张晓磊，杨继军．美国长臂管辖权域外滥用与中国应对策略［J］．国际贸易，2021（03）：36-43．

［172］张长征，徐艺．"一带一路"投资风险与中国企业ODI方式选择——基于企业内外部双因素视角的实证检验［J］．管理现代化，2019，39（03）：109-112．

［173］章海源．复合型国家风险对中国OFDI的影响研究［D］．沈阳：辽宁大学，2022：41-66．

［174］赵蓓文．全球外资安全审查新趋势及其对中国的影响［J］．世界经济研究，2020（06）：3-10+135．

［175］赵蓓文．中国企业对外直接投资与全球投资新格局［M］．上海社会科学院出版社，2016：164-185．

［176］赵青，张华容．政治风险对中国企业对外直接投资的影响研究［J］．山西财经大学学报，2016，38（07）：1-13．

［177］赵旸頔，彭德雷．全球数字经贸规则的最新发展与比较——基于对《数字经济伙伴关系协定》的考察［J］．亚太经济，2020（04）：58-69+149．

［178］赵长明．"一带一路"倡议实施中企业风险防控研究［J］．哈尔滨师范大学社会科学学报，2018，9（01）：75-79．

［179］郑磊，吕美静．东道国特征对中国制造业企业OFDI区位选择和子公司绩效影响的研究——基于投资动机视角的实证检验［J］．宏观经济研究，2022（01）：55-73+101．

［180］中国社会科学院国家全球战略智库国家风险评级项目组，中国社会科学院世界经济与政治研究所国际投资研究室．中国海外投资国家风险评价报告［M］．北京：中国社会科学出版社，2021：3-56．

[181] 周念利, 陈寰琦. 数字贸易规则"欧式模板"的典型特征及发展趋向 [J]. 国际经贸探索, 2018, 34 (03): 96-106.

[182] 朱耿灿. "一带一路"沿线国家投资风险测度及其对中国OFDI的影响研究 [D]. 福州: 福建师范大学, 2022: 74-78.

[183] 朱海成. 中国企业海外经营风险案例研究 [J]. 中国工程咨询, 2020, 247 (12): 91-95.

[184] 朱华. 国有制身份对中国企业海外竞购交易成败的影响研究 [J]. 世界经济研究, 2017 (3): 42-55.

[185] 朱婕, 任荣明. 东道国制度环境、双边投资协议与中国企业跨国并购的区位选择 [J]. 世界经济研究, 2018 (03): 109-126+136-137.

[186] 朱香. 内部控制、政治关联与企业合规目标 [J]. 财会通讯, 2017 (24): 38-42.

[187] 朱兴龙. 中国对外直接投资的风险及其防范制度研究 [D]. 武汉: 武汉大学, 2016: 66-84.

[188] 朱正远. "一带一路"倡议下中国企业对外投资的环境风险与防范 [J]. 河海大学学报（哲学社会科学版）, 2021, 23 (06): 94-101+112.

[189] 祝宁波, 王镭. 企业农业海外投资合规风险识别: 挑战与解决 [J]. 华东理工大学学报（社会科学版）, 2022, 37 (02): 105-119.

[190] 庄序莹, 唐煌, 林海波. 东道国税收环境与中国企业对外直接投资区位选择 [J]. 财政研究, 2020 (05): 103-116+129.

[191] 宗芳宇, 路江涌, 武常岐. 双边投资协定、制度环境和企业对外直接投资区位选择 [J]. 经济研究, 2012, 47 (05): 71-82+146.

[192] AIi. A & Isse, H. Political freedom ang stability of economic policy [J]. Cato Journal, 2004, 24 (3): 251-260.

[193] Albu, C. N, Girbina M. M. Compliance with corporate governance codes in emerging economies. How do romanian listed companies "comply - or - explain"? [J]. Corporate Governance, 2015.

[194] Bace J, Rozwell C. Understanding the components of compliance. Gartner Research paper, 2006.

[195] Buckley P. J, Clegg L J, Cross A. R et al. The determinants of Chinese outward foreign direct investment [J]. Journal of International Business Studies, 2007, 38 (4): 499 – 518.

[196] Carroll A B. The pyramid of corporate social responsibility: toward the moral management of organizational stakeholders [J]. Business Horizons, 1991, 34 (4): 39 – 48.

[197] Clark J M. The changing basis of economic responsibility [J]. Journal of Political Economy, 1916, 24 (3): 209 – 229.

[198] Coase R. H. The nature of the firm [J]. Economical, 1937 (16): 386 – 405.

[199] Deegan C. Introduction: the legitimising effect of social and environmental disclosures a theoretical foundation [J]. Accounting, Auditing and Accountability Journal, 2002, 15 (3): 282 – 311.

[200] Demirbag M, Tatoglu E, Glaister KW. Factors affecting perceptions of the choice between acquisition and greenfield entry: the case of western FDI in an emerging market [J]. Management International Review, 2008, 48 (1): 5 – 38.

[201] Dunning, J H. Location and the multinational enterprise: a neglected factor? [J]. Journal of International Business Studies, 1998, 29 (1): 45 – 66.

[202] Dunning, J H. Toward an eclectic theory of international production: some empirical tests. Journal of International Business Studies, 1980 (11): 9 – 31.

[203] Eden L, Miller S. Opening the black box: multinationals and the costs of doingbusiness abroad. [J]. Academy of Management Proceedings & Membership Directory, 2001 (1): 1 – 6.

[204] Elhanan Helpman, Marc J. Melitz, Stephen R. Yeaple. Export

versus FDI with heterogeneous firms [J]. The American Economic Review, 2004, 94 (1): 300 – 316.

[205] Elkington J, Rowlands I H. Cannibals with forks: the triple bottom line of 21stcentury business [J]. Alternatives Journal, 1999, 25 (4): 42.

[206] Endrikat J, Guenther E, Hoppe H. Making sense of conflicting empirical findings: a meta – analytic review of the relationship between corporate environmental and financial performance [J]. European Management Journal, 2014, 32 (5): 735 – 751.

[207] Feiqiong Chen, Yin Wang. Integration risk in cross – border M&A based on internal and external resource: empirical evidence from China [J]. Quality & Quantity, 2014, 48 (1): 281 – 295.

[208] Fox T, Ward H, Howard B. Public sector roles in strengthening corporate social responsibility: a baseline study [M]. Washington, DC: World Bank, 2002: 103 – 149.

[209] Henry D. Agency costs, ownership structure and corporate governance compliance: a private contracting perspective [J]. Pacific Basin Finance Journal, 2010, 18 (1): 24 – 46.

[210] Heugens P. P, Lander MW. Structure agency (and other quarrels): a meta – analysis of institutional theories of organization [J]. Academy of Management Journal, 2009, 52 (1), 61 – 85.

[211] Hoepner A G F, Majoch A A A, Zhou X Y. Does an asset owner's institutional setting influence its decision to sign the principles for responsible investment? [J]. Journal of Business Ethics, 2021, 168: 389 – 414.

[212] Holburn G L F, Zelner B A. Political capabilities, policy risk, and international investment strategy: evidence from the global electric power generation industry [J]. Strategic Management Journal, 2010, 31 (12): 1290 – 1315.

[213] Hymer S H. The international operation of national firms: a study of

direct foreign investment [M]. MIT Press, Cambridge, 1976, 8.

[214] Ichiro Iwasaki, Taku Suzuki. The determinants of corruption in transition economies [J]. Economics Letters, 2011, 114 (1): 101 – 102.

[215] Inkpen A C, Sundaram A K, Rockwood K. Cross – border acquisitions of US technology assets [J]. California Management Review, 2000, 42 (3): 50 – 71.

[216] Ionascu D, Meyer K. E, Estrin S. Institutional distance and international business strategies in emerging economies [J]. Journal of Management Studies, 2004: 1 – 29.

[217] ISO. Compliance management systems – requirements with guideance foruse, 2021, ISO37301: 2021.

[218] Klapper L, Love I. Corporate governance, investor protection, and performance inemerging markets [J]. Journal of Corporate Finance, 2004, 10 (5): 703 – 728.

[219] Kliem, R. Political risk management for the global supply chain (1st ed.) [M]. NewYork: Auerbach Publications, 2021: 1 – 46.

[220] Knudsen J S, Moon J, Slager R. Government policies for corporate social responsibility in Europe: a comparative analysis of institutionalisation [J]. Policy & Politics, 2015, 43 (1): 81 – 99.

[221] Kogut B., Singh H. The effect of national culture on the choice of entry mode. [J], Journal of International Business Studies, 1988, 19 (3): 411 – 432.

[222] Kolstad I, Wiig A. Is Transparency the key to reducing corruption in resource – rich countries? [J]. World Development, 2009, 37 (3): 521 – 532.

[223] Kostova T. Transnational transfer of strategic organizational practices: a contextual perspective [J]. Academy of Management Review. 1999, 24 (2): 308 – 324.

[224] Krueger P, Sautner Z, Tang D Y, et al. The effects of mandatory

ESG disclosure around the world [J]. European Corporate Governance Institute – Finance Working Paper, 2021 (754): 21 – 44.

[225] Krugman P R. Scale Economies, product differentiation, and the pattern of trade [J]. American Economic Review, 1980, 70 (5): 950 – 959.

[226] Makni R, Francoeur C, Bellavance F. Causality between corporate social performance and financial performance: evidence from canadian firms [J]. Journal of Business Ethics, 2009, 89 (3): 409 – 422.

[227] Melitz M J. The impact of trade on intra – industry reallocations and aggregate industry productivity [J]. Econometrica, 2003, 71 (6): 1695 – 1725.

[228] Meyer, K. E. & Xin, K. R. Managing talent in emerging economy multinationals: integrating strategic management and human resource management. The International Journal of Human Resource Management, 2017, 29 (11): 1827 – 1855.

[229] Miles M. B., Huberman A. M. Qualitative data analysis: an expanded sourcebook [M]. London: Saga, 1994, 60 (100): 105 – 138.

[230] Noetr D. Institutions, institutional change and economic performance [Z]. New York: Norton, 1990.

[231] Obersteiner, E. A decision model for the allocation of foreign funds to dividend remittances and foreign investment in a multinational corporate system with wholly – owned foreign manufacturing subsidiaries [J]. The Journal of Finance, 1973, 28 (1): 221 – 222.

[232] Ping D. Why do Chinese firms tend to acquire strategic assets in international expansion? [J]. Journal of World Business, 2009, 44 (1): 74 – 84.

[233] Pratt M. G. Fitting oval pegs into round holes: tensions in evaluating and publishing qualitative research in top – tier north American journals [J]. Organizational Research Methods, 2008, 11 (3): 481 – 509.

[234] Ren, X, Yang, S. Empirical study on location choice of Chinese OFDI [J]. China Economic Review, 2020 (61): 101428.

[235] Richardson G. A. The impact of economic, legal and political factors on fiscal corruption: a cross – country study [J]. Social Science Electronic Publishing, 2007, 276 (21): 184 – 187.

[236] Rontos K, Salvati L, Sioussiouras P, et al. Mediterranean countries and corruption: political, economic, and social factors [J]. Mediterranean Quarterly, 2013, 24 (1): 81 – 97.

[237] Safari M, Mirshekary S, Wise V. Compliance with corporate governance principles: Australian evidence [J]. Australasian Accounting, Business and Finance Journal, 2015, 27 (4): 3 – 19.

[238] Sahin I, Sahin B. Corruption in US: the effects of socio – economic factors [J]. International Journal of Public Policy, 2010, 6 (3): 288 – 306.

[239] Schneider A, Scherer A G. State governance beyond the "shadow of hierarchy": a social mechanisms perspective on governmental CSR policies [J]. Organization Studies, 2019, 40 (8): 1147 – 1168.

[240] Scott E., Harrington, Greg Niehaus, Kenneth J. Risko. Enterprise risk management: the case of united grain growers, Journal of Applied Corporate Finance, 2002, 14 (4): 71 – 81.

[241] Shao J, Ivanov P C, Podobnik B, et al. Quantitative relations between corruption and economic factors [J]. The European Physical Journal B – Condensed Matter, 2007, 56 (2): 157 – 166.

[242] Singhania M, Saini N. Quantification of ESG regulations: a cross – country benchmarking analysis [J]. Vision: The Journal of Business Perspective. 2022, 26 (2): 163 – 171.

[243] Stefano Manacorda, Francesco Centonze. Corporate compliance on a global scale: legitimacy and effectiveness [M]. Springer Cham, 2021.

[244] Steven Fazzari, R. Glenn Hubbard and Bruce Petersen. Financing

constraints and corporate investment. Brookings Papers on Economic Activity [J]. 1988, 19 (1): 141 -206.

[245] Suchman M. C. Managing legitimacy: strategic and institutional approaches [J]. The Academy of Management Review, 1995, 20 (3): 571 - 610.

[246] Thompson K, Sheldon O. The philosophy of management [M]. Sir I. Pitman, 1923.

[247] Vance S C. Are socially responsible corporations good investment risks? [J]. Management Review, 1975, 64 (8): 19 -24.

[248] Weber M. Economy and society: an outline of interpretive sociology [M]: Readings in Economic Sociology, 1978.

[249] Wenlee Ting. Multinational risk assessment and management: strategies for investment and marketing decisions [J]. Thunderbird International Business Review, 1988, 30 (2 -3): 31 -33.

[250] Williamson. Calculativeness, trust, and economic organization [J]. The Journal of Law & Economics, 1993, 36 (1): 453 -486.

[251] Yin R. K. Case study research: design and methods (2nd ed.) [M]. Beverly Hills: Sage Publications, 1994.

[252] Zaheer S. Overcoming the liability of foreignness [J]. Academy of Management Journal, 1995, 38 (2): 341 -363.

附　录

附表 1　2005—2023 年中国境外大型投资失败项目投资国家或地区分布情况

国家/地区	项目数（个）	涉及金额（百万美元）	国家/地区	项目数（个）	涉及金额（百万美元）
美国	59	80960	尼日利亚	4	13310
澳大利亚	40	55350	缅甸	4	4820
英国	16	12180	墨西哥	4	4570
印度	9	3400	埃塞俄比亚	4	3810
利比亚	8	12660	蒙古国	4	2370
加拿大	8	8980	委内瑞拉	3	9840
以色列	8	8640	比利时	3	6630
孟加拉国	8	6680	安哥拉	3	5490
俄罗斯联邦	7	18450	哈萨克斯坦	3	3590
德国	7	17900	智利	3	2960
中国台湾省	7	4380	伊拉克	3	2770
菲律宾	6	6860	津巴布韦	3	2200
印度尼西亚	6	5090	韩国	3	2120
法国	6	4040	日本	3	1650
越南	6	3440	塞拉利昂	3	1520
赞比亚	6	2800	意大利	3	1100
伊朗	5	25930	沙特阿拉伯	3	930
马来西亚	5	6630	阿根廷	2	7940
刚果（金）	5	5390	叙利亚	2	3770
巴基斯坦	5	5240	瑞士	2	3500
巴西	5	3720	加蓬	2	3400
刚果（布）	5	2810	阿富汗	2	2980
肯尼亚	5	2560	秘鲁	2	1930

续表

国家/地区	项目数（个）	涉及金额（百万美元）	国家/地区	项目数（个）	涉及金额（百万美元）
斯里兰卡	2	1930	阿尔及利亚	1	560
波兰	2	1380	巴拿马	1	560
加纳	2	1110	古巴	1	500
挪威	2	1000	特立尼达和多巴哥	1	490
泰国	2	530	新西兰	1	460
柬埔寨	2	480	乌干达	1	450
爱尔兰	2	440	西班牙	1	440
荷兰	2	310	乍得	1	400
瑞典	2	310	克罗地亚	1	400
卢森堡	1	5300	土耳其	1	380
巴哈马	1	3500	罗马尼亚	1	350
巴布亚新几内亚	1	1800	东帝汶	1	350
新加坡	1	1750	南苏丹	1	260
老挝	1	1380	玻利维亚	1	250
几内亚	1	1350	乌克兰	1	250
希腊	1	1200	乌拉圭	1	250
尼泊尔	1	1200	尼日尔	1	220
芬兰	1	1100	厄瓜多尔	1	200
丹麦	1	990	冰岛	1	200
捷克共和国	1	910	保加利亚	1	190
朝鲜	1	870	吉布提	1	190
莫桑比克	1	800	卡塔尔	1	180
苏丹	1	680	圭亚那	1	140
哥斯达黎加	1	650	乌兹别克斯坦	1	110
阿联酋	1	650	博茨瓦纳	1	100
格鲁吉亚	1	630			

资料来源：The Heritage Foundation。

附表 2　　中国企业 OFDI 境外合规风险评估指标体系及指标权重

一级指标	一级指标权重	二级指标	二级指标权重
政治合规风险	0.0685	政府稳定性	0.0072
		外部冲突	0.0044
		腐败	0.0090
		军事政治	0.0108
		民主问责	0.0081
		官僚质量	0.0131
		政府有效性	0.0088
		监管质量	0.0071
社会与法律合规风险	0.0778	社会经济条件	0.0086
		其他投资风险	0.0040
		内部冲突	0.0082
		宗教局势	0.0076
		民族关系	0.0084
		法律与秩序	0.0115
		产权保护	0.0120
		劳动自由	0.0042
		教育和研发政策	0.0134
经济合规风险	0.0741	通货膨胀率	0.0020
		人均 GDP	0.0425
		实际 GDP 增长率	0.0054
		预算平衡占 GDP 比重	0.0045
		经常项目占 GDP 比重	0.0025
		商业自由度	0.0039
		贸易自由度	0.0019
		投资自由度	0.0091
		税收负担	0.0023

续表

一级指标	一级指标权重	二级指标	二级指标权重
金融合规风险	0.0495	外债总额占 GDP 比重	0.0096
		汇率稳定性	0.0013
		外债还本付息总额占出口的比重	0.0011
		经常账户余额占商品和服务出口的比重	0.0019
		净国际流动性	0.0261
		金融自由度	0.0074
		货币自由度	0.0021
对华关系合规风险	0.3406	是否签订 BIT	0.0213
		是否对华实施国家安全投资审查	0.0138
		对华投资限制情况	0.0015
		是否签订 RTA	0.2029
		是否与华签署双边签证互免协议	0.0592
		对华投资依存度	0.0016
		对华贸易依存度	0.0278
		双边制度距离	0.0056
		双边政治关系	0.0035
		双边文化距离	0.0036
环境资源合规风险	0.3895	环境政策	0.0377
		自然资源耗损占国民总收入的比重	0.0876
		一次能源的能源强度水平	0.0227
		可再生能源消耗占最终能源消耗总量的比重	0.0130
		人均甲烷排放量（公吨/人）	0.0550
		人均一氧化碳排放量（公吨/人）	0.0493
		人均二氧化碳排放量（公吨/人）	0.0537
		SO_2 排放量	0.0096
		PM2.5	0.0102
		受控固体废弃物	0.0323
		废水处理	0.0183

注：表中的权重是运用全局熵权法测算得出的，仅作为初步展示，实际权重均为年度值。

附表 3　　2006—2022 年中国企业 OFDI 境外合规风险熵值法评级结果

编码	国家	2006 年	2010 年	2014 年	2018 年	2020 年	2022 年
1	智利	A	A	A	A	A	A
2	越南	A	A	A	A	A	A
3	泰国	A	A	A	A	A	A
4	缅甸	A	A	A	A	A	A
5	菲律宾	A	A	A	A	A	A
6	印度尼西亚	A	A	A	A	A	A
7	新加坡	A	A	A	A	A	A
8	孟加拉国	A	A	A	A	A	A
9	马来西亚	A	A	A	A	A	A
10	韩国	A	A	A	A	A	A
11	印度	A	A	A	A	A	A
12	特立尼达和多巴哥	A	A	A	B	B	B
13	蒙古	A	A	A	A	A	A
14	哈萨克斯坦	A	A	B	B	B	B
15	俄罗斯联邦	A	A	A	B	B	B
16	斯里兰卡	A	A	A	A	A	A
17	塞浦路斯	A	B	C	C	C	C
18	阿塞拜疆	A	A	B	B	B	B
19	卡塔尔	A	A	A	A	A	A
20	伊朗	A	B	B	B	B	B
21	巴林	A	A	A	A	A	A
22	牙买加	A	B	B	B	C	B
23	匈牙利	A	B	B	C	C	C
24	澳大利亚	A	B	B	A	A	A
25	阿根廷	A	B	B	B	B	B
26	斯洛伐克	B	B	B	C	C	E
27	科威特	B	A	A	A	A	A
28	波兰	B	B	B	C	C	D
29	阿曼	B	A	A	A	A	A
30	斯洛文尼亚	B	B	C	D	E	E

续表

编码	国家	2006 年	2010 年	2014 年	2018 年	2020 年	2022 年
31	立陶宛	B	C	B	D	D	D
32	约旦	B	B	B	C	C	C
33	阿尔巴尼亚	B	B	B	B	C	C
34	突尼斯	B	B	C	D	D	D
35	乌克兰	B	B	C	D	D	D
36	克罗地亚	B	B	C	C	C	C
37	秘鲁	B	A	A	A	A	A
38	阿联酋	B	B	A	A	A	B
39	新西兰	B	A	A	A	A	A
40	墨西哥	B	B	B	D	E	D
41	玻利维亚	B	B	B	D	E	D
42	土耳其	B	B	C	C	D	D
43	摩尔多瓦	B	C	C	D	C	C
44	厄瓜多尔	B	B	B	D	E	D
45	罗马尼亚	B	C	C	C	C	E
46	圭亚那	B	C	C	C	B	B
47	亚美尼亚	B	C	C	D	C	C
48	巴基斯坦	B	A	A	A	A	A
49	博茨瓦纳	B	B	C	B	B	B
50	白俄罗斯	B	C	C	C	D	D
51	沙特阿拉伯	C	C	B	B	B	B
52	巴西	C	B	C	D	C	C
53	冰岛	C	C	A	A	A	A
54	卢森堡	C	C	C	B	B	B
55	坦桑尼亚	C	C	C	D	C	C
56	挪威	C	C	B	B	B	B
57	丹麦	C	C	C	B	B	C
58	朝鲜	C	C	D	E	E	E
59	芬兰	C	C	D	C	C	C
60	哥伦比亚	C	B	C	C	C	C
61	加拿大	C	C	C	B	B	B

续表

编码	国家	2006 年	2010 年	2014 年	2018 年	2020 年	2022 年
62	爱尔兰	C	D	D	B	B	B
63	日本	C	C	C	C	C	A
64	加蓬	C	C	C	B	B	B
65	阿尔及利亚	C	C	C	C	B	B
66	比利时	C	C	D	C	C	C
67	荷兰	C	C	D	B	D	C
68	英国	C	B	B	C	C	D
69	德国	C	C	D	C	D	D
70	瑞士	C	D	A	A	A	A
71	爱沙尼亚	C	D	D	C	D	C
72	捷克	C	D	D	B	B	C
73	美国	C	D	D	C	E	D
74	瑞典	C	D	D	C	C	B
75	奥地利	C	D	D	C	D	D
76	纳米比亚	C	C	D	C	B	B
77	马耳他	D	A	B	B	B	C
78	委内瑞拉	D	D	C	E	E	E
79	乌拉圭	D	C	C	B	B	B
80	南非	D	B	B	C	D	C
81	喀麦隆	D	D	D	C	C	C
82	刚果（布）	D	C	B	B	B	B
83	安哥拉	D	C	C	B	B	B
84	巴哈马	D	D	B	B	B	B
85	埃塞俄比亚	D	D	D	D	C	D
86	意大利	D	D	E	D	E	E
87	西班牙	D	E	E	E	E	E
88	法国	D	D	D	D	E	E
89	埃及	D	B	C	D	C	C
90	葡萄牙	D	D	E	D	E	D
91	摩洛哥	D	D	B	C	C	C
92	以色列	D	D	D	B	C	D

续表

编码	国家	2006年	2010年	2014年	2018年	2020年	2022年
93	保加利亚	D	D	C	B	B	C
94	加纳	D	D	D	C	B	B
95	乌干达	D	D	D	D	C	D
96	拉脱维亚	D	E	D	E	E	E
97	赞比亚	D	D	D	D	D	B
98	希腊	D	E	E	D	D	D
99	黎巴嫩	D	D	E	D	E	E
100	莫桑比克	D	D	E	E	D	E
101	巴拿马	D	D	E	D	D	C
102	尼日利亚	E	E	D	D	D	E
103	肯尼亚	E	E	C	D	C	D
104	古巴	E	E	E	D	D	C
105	马达加斯加	E	E	D	E	D	E
106	萨尔瓦多	E	E	E	E	E	E
107	津巴布韦	E	E	D	E	E	E
108	巴拉圭	E	E	E	D	D	D
109	危地马拉	E	E	E	E	E	E
110	苏里南	E	D	D	E	E	D
111	几内亚	E	E	E	E	D	D
112	哥斯达黎加	E	C	A	A	A	A
113	多米尼加	E	E	E	E	D	C
114	塞拉利昂	E	E	E	E	D	D
115	洪都拉斯	E	E	E	E	E	E
116	科特迪瓦	E	E	E	E	D	D
117	马里	E	D	E	E	D	C
118	塞内加尔	E	E	D	E	E	E
119	冈比亚	E	E	E	E	D	D
120	多哥	E	E	E	E	E	E
121	尼加拉瓜	E	E	E	E	E	E
122	马拉维	E	E	E	E	E	E
123	布基纳法索	E	E	E	E	E	E

续表

编码	国家	2006 年	2010 年	2014 年	2018 年	2020 年	2022 年
124	尼日尔	E	E	E	E	E	E
125	几内亚比绍	E	E	E	E	D	E
126	海地	E	E	E	E	E	E

附表 4　2006—2022 年中国企业 OFDI 境外合规风险熵值—TOPSIS 法评级结果

编码	国家	2006 年	2010 年	2014 年	2018 年	2020 年	2022 年
1	缅甸	A	A	A	A	A	A
2	智利	A	A	A	A	A	A
3	印度尼西亚	A	A	A	A	A	A
4	越南	A	A	A	A	A	A
5	泰国	A	A	A	A	A	A
6	菲律宾	A	A	A	A	A	A
7	孟加拉国	A	A	A	A	A	A
8	马来西亚	A	A	A	A	A	A
9	新加坡	A	A	A	A	A	A
10	韩国	A	A	A	A	A	A
11	印度	A	A	A	A	A	A
12	斯里兰卡	A	A	A	A	A	A
13	蒙古	A	A	A	A	A	A
14	特立尼达和多巴哥	A	A	A	B	B	B
15	哈萨克斯坦	A	A	B	B	B	B
16	阿塞拜疆	A	A	B	B	B	B
17	俄罗斯联邦	A	A	B	B	B	B
18	伊朗	A	A	B	B	B	B
19	塞浦路斯	A	B	C	D	D	D
20	阿根廷	A	A	B	C	C	C
21	厄瓜多尔	A	B	B	D	E	D
22	匈牙利	A	B	C	D	E	E
23	阿尔巴尼亚	A	B	B	B	C	C
24	朝鲜	A	B	B	C	C	C
25	巴基斯坦	A	A	A	A	A	A

续表

编码	国家	2006年	2010年	2014年	2018年	2020年	2022年
26	牙买加	B	B	C	D	D	C
27	斯洛文尼亚	B	B	C	E	E	E
28	秘鲁	B	A	A	A	A	A
29	立陶宛	B	B	C	E	E	E
30	斯洛伐克	B	B	C	D	D	E
31	玻利维亚	B	B	B	D	E	E
32	波兰	B	B	B	D	E	E
33	突尼斯	B	B	C	E	E	E
34	乌克兰	B	B	C	E	E	E
35	摩尔多瓦	B	B	C	D	C	C
36	坦桑尼亚	B	B	B	C	C	C
37	约旦	B	B	B	D	D	D
38	克罗地亚	B	B	C	D	D	D
39	墨西哥	B	B	C	E	E	E
40	土耳其	B	B	C	D	D	D
41	白俄罗斯	B	B	C	D	D	E
42	圭亚那	B	B	B	D	B	A
43	罗马尼亚	B	C	C	E	D	E
44	亚美尼亚	B	C	C	E	D	D
45	巴西	B	B	C	D	D	C
46	哥伦比亚	B	B	B	D	D	D
47	卡塔尔	B	C	A	A	A	A
48	澳大利亚	B	C	C	A	A	A
49	巴林	B	C	A	A	A	A
50	刚果（布）	B	C	B	A	A	B
51	阿曼	C	A	A	A	A	A
52	科威特	C	C	A	B	B	B
53	新西兰	C	A	A	A	A	A
54	阿联酋	C	C	A	B	B	B
55	安哥拉	C	C	C	A	A	B
56	加蓬	C	C	C	B	B	B

续表

编码	国家	2006 年	2010 年	2014 年	2018 年	2020 年	2022 年
57	卢森堡	C	C	D	B	B	B
58	冰岛	C	C	A	A	A	A
59	沙特阿拉伯	C	C	C	B	B	B
60	挪威	C	C	C	B	B	B
61	阿尔及利亚	C	C	D	B	B	B
62	埃塞俄比亚	C	C	D	B	B	C
63	丹麦	C	C	D	B	B	C
64	芬兰	C	C	D	C	C	C
65	喀麦隆	C	C	D	B	B	B
66	爱尔兰	C	D	D	B	B	B
67	日本	C	D	D	B	C	A
68	委内瑞拉	C	C	B	C	D	D
69	荷兰	C	D	D	B	C	D
70	加拿大	C	C	C	B	C	C
71	英国	C	A	B	C	C	D
72	比利时	C	D	D	C	C	C
73	美国	C	C	D	C	D	D
74	博茨瓦纳	C	C	D	B	C	B
75	德国	C	C	D	C	D	D
76	瑞士	C	D	A	A	A	A
77	瑞典	D	D	D	B	B	B
78	奥地利	D	D	D	C	D	D
79	津巴布韦	D	D	B	D	C	C
80	乌拉圭	D	C	C	B	B	B
81	法国	D	D	D	C	E	E
82	马耳他	D	A	B	B	B	B
83	意大利	D	D	E	D	E	E
84	西班牙	D	E	E	E	E	E
85	以色列	D	D	D	B	C	C
86	纳米比亚	D	D	E	D	C	B
87	捷克	D	E	E	C	C	D

续表

编码	国家	2006 年	2010 年	2014 年	2018 年	2020 年	2022 年
88	乌干达	D	D	D	C	B	C
89	巴哈马	D	D	B	C	C	B
90	莫桑比克	D	D	E	C	C	D
91	爱沙尼亚	D	E	E	C	D	C
92	埃及	D	B	B	D	D	D
93	黎巴嫩	D	E	E	C	C	D
94	赞比亚	D	D	D	C	C	B
95	葡萄牙	D	E	E	E	E	E
96	南非	D	B	B	D	E	E
97	希腊	D	E	E	E	E	D
98	尼日利亚	D	D	B	C	C	C
99	塞拉利昂	D	D	E	C	B	C
100	加纳	D	D	D	C	B	B
101	摩洛哥	D	D	B	D	D	D
102	几内亚	E	D	D	C	C	C
103	多哥	E	D	D	E	D	D
104	科特迪瓦	E	E	E	C	C	C
105	肯尼亚	E	E	B	C	C	C
106	古巴	E	E	E	D	D	C
107	马里	E	D	E	C	B	B
108	马达加斯加	E	E	D	E	C	D
109	马拉维	E	E	D	E	D	E
110	拉脱维亚	E	E	E	E	E	E
111	保加利亚	E	E	C	C	C	D
112	尼日尔	E	E	E	D	E	E
113	几内亚比绍	E	D	C	E	B	C
114	塞内加尔	E	E	C	E	E	E
115	苏里南	E	D	D	D	D	C
116	危地马拉	E	E	E	E	E	D
117	巴拉圭	E	E	E	D	D	D
118	多米尼加	E	E	E	E	E	C

续表

编码	国家	2006年	2010年	2014年	2018年	2020年	2022年
119	海地	E	E	E	E	E	E
120	巴拿马	E	E	E	E	E	E
121	洪都拉斯	E	E	E	E	E	E
122	尼加拉瓜	E	E	E	E	E	E
123	萨尔瓦多	E	E	E	E	E	E
124	冈比亚	E	E	E	E	D	D
125	布基纳法索	E	E	E	E	D	C
126	哥斯达黎加	E	C	A	A	A	A

附表5　2006—2022年中国企业OFDI境外合规风险熵值—模糊综合评价法评级结果

编码	国家	2006年	2010年	2014年	2018年	2020年	2022年
1	加拿大	A	A	A	A	A	A
2	新西兰	A	A	A	A	A	A
3	奥地利	A	A	A	A	A	A
4	韩国	A	B	B	A	B	A
5	卢森堡	A	A	A	A	A	A
6	塞浦路斯	A	B	B	B	B	B
7	比利时	A	A	A	A	A	A
8	英国	A	A	A	A	A	A
9	芬兰	A	A	A	A	A	A
10	丹麦	A	A	A	A	A	A
11	瑞典	A	A	A	A	A	A
12	瑞士	A	A	A	A	A	A
13	澳大利亚	A	A	A	A	A	A
14	挪威	A	A	A	A	A	A
15	爱尔兰	A	A	A	A	A	A
16	美国	A	A	A	A	A	A
17	荷兰	A	A	A	A	A	A
18	日本	A	A	A	A	A	A
19	新加坡	A	A	A	A	A	A

续表

编码	国家	2006年	2010年	2014年	2018年	2020年	2022年
20	智利	A	B	B	B	B	B
21	冰岛	A	A	A	A	A	A
22	德国	A	A	A	A	A	A
23	立陶宛	B	C	C	B	B	B
24	斯洛伐克	B	B	B	B	B	B
25	伊朗	B	C	C	C	C	C
26	西班牙	B	B	B	B	B	B
27	哈萨克斯坦	B	B	C	B	B	B
28	科威特	B	A	A	B	C	B
29	沙特阿拉伯	B	B	A	B	B	A
30	捷克	B	B	B	B	B	B
31	牙买加	B	C	C	C	C	C
32	以色列	B	A	A	A	A	A
33	斯洛文尼亚	B	B	B	B	B	B
34	拉脱维亚	B	C	C	B	C	C
35	博茨瓦纳	B	B	C	C	C	B
36	葡萄牙	B	B	B	B	B	B
37	波兰	B	B	B	B	B	B
38	法国	B	B	B	B	B	B
39	巴林	B	B	B	B	C	B
40	意大利	B	B	B	C	B	B
41	克罗地亚	B	B	C	B	B	B
42	特立尼达和多巴哥	B	A	C	C	C	C
43	巴哈马	B	B	A	B	B	B
44	希腊	B	B	C	B	B	B
45	阿曼	B	B	B	B	B	B
46	匈牙利	B	B	B	B	C	B
47	爱沙尼亚	B	C	B	B	B	B
48	马耳他	B	B	B	A	A	A
49	卡塔尔	B	A	A	B	A	A
50	巴西	C	C	C	C	C	C

续表

编码	国家	2006年	2010年	2014年	2018年	2020年	2022年
51	保加利亚	C	C	C	B	C	C
52	圭亚那	C	D	D	D	D	C
53	印度	C	C	C	C	C	C
54	阿联酋	C	B	A	A	B	A
55	哥斯达黎加	C	C	C	C	C	C
56	萨尔瓦多	C	C	C	C	C	D
57	罗马尼亚	C	C	C	C	C	C
58	约旦	C	C	C	C	C	C
59	哥伦比亚	C	B	C	C	C	C
60	阿根廷	C	B	C	C	C	C
61	乌拉圭	C	C	B	B	C	C
62	马来西亚	C	B	B	B	B	B
63	加纳	C	D	C	C	C	C
64	墨西哥	C	C	C	C	C	C
65	俄罗斯联邦	C	B	C	C	C	C
66	印度尼西亚	C	C	C	C	C	C
67	南非	C	C	C	C	C	C
68	古巴	C	C	C	C	C	C
69	秘鲁	C	C	C	C	C	C
70	巴拉圭	C	C	C	C	C	C
71	土耳其	C	C	C	C	C	C
72	阿尔巴尼亚	C	C	C	C	C	C
73	加蓬	C	C	C	C	C	D
74	巴拿马	C	C	C	C	C	C
75	乌克兰	C	C	C	D	C	C
76	纳米比亚	C	C	C	C	C	C
77	突尼斯	C	C	C	D	C	D
78	黎巴嫩	C	C	C	C	E	E
79	泰国	C	C	C	C	C	C
80	布基纳法索	D	D	D	E	E	E
81	坦桑尼亚	D	D	C	C	E	C

续表

编码	国家	2006 年	2010 年	2014 年	2018 年	2020 年	2022 年
82	摩洛哥	D	C	C	C	C	C
83	阿塞拜疆	D	C	C	C	C	C
84	喀麦隆	D	D	D	E	E	E
85	亚美尼亚	D	D	D	C	C	C
86	巴基斯坦	D	D	E	D	E	E
87	冈比亚	D	D	C	E	D	C
88	乌干达	D	D	E	E	E	E
89	洪都拉斯	D	D	D	C	C	D
90	安哥拉	D	E	D	E	E	D
91	斯里兰卡	D	D	D	D	D	D
92	玻利维亚	D	C	C	D	C	D
93	多米尼加	D	D	D	C	C	C
94	塞内加尔	D	D	D	E	E	D
95	马里	D	D	D	E	E	E
96	马达加斯加	D	D	D	D	E	D
97	尼加拉瓜	D	D	D	E	D	D
98	危地马拉	D	C	D	D	D	C
99	莫桑比克	D	D	D	C	E	C
100	刚果（布）	D	E	E	E	E	E
101	菲律宾	D	D	C	D	C	C
102	肯尼亚	D	D	D	C	C	C
103	埃及	D	C	D	D	D	D
104	白俄罗斯	D	D	C	C	D	C
105	蒙古	D	D	C	C	C	C
106	摩尔多瓦	D	D	C	C	C	C
107	苏里南	D	C	C	C	D	D
108	厄瓜多尔	D	C	C	C	D	C
109	阿尔及利亚	D	D	C	D	D	D
110	越南	D	C	C	C	C	C
111	朝鲜	E	E	E	E	E	E
112	马拉维	E	D	E	E	C	E

续表

编码	国家	2006年	2010年	2014年	2018年	2020年	2022年
113	塞拉利昂	E	E	E	E	E	E
114	埃塞俄比亚	E	E	D	E	E	E
115	委内瑞拉	E	E	C	E	E	E
116	赞比亚	E	D	C	E	E	D
117	多哥	E	E	E	E	E	E
118	缅甸	E	E	E	E	E	E
119	孟加拉国	E	E	E	E	E	D
120	津巴布韦	E	E	E	E	E	E
121	尼日尔	E	D	E	E	E	E
122	尼日利亚	E	E	E	E	E	E
123	科特迪瓦	E	E	E	D	D	E
124	海地	E	E	E	E	E	E
125	几内亚	E	E	E	E	E	E
126	几内亚比绍	E	E	E	E	E	E

附表6　2006—2022年中国企业OFDI境外合规风险PCA评级结果

编码	国家	2006年	2010年	2014年	2018年	2020年	2022年
1	澳大利亚	A	A	A	A	A	A
2	新加坡	A	A	A	A	A	A
3	新西兰	A	A	A	A	A	A
4	爱尔兰	A	A	A	A	A	A
5	芬兰	A	A	A	A	A	A
6	卢森堡	A	A	A	A	A	A
7	丹麦	A	A	A	A	A	A
8	冰岛	A	B	A	A	A	A
9	加拿大	A	A	A	A	A	A
10	瑞士	A	A	A	A	A	A
11	荷兰	A	A	A	A	A	A
12	美国	A	A	A	A	A	A
13	科威特	A	B	B	B	B	B
14	卡塔尔	A	A	A	A	A	A

续表

编码	国家	2006年	2010年	2014年	2018年	2020年	2022年
15	英国	A	A	A	A	A	A
16	奥地利	A	A	A	A	A	A
17	瑞典	A	A	A	A	A	A
18	塞浦路斯	A	A	B	B	B	B
19	智利	A	A	A	A	B	B
20	比利时	A	A	A	B	A	A
21	日本	A	A	A	A	A	A
22	爱沙尼亚	A	B	B	A	B	B
23	德国	A	A	A	A	A	B
24	巴哈马	A	A	A	B	B	A
25	巴林	A	A	B	B	A	A
26	挪威	B	A	A	A	A	A
27	阿曼	B	B	B	B	B	B
28	阿联酋	B	A	A	A	A	A
29	斯洛伐克	B	B	B	B	B	C
30	马耳他	B	A	B	B	B	B
31	捷克	B	B	B	A	A	A
32	匈牙利	B	B	B	B	B	B
33	蒙古	B	B	A	A	A	A
34	西班牙	B	B	B	B	B	B
35	立陶宛	B	C	B	B	B	B
36	葡萄牙	B	B	C	B	B	B
37	斯洛文尼亚	B	B	B	B	C	B
38	韩国	B	B	A	A	A	A
39	拉脱维亚	B	C	B	B	B	B
40	博茨瓦纳	B	B	B	B	B	B
41	特立尼达和多巴哥	B	B	B	C	C	C
42	法国	B	B	B	B	B	B
43	意大利	B	B	C	B	B	B
44	希腊	B	C	C	C	B	B
45	沙特阿拉伯	B	B	B	C	B	B

续表

编码	国家	2006年	2010年	2014年	2018年	2020年	2022年
46	波兰	B	B	B	B	B	B
47	乌拉圭	B	B	B	B	B	B
48	保加利亚	B	C	C	B	B	C
49	哈萨克斯坦	B	B	B	B	B	B
50	马来西亚	B	B	B	B	B	B
51	约旦	C	B	B	C	C	C
52	克罗地亚	C	B	C	C	B	B
53	纳米比亚	C	B	B	C	C	C
54	南非	C	C	C	C	C	C
55	牙买加	C	C	C	B	C	C
56	以色列	C	B	B	B	C	B
57	突尼斯	C	C	C	C	C	D
58	巴拿马	C	C	C	C	C	C
59	墨西哥	C	C	C	C	C	C
60	罗马尼亚	C	C	C	C	C	C
61	阿尔巴尼亚	C	C	C	C	C	C
62	泰国	C	D	C	C	C	C
63	萨尔瓦多	C	C	C	D	C	D
64	哥斯达黎加	C	C	B	B	C	B
65	冈比亚	C	C	D	D	D	D
66	阿根廷	C	D	E	D	D	D
67	亚美尼亚	C	C	C	C	C	C
68	俄罗斯联邦	C	D	D	D	D	E
69	越南	C	C	D	C	C	C
70	摩洛哥	C	C	C	C	C	C
71	黎巴嫩	C	C	D	C	D	E
72	巴西	C	C	C	D	D	D
73	阿尔及利亚	C	C	D	D	D	D
74	喀麦隆	C	D	D	D	E	D
75	印度	C	D	C	C	D	C
76	土耳其	C	D	D	D	D	E

续表

编码	国家	2006 年	2010 年	2014 年	2018 年	2020 年	2022 年
77	乌干达	D	D	D	D	D	D
78	秘鲁	D	C	C	C	B	C
79	乌克兰	D	D	E	D	D	D
80	圭亚那	D	D	D	D	C	C
81	加蓬	D	D	D	D	D	D
82	菲律宾	D	D	C	C	C	C
83	阿塞拜疆	D	C	C	D	C	C
84	埃及	D	C	E	D	D	D
85	加纳	D	D	D	C	C	D
86	摩尔多瓦	D	E	D	D	D	D
87	尼加拉瓜	D	E	D	E	E	E
88	哥伦比亚	D	C	C	C	C	C
89	赞比亚	D	D	D	D	D	D
90	危地马拉	D	D	D	D	D	D
91	坦桑尼亚	D	D	D	D	D	C
92	斯里兰卡	D	D	C	C	C	D
93	白俄罗斯	D	C	E	C	D	E
94	印度尼西亚	D	D	C	C	C	C
95	莫桑比克	D	C	C	D	D	D
96	塞内加尔	D	D	D	D	D	D
97	马达加斯加	D	E	D	E	E	D
98	多米尼加	D	D	C	C	D	C
99	肯尼亚	D	D	D	D	C	D
100	洪都拉斯	D	E	D	D	E	D
101	苏里南	D	E	D	E	E	E
102	玻利维亚	E	D	D	E	E	D
103	巴基斯坦	E	E	D	E	E	E
104	刚果（布）	E	E	E	E	E	D
105	伊朗	E	E	E	E	E	E
106	布基纳法索	E	D	E	E	E	E
107	几内亚比绍	E	E	E	E	E	E

续表

编码	国家	2006年	2010年	2014年	2018年	2020年	2022年
108	孟加拉国	E	E	E	D	D	D
109	巴拉圭	E	D	D	D	D	C
110	马里	E	D	E	E	E	E
111	尼日尔	E	E	E	E	E	E
112	塞拉利昂	E	E	E	D	E	E
113	马拉维	E	D	E	E	D	E
114	厄瓜多尔	E	E	D	E	E	D
115	古巴	E	E	E	E	E	E
116	埃塞俄比亚	E	E	E	E	E	E
117	安哥拉	E	E	E	E	E	E
118	委内瑞拉	E	E	E	E	E	E
119	尼日利亚	E	E	E	E	E	E
120	多哥	E	E	E	E	E	E
121	科特迪瓦	E	E	E	E	D	D
122	几内亚	E	E	E	E	E	E
123	缅甸	E	E	E	E	D	E
124	海地	E	E	E	E	E	E
125	朝鲜	E	E	E	E	E	E
126	津巴布韦	E	E	E	E	E	E

附表7　　参评国家所属区域划分

所属区域	参评国家
美洲地区 （共27个国家）	智利、巴哈马、加拿大、哥斯达黎加、圭亚那、秘鲁、特立尼达和多巴哥、乌拉圭、美国、阿根廷、巴西、哥伦比亚、古巴、多米尼加、牙买加、巴拿马、巴拉圭、玻利维亚、厄瓜多尔、危地马拉、洪都拉斯、墨西哥、萨尔瓦多、苏里南、海地、尼加拉瓜、委内瑞拉
亚太地区 （共18个国家）	澳大利亚、日本、韩国、蒙古、马来西亚、新西兰、新加坡、孟加拉国、印度尼西亚、印度、哈萨克斯坦、斯里兰卡、菲律宾、泰国、越南、缅甸、巴基斯坦、朝鲜

续表

所属区域	参评国家
欧洲地区 （共39个国家）	瑞士、爱尔兰、冰岛、卢森堡、挪威、瑞典、奥地利、阿塞拜疆、比利时、捷克、丹麦、爱沙尼亚、芬兰、英国、马耳他、荷兰、阿尔巴尼亚、亚美尼亚、保加利亚、塞浦路斯、德国、西班牙、法国、希腊、克罗地亚、匈牙利、意大利、立陶宛、摩尔多瓦、波兰、葡萄牙、俄罗斯联邦、斯洛文尼亚、白俄罗斯、拉脱维亚、罗马尼亚、斯洛伐克、土耳其、乌克兰
中东北非地区 （共14个国家）	阿联酋、巴林、阿曼、卡塔尔、以色列、科威特、沙特阿拉伯、阿尔及利亚、伊朗、约旦、摩洛哥、埃及、突尼斯、黎巴嫩
撒哈拉以南非洲地区 （共28个国家）	博茨瓦纳、纳米比亚、安哥拉、喀麦隆、刚果（布）、加蓬、加纳、肯尼亚、坦桑尼亚、南非、赞比亚、布基纳法索、科特迪瓦、埃塞俄比亚、几内亚、冈比亚、几内亚比绍、马达加斯加、马里、莫桑比克、尼日利亚、塞内加尔、塞拉利昂、乌干达、津巴布韦、马拉维、尼日尔、多哥

附表8　　参评国家所处发展阶段

发展水平分类	参评国家
发达国家 （共35个国家）	澳大利亚、瑞士、爱尔兰、冰岛、日本、韩国、卢森堡、挪威、新西兰、新加坡、瑞典、奥地利、比利时、加拿大、捷克、丹麦、爱沙尼亚、芬兰、英国、以色列、马耳他、荷兰、美国、塞浦路斯、德国、西班牙、法国、希腊、克罗地亚、意大利、立陶宛、葡萄牙、斯洛文尼亚、拉脱维亚、斯洛伐克
发展中国家 （共91个国家）	阿联酋、巴林、智利、蒙古、马来西亚、阿曼、卡塔尔、阿塞拜疆、孟加拉国、巴哈马、博茨瓦纳、哥斯达黎加、圭亚那、印度尼西亚、印度、哈萨克斯坦、科威特、斯里兰卡、纳米比亚、秘鲁、菲律宾、沙特阿拉伯、泰国、特立尼达和多巴哥、乌拉圭、越南、安哥拉、阿尔巴尼亚、阿根廷、亚美尼亚、保加利亚、巴西、喀麦隆、刚果（布）、哥伦比亚、古巴、多米尼加、阿尔及利亚、加蓬、加纳、匈牙利、伊朗、牙买加、约旦、肯尼亚、摩洛哥、摩尔多瓦、缅甸、巴基斯坦、巴拿马、波兰、巴拉圭、俄罗斯联邦、坦桑尼亚、南非、赞比亚、布基纳法索、白俄罗斯、玻利维亚、科特迪瓦、厄瓜多尔、埃及、埃塞俄比亚、几内亚、冈比亚、几内亚比绍、危地马拉、洪都拉斯、马达加斯加、墨西哥、马里、莫桑比克、尼日利亚、朝鲜、罗马尼亚、塞内加尔、塞拉利昂、萨尔瓦多、苏里南、突尼斯、土耳其、乌干达、乌克兰、津巴布韦、海地、黎巴嫩、马拉维、尼日尔、尼加拉瓜、多哥、委内瑞拉

后 记

本书为笔者承担的国家社会科学基金一般项目——中国企业境外直接投资合规风险及应对研究（项目批准号：19BGJ019）的最终研究成果，同时为河北大学哲学社会科学重大培育项目——"两业"融合赋能制造出口竞争力提升的理论与实践研究（项目批准号：2023HPY001）的阶段性研究成果。本书出版获得河北大学共同富裕研究中心的资助。在此对国家哲学社会科学规划办公室、河北大学和河北大学共同富裕研究中心给予的资助表示感谢！

在本书的撰写过程中，马文秀作为课题负责人，负责了全书的内容策划、协调和最终审定。本书由马义秀、马一宁、孟彤、吴杨康、郄醒加、杨弋靖、乔敏健、张浩亮、王劲峰、杨圣庆、杨跃辉、王立军、尹凤宝、程凯雯、黄钟镛、马学礼、孟庆晓、孟冬军、冯清华共同完成。

中国财政经济出版社编辑老师为本书的出版付出了辛苦的工作，在此表示感谢！

在本书的撰写过程中，课题组成员查阅研读了国内外大量相关文献资料，获得诸多灵感和启示，在此对各位作者表示感谢！

因笔者水平有限，书中不妥之处，欢迎读者与同行批评指正。

作 者

2025 年 6 月于河北大学